中国法院2024年度案例

国家法官学院 最高人民法院司法案例研究院 / 编

刑事案例三

（侵犯公民人身权利、民主权利罪，侵犯财产罪）

中国法制出版社
CHINA LEGAL PUBLISHING HOUSE

《中国法院2024年度案例》通讯编辑名单

刘晓虹　北京市高级人民法院
王　凯　北京市高级人民法院
张　荷　天津市高级人民法院
徐翠翠　河北省高级人民法院
崔铮亮　山西省高级人民法院
杨智勇　内蒙古自治区高级人民法院
周文政　辽宁省高级人民法院
苏　浩　吉林省高级人民法院
王　妍　黑龙江省高级人民法院
牛晨光　上海市高级人民法院
缪　芳　江苏省高级人民法院
左一凡　江苏省高级人民法院
谷昔伟　江苏省南通市中级人民法院
宋婉龄　江苏省无锡市中级人民法院
杨　治　浙江省高级人民法院
蒋　莹　浙江省高级人民法院
刘伟玲　安徽省高级人民法院
林冬颖　福建省高级人民法院
李智芹　江西省高级人民法院
李　宁　山东省高级人民法院
张　琦　河南省高级人民法院
宋淼军　湖北省高级人民法院
黄　娅　湖北省宜昌市中级人民法院
唐　竞　湖南省高级人民法院
李　雪　广东省高级人民法院
邹尚忠　广西壮族自治区高级人民法院
韦丹萍　广西壮族自治区高级人民法院
黄文楠　海南省高级人民法院
吴　小　重庆市高级人民法院
任　梦　四川省高级人民法院
杨俊杰　云南省高级人民法院
赵鸿章　云南省昆明市中级人民法院
颜　源　贵州省高级人民法院
戚　雷　贵州省贵阳市中级人民法院
王丽萍　西藏自治区高级人民法院
郑亚非　陕西省高级人民法院
张旦旦　甘肃省高级人民法院
王　晶　青海省高级人民法院
康　莹　宁夏回族自治区高级人民法院
石孝能　新疆维吾尔自治区高级人民法院
洪超胜　新疆维吾尔自治区高级人民法院生产建设兵团分院

序

党的二十大擘画了全面建成社会主义现代化强国、以中国式现代化全面推进中华民族伟大复兴的宏伟蓝图，强调全面依法治国是国家治理的一场深刻革命，必须更好发挥法治固根本、稳预期、利长远的保障作用，在法治轨道上全面建设社会主义现代化国家。为落实习近平总书记“一个案例胜过一打文件”的重要指示精神，人民法院始终把完善中国特色案例制度，加强司法案例研究作为推进全面依法治国、支撑和服务中国式现代化的重要途径，通过发布具有普遍指导意义的典型案例，统一法律适用、提高审判质效，提升司法公信力，努力让人民群众在每一个司法案件中感受到公平正义。为更好满足社会各界和人民群众多元化司法需求，把习近平法治思想落实到人民法院审判工作全过程各方面，人民法院案例库于 2024 年 2 月 27 日正式上线并向社会开放，这是进一步完善中国特色案例制度的重要举措，是最高人民法院推出的新的“公共法律服务产品”。

“中国法院年度案例系列”丛书以及时记录人民法院司法审判工作新发展、新成就为己任，通过总结提炼典型案例的裁判规则、裁判方法和裁判理念，发挥案例鲜活生动、针对性强的优势，以案释法，以点带面，有针对性地阐释法律条文和立法精神，促进社会公众通过案例更加方便地学习法律，领悟法治精神，发挥司法规范、指导、评价、引领的重要作用，大力弘扬社会主义核心价值观，积极服务人民法院案例库建设，加强案例库案例研究，促进统一法律适用、提升审判质效，丰富实践法学研究，增强全民法治意识和法治素养，展现新时代我国法治建设新成就。

“中国法院年度案例系列”丛书自 2012 年编辑出版以来，已连续出版 13 年，受到读者广泛好评。为更加全面地反映我国司法审判执行工作的发展进程，顺应审判执行实践需要，响应读者需求，丛书于 2014 年度新增金融纠纷、行政纠纷、刑事案例3个分册，2015年度将刑事案例调整为刑法总则案例、刑法分则案例2个分册，2016年度新增知识产权纠纷分册，2017年度新增执行案例分册，2018年度将刑事案例扩充为4个分册，2022年度将土地纠纷（含林地纠纷）分册改为土地纠纷（含环境资源纠纷）分册。自2020年起，丛书由国家法官学院与最高人民法院司法案例研究院共同编辑，每年年初定期出版。在全国各级人民法院的大力支持下，丛书编委会现编辑出版《中国法院2024年度案例系列》丛书，共23册。

“中国法院年度案例系列”丛书以开放务实的态度、简洁明快的风格，在编辑过程中坚持以下方法，努力让案例书籍“好读有用”：一是高度提炼案例内容，控制案例篇幅，每个案例字数基本在3000字左右；二是突出争议焦点，尽可能在有限的篇幅内为读者提供更多有效、有益的信息；三是注重释法说理，大多数案例由法官撰写“法官后语”，高度提炼、总结案例的指导价值，力求引发读者思考，为司法审判提供借鉴，为法学研究提供启迪。

“中国法院年度案例系列”丛书编辑工作坚持以下原则：一是以研究案例库案例为首要任务。自今年起，“中国法院年度案例系列”丛书优先选用人民法院案例库案例作为研究对象，力求对案例库案例裁判要旨的基本内涵、价值导向、法理基础、适用要点等进行深入分析，增强丛书的权威性、参考性。二是广泛选编案例。国家法官学院和最高人民法院司法案例研究院每年通过各高级人民法院从全国各地法院汇集上一年度审结的典型案例近万件，使该丛书有广泛的精选基础，通过优中选优，可提供给读者新近发生的全国各地多种类型的典型性、疑难性案例。三是方便读者检索。丛书坚持以读者为本，做到分卷细化，每卷案例主要根据案由（罪名）分类编排，每个案例用一句话概括裁判规则、裁判思路、裁判理念、裁判方法或焦点问题作为主标题，让读者一目了然，迅速找到目标案例。

中国法制出版社始终全力支持“中国法院年度案例系列”丛书的出版，给了编者们巨大的鼓励。2024年，丛书将继续提供数据库增值服务。购买本书，扫描前勒口二维码，即可在本年度免费查阅往年同类案例数据库。我们在此谨表谢忱，并希望通过共同努力，逐步完善，做得更好，探索出一条充分挖掘好、宣传好人民法院案例库案例和其他典型案例价值的新路，为广大法律工作者和社会公众提供权威、鲜活、精准的办案参考、研究素材，更好地服务司法审判实践、服务法学教育研究、服务法治中国建设。

“中国法院年度案例系列”丛书既是法官、检察官、律师等法律工作者的办案参考和司法人员培训辅助教材，也是社会大众学法用法的经典案例读本，同时也为教学科研机构开展案例研究提供了良好的系列素材。当然，编者们在编写过程中也难以一步到位实现最初的编写愿望，客观上会存在各种不足甚至错误，欢迎读者批评指正。我们诚心听取各方建议，立足提质增效，不断拓宽司法案例研究领域，创新司法案例研究方法，助推实现中国特色司法案例研究事业的高质量发展。

国家法官学院　最高人民法院司法案例研究院

2024 年 5 月

目　录

Contents

一、侵犯公民人身权利、民主权利罪

（一）故意杀人罪

（二）过失致人死亡罪

（五）强奸罪

（六）强制猥亵、侮辱罪

（七）猥亵儿童罪

二、侵犯财产罪

（一）抢劫罪

（二）盗窃罪

（四）职务侵占罪

（五）敲诈勒索罪

一、侵犯公民人身权利、民主权利罪

（一）故意杀人罪

1

采信无受审能力被告人的言词证据，应考虑其证明内容与被告人精神状态、智力水平的匹配度，并注意与其他客观证据的印证情况

——罗某故意杀人案

【案件基本信息】

1. 裁判书字号

四川省乐山市中级人民法院（2013）乐刑初字第32号刑事判决书

2. 案由：故意杀人罪

【基本案情】

2012年12月15日下午，赖某某上山将堆放在其自留山上的柴草烧毁，被到达现场的罗某发现，双方发生争执打斗，罗某用拳头击打赖某某的肚子，并将赖某某踹到坡下。随后，罗某追到坡下，二人再次发生打斗，赖某某用镰刀划伤罗某的手指，罗某遂夺过镰刀对赖某某的头面部、肩部、背部、双上肢等

处乱砍，致赖某某死亡。作案后，罗某用柴草将赖某某的尸体掩盖，并将作案工具镰刀及作案时所穿衣服、裤子藏匿其家中。次日，经群众报警，公安机关在山上找到被害人赖某某的尸体。经尸体检验鉴定，被害人赖某某的死亡原因系远端为尖形的锐性砍器（镰刀类）多次砍击头面部、肩部、背部、双上肢致急性大失血、小脑损伤而死亡。2012年12月17日，被告人罗某被抓获归案。2013年1月25日，经法医学鉴定中心鉴定，罗某患有中至重度精神发育迟滞，对其2012年12月15日的违法行为评定为部分刑事责任能力；2014年4月11日，经法医学鉴定中心鉴定，罗某患中至重度精神发育迟滞，对其评定为无受审能力；2018年5月10日，经精神卫生中心再次鉴定，罗某患中度精神发育迟滞，作案时具有限制刑事责任能力，无受审能力。罗某系哑人，听力三级残疾，属于又聋又哑的人。

【案件焦点】

1. 在对无受审能力被告人适用缺席审判时，如何保障被告人的权益，确保辩护不失衡，实现程序公正；2. 无受审能力被告人的言词证据是否可以采信，如何采信。

【法院裁判要旨】①

四川省乐山市中级人民法院经审理认为：本案系无目击证人型命案，被告人的供述和辩解对于定罪量刑尤为关键。但本案被告人系精神发育迟滞患者，经鉴定为无受审能力、部分刑事责任能力。在此情况下，被告人在侦查阶段和审查起诉阶段所作供述和辨认的效力如何，是本案审理的关键。首先，受审能力与刑事责任能力存在区别，受审能力主要研究被鉴定人刑事诉讼时的精神状态，对其理解诉讼性质及可能后果，以及合理与辩护人合作并选择合理辩护策略的影响。而刑事责任能力则主要研究作案时被鉴定人的精神状态，对其辨认和控制自己行为能力的影响。受审能力主要影响诉讼程序进行，可能导致诉讼

① 本书【法院裁判要旨】适用的法律法规等条文均为案件裁判当时有效，下文不再对此进行提示。

中止，而责任能力主要影响刑事责任的判定。在侦查阶段，决定侦查取证工作是否继续进行的关键是看被告人有无刑事责任能力，而非有无受审能力。被告人具有完全刑事责任能力或部分刑事责任能力是侦查机关对其讯问或组织辨认的前提和基础，在具备该前提条件的基础上，侦查机关只要取证程序合法，被告人所作供述和辨认就具有合法的证据资格。本案中，被告人罗某在侦查阶段经鉴定具有部分刑事责任能力，侦查机关鉴于罗某系听障人士，在对其进行讯问或组织辨认时聘请了专业的听障手语翻译在此辅助沟通，保障了被告人罗某的诉讼权利，侦查机关对罗某的讯问及组织辨认符合法定程序，其供述、辨认具有合法性，具备证据资格。其次，被告人罗某在侦查阶段所作供述、辨认符合其当时的精神状态和智力水平。被告人罗某在侦查阶段经鉴定具有部分刑事责任能力，其家人及周围村民也均证实罗某具备一定的生活自理能力、能够干家务和农活，很护家、顾家，表明其并未完全丧失控制或辨认能力。罗某在接受讯问或进行辨认时能够通过点头、摇头及肢体语言对案件发生经过进行描述，其描述内容符合其当时的智力水平，与其精神发育程度相匹配，具有证明力。最后，被告人在侦查阶段所作有罪供述、辨认等证据与在案其他客观证据能够相互印证，且根据罗某供述和辨认找出的物证系隐蔽性证据，罗某的言词证据能够得到强有力的补正。综上，罗某的供述和辨认与在案其他客观证据互相印证，形成完整证据锁链，共同证明罗某杀害赖某某的事实。四川省乐山市中级人民法院于2022年12月21日以故意杀人罪判处罗某有期徒刑十一年，剥夺政治权利一年。

一审判决后，被告未提起上诉，检察机关未提起抗诉，该判决已发生法律效力。

【法官后语】[①]

2021年修订的《最高人民法院关于适用〈中华人民共和国刑事诉讼法〉的

① 本书【法官后语】对此类法律问题涉及的法律法规等内容进行了时效性更新，下文不再对此进行提示。

解释》首次在法律层面出现“受审能力”这一概念。该解释第六百零五条第一款规定，因被告人患有严重疾病导致缺乏受审能力，无法出庭受审，中止审理超过六个月，被告人仍无法出庭，被告人及其法定代理人、近亲属申请或者同意恢复审理的，人民法院可以根据《中华人民共和国刑事诉讼法》第二百九十六条的规定缺席审判。但是法律和实践对无受审能力被告人缺席审判的探索还相对较少，调研中发现很多法院还存在因被告人无受审能力而长期中止的案件，缺席审判具体操作细则不清和无受审能力被告人言词证据如何采信，成为阻碍该制度发展和应用的一大因素。

本案系四川法院因疾病导致无受审能力而适用缺席审判程序的第一案，在法律法规对障碍型缺席审判①具体操作规程、无受审能力被告人的言词证据如何采信无明确规定的情况下，本案所采用的分析论证方法和操作规程对全国类似案件的处理具有重要参考价值。首先，本案在被告人缺席审判的情况下，通过明确“法定代理人可以代为行使被告人所有诉讼权利”的原则，督促法定代理人与辩护人充分沟通，保障辩护人有效辩护，邀请人民陪审员组成七人合议庭等方式，保障了被告人的诉讼权利，确保控辩双方不失衡，以最大程度的程序公正促进实体公正。其次，本案通过专家咨询和论证的方式，对无受审能力被告人的供述、辨认如何采信形成了统一观点，即不能单纯以无受审能力否定被告人在侦查和审查起诉阶段所作供述的效力，应考虑其证明内容与被告人精神状态、智力水平的匹配度，并注意与其他客观证据的印证情况，综合予以判断。具体而言，无受审能力虽然意味着被告人的认知、理解、表达能力较正常人低下，在一定程度上会降低其供述内容的真实性和客观性，无受审能力被告人供述的证据效力因此而减损，但无受审能力并不等于不能正确表达意思，因此不能单纯以无受审能力来完全否定其所作供述的证明效力，而应当综合证明内容、被告人精神状态和智力水平、与其他证据的印证程度等来评判。上述两点做法对于

---

① 障碍型缺席审判是指根据《中华人民共和国刑事诉讼法》第二百九十六条、《最高人民法院关于适用〈中华人民共和国刑事诉讼法〉的解释》第六百零五条的规定，因被告人患有严重疾病导致缺乏受审能力，而适用缺席审判的案件。

实践中无受审能力被告人案件的处理在程序和实体操作上均提供了有益参考。

编写人：四川省乐山市人民法院　李荣　游鹏

2

持刀捅刺“情人”颈部，后“为爱殉情”行为的认定

——李某某故意杀人、故意伤害案

【案件基本信息】

1. 裁判书字号

山东省济南市中级人民法院（2022）鲁01刑终543号刑事附带民事裁定书

2. 案由：故意杀人罪、故意伤害罪

【基本案情】

被告人李某某曾与被害人路某某恋爱，分手后李某某以自杀、杀害路某某及其全家为威胁要求复合，路某某称已登记结婚，李某某让其离婚，遭拒绝。李某某谎称再见一面后就分手，路某某同意。2021年1月7日13时许，李某某随身携带水果刀1把、折叠刀1把到某商场停车场与路某某见面。路某某离开时，李某某将其拽倒在地，骑在路某某的身上。群众上前制止，李某某持刀恐吓威胁。群众报警。李某某持水果刀刺路某某的颈部，路某某挣扎夺刀，李某某又拿出折叠刀十余次割、捅路某某的颈部，后割伤自己的颈部自杀，公安人员及时将李某某控制。经鉴定，路某某遭锐性外力作用致颈部多处皮肤裂创，伴颈外静脉离断，双侧胸锁乳突肌部分损伤，愈后，颈部留有扁平皮肤瘢痕累计为34.3厘米，损伤程度评为轻伤一级；遭锐性外力致双手多处皮肤裂创，愈后，双手留有皮肤瘢痕累计为12.9厘米，损伤程度评为轻微伤。案发后，李某某亲属赔偿路某某26200元。另查明，路某某支出医疗费等共计32066.69元。

李某某因该案羁押期间，伙同同监室在押人员李某1、杨某某（另案处理）多次对在押人员王某某实施殴打，致王某某的脾脏破裂。经鉴定，损伤程度评定为重伤二级。

【案件焦点】

1. 李某某持刀十余次割、捅被害人的颈部，后“为爱殉情”，割伤自己的颈部欲自杀，其行为如何认定；2. 如何通过客观行为推断其主观心态。

【法院裁判要旨】

山东省济南市天桥区人民法院经审理认为：被告人李某某故意非法剥夺他人生命，其行为已构成故意杀人罪，伙同他人故意伤害他人的身体，致人重伤，其行为已构成故意伤害罪。公诉机关指控李某某故意杀人、故意伤害的事实清楚，证据确实、充分，指控罪名成立。对李某某所犯故意杀人罪、故意伤害罪均应依法惩处，数罪并罚。

被告人李某某对其犯罪行为给被害人路某某造成的经济损失应予赔偿。被告人李某某因意志以外的原因，故意杀人犯罪未能得逞，系犯罪未遂，且其亲属积极赔偿被害人部分经济损失，对其所犯故意杀人罪依法可从轻处罚。被告人李某某到案后如实供述故意伤害犯罪事实，对其所犯故意伤害罪依法可从轻处罚。根据李某某犯罪的事实、性质、情节和对于社会的危害程度，依照刑法相关规定，判决如下：

一、被告人李某某犯故意杀人罪，判处有期徒刑十年，犯故意伤害罪，判处有期徒刑三年三个月，决定执行有期徒刑十二年三个月；

二、被告人李某某赔偿附带民事诉讼原告人路某某医疗费23266.69元、护理费960元、误工费7600元、住院伙食补助费240元，共计32066.69元（含已支付的26200元）；

三、作案工具水果刀1把、折叠刀1把，予以没收。

一审宣判后，被告人李某某提出上诉，山东省济南市中级人民法院二审裁定：驳回上诉，维持原判。

【法官后语】

本案的裁判重点在于被告人李某某主观目的的认定。李某某在公安机关的供述存在前后矛盾，在其被公安机关抓获后第一时间询问被害人是否死亡，在讯问时多次称欲杀死被害人及其全家，后翻供称自己无故意杀人的故意，且仅造成路某某轻伤一级的伤害后果。要准确认定被告人的主观目的，就要厘清故意杀人罪未遂与故意伤害罪的界限。

故意杀人罪与故意伤害罪均为暴力性犯罪，并具有极高的社会危害性，对它们的准确适用也成为司法审判中常被关注的问题。理论上，故意杀人和故意伤害之间具有非常清晰的界限，故意杀人要求行为人具有非法剥夺他人生命的主观故意，而故意伤害要求行为人具有侵害他人人身健康的主观，二者泾渭分明。但是在司法实践中，二者又似乎容易混淆，主要原因在于区分二者的标准主要体现在行为人的主观意图上，且不说故意杀人的行为人未必在审讯时如实供述主观心理状态，排除虚假供述的情形，行为人在施暴的过程中，可能既有施暴的伤害意图，也有行凶的杀人意图，实践中容易产生认识的混淆。

故意杀人未遂与故意伤害的区别在于罪过不同，故意杀人的意图为剥夺他人生命，故意伤害的意图在于伤害他人的身体。主观意图包含认识因素和意志因素两个方面，前者体现被告人对行为结果的预见情况，后者体现被告人对该结果所持态度。在主客观相统一的刑事司法原则的要求下，主观故意的内容只有外化为被告人具体的外在行动才具有刑法评价的意义。实践中，一些致人死亡的犯罪是故意杀人还是故意伤害往往难以区分，在认定时除从作案工具、打击的部位、力度等方面进行判断外，也要注意考虑犯罪的起因等因素。也即，不能仅凭被告人的口供定案，也不能只考虑行为或结果的某一方面来定罪，要综合案件起因、作案工具、击打部位及强度、犯罪行为有无节制及被告人犯罪后的表现等综合分析。

具体到本案中，李某某因感情纠纷多次扬言杀害被害人，下定决心与其“同归于尽”，且事先准备了作案工具刀具2把，被害人挣扎夺取，被告人仍未放弃行凶，作为成年人，对凶器的杀伤力是能够认识到的。颈部是人体的致命部位是常识，被告人十余次捅被害人的颈部，后割伤自己的颈部，自认为达成了“殉情”的效果。询问被害人是否已经死亡，反映其自认为其行为足以造成被害人死亡的后果。故李某某的客观行为虽然只造成了轻伤后果，但反映出其主观上具有非法剥夺他人生命的直接故意，客观上亦有致人死亡的紧迫危险，被告人李某某的行为符合故意杀人罪的构成要件，由于意志以外的原因而使得其犯罪行为未能得逞，应当按照故意杀人罪（未遂）的罪责定罪量刑。

编写人：山东省济南市天桥区人民法院　孙维民　庄丽梅

3

对主观故意的辩解不影响自首的认定

——邱某某故意杀人案

【案件基本信息】

1. 裁判书字号

福建省高级人民法院（2021）闽刑终 159 号刑事裁定书

2. 案由：故意杀人罪

【基本案情】

被告人邱某某因怀疑妻子郭某不忠，二人经常发生争吵，并于 2019 年 6 月 24 日离婚。二人离婚后，邱某某欲复婚，不断纠缠郭某，不允许郭某与其他男子接触，并警告郭某，如果发现其有接触其他男子，他就要把该男子杀死。2019 年 10 月 21 日 22 时许，邱某某到郭某住处旁，见郭某出门后便潜入郭某房间守候。次日凌晨 3 时许，郭某与被害人阮某返回，邱某某立即躲到床下。当郭某与阮某在床上亲吻时，邱某某爬出并打开灯，用削笔小刀划阮某的颈部并将阮某推至阳台处，继续用小刀划阮某的颈部数下并捅刺腹部，将阮某踹倒后用郭某的衣服捂住阮某的口鼻。郭某见状拿木板击打邱某某的头部并大声呼救，邱某某掐住郭某的脖子并捂嘴，郭某咬邱某某的食指，邱某某遂用小刀划郭某的颈部致郭某轻伤（一级）。阮某趁机起身跑到门口，邱某某追上并拉倒阮某，用小刀割阮某的颈部数下致阮某的左颈部、静脉断裂大出血死亡。房东闻讯后向公安机关打电话报警，数分钟后邱某某亦打电话报警，公安人员接警后将邱某某控制。邱某某到案后，在侦查阶段供认杀害阮某、伤害郭某的犯罪事实，包括犯罪时主观故意内容，但在一审、二审庭审中邱某某辩解称作案时无杀人的主观故意。

【案件焦点】

邱某某对主观故意的辩解是否影响自首认定。

【法院裁判要旨】

福建省三明市中级人民法院审理认为：邱某某在与被害人郭某离婚后，未能正确处理好其和郭某之间的情感问题而迁怒于他人，故意非法剥夺他人生命，致一人死亡，其行为已构成故意杀人罪。邱某某在作案过程中，用小刀划伤阻止其行凶的郭某，致郭某轻伤一级，其行为又构成故意伤害罪。邱某某一人犯数罪，应当数罪并罚。邱某某曾因故意犯罪被判处有期徒刑，在刑罚执行完毕以后五年内再犯应当判处有期徒刑以上刑罚之罪，是累犯，依法应当从重处罚。邱某某案发后自动报警，归案后在侦查阶段能如实供述自己的罪行，但在一审、二审庭审中避重就轻，翻供称作案时无杀人的主观故意，依法不构成自首。邱某某杀人手段残忍，后果严重，罪行极其严重，虽有投案情节并赔偿被害方部分经济损失，但不足以对其从轻处罚。据此，判决如下：

一、被告人邱某某犯故意杀人罪，判处死刑，剥夺政治权利终身；犯故意伤害罪，判处有期徒刑二年。决定执行死刑，剥夺政治权利终身；

二、被告人邱某某应赔偿附带民事诉讼原告人池某某、阮某某经济损失人民币 521608 元，于本判决生效之日起一个月内付清；

三、驳回附带民事诉讼原告人池某某、阮某某的其他诉讼请求；

四、随案移送的被告人邱某某作案工具刀刃已断成两截的削笔小刀一把，予以没收。

一审宣判后，邱某某以其自动投案，如实供述自己的罪行，应认定为自首为由等提出上诉。福建省人民检察院出庭检察员出庭意见认为，邱某某的行为可以认定为自首，但不足以从轻处罚，建议驳回上诉，维持原判。二审法院福建省高级人民法院同意一审法院裁判意见，裁定：

驳回上诉，维持原判，并依法报请最高人民法院核准死刑执行。

最高人民法院经复核认为：邱某某故意非法剥夺他人生命，其行为已构成故意杀人罪；故意伤害他人身体，致人轻伤，其行为又构成故意伤害罪，应依法予以并罚。邱某某因感情纠葛，持刀行凶，杀害无辜，犯罪手段残忍，情节、后果严重，又系累犯，应依法从重处罚。邱某某打电话投案并供述犯罪事实，其对犯罪性质的辩解，不影响自首的认定，但罪行极其严重，不足以从轻处罚，故裁定核准死刑执行。

【法官后语】

1. 主观故意辩解是否影响自首认定的分歧

本案邱某某自动投案后，在侦查阶段多次供认杀害阮某、伤害郭某的犯罪事实，包括犯罪时主观故意内容，但在一审、二审庭审中辩称作案时无杀人的主观故意，对其犯罪主观心态进行了辩解，对上述辩解是否影响自首成立，存在不同观点。《最高人民法院关于处理自首和立功具体应用法律若干问题的解释》第一条第二项规定，如实供述自己的罪行，是指犯罪嫌疑人自动投案后，如实交代自己的主要犯罪事实。司法实践中，犯罪分子在自动投案后，往往会对自己的犯罪行为进行辩解，对犯罪主观心态的辩解更是常见情形，但因现行法律及司法解释并未对主要犯罪事实的范围及定义进行明确规定，如实供述主要犯罪事实缺乏较为统一的认定标准，主要观点分为“主客观统一说”及“客观说”两类。“主客观统一说”认为，如实供述自己的罪行，是指如实交代主要或基本犯罪构成事实。犯罪构成事实，是指符合《中华人民共和国刑法》分则所规定的各种犯罪的具体犯罪构成要件的事实，不仅包括客观方面，还包括主观方面，是主客观方面的结合。因此，行为人自动投案后是否如实供述主观心态，必然影响自首的认定。

2. 对如实供述罪行的认定应坚持“客观说”

本案最高人民法院复核裁定认为，邱某某打电话投案并供述犯罪事实，其对犯罪性质的辩解，不影响自首的认定，即认为行为人对主观故意的否认，系其对犯罪性质辩解的组成部分。从复核裁定体现的精神上看，坚持了“客观说”观点。行为人如实供述“主要犯罪事实”主要是指客观犯罪事实，只要行为人如实供述客观的犯罪事实，结合在案客观证据足以使司法机关认定其主观方面的成立，即使行为人对其犯罪主观心态进行辩解、否认主观犯罪故意，也不影响自首的成立。具体理由如下：

（1）构成犯罪的核心是行为对法益侵犯的客观要素。虽然传统的犯罪四要件说认为犯罪的主观方面是犯罪构成不可缺少的组成部分，但相较于客观要件事实，主观心态事实的认定是一个逻辑推导的过程，不仅仅是事实判断，更蕴含着司法机关的法律价值判断，具有相对不确定性。确定构成犯罪的核心是行为对法益侵犯的客观要素，主观心态则更多属于犯罪人责任范畴。

（2）客观说有利于充分保障被告人行使辩护权。刑事诉讼应当充分全面保障被告人的辩论权利，行为供述的主观心态具有极强的主观性，不易直接被侦查活动真实查明，司法机关对行为人主观心态的认定是逻辑推导的结果，客观真实事实可能与法律认定事实存在差错，且行为人相对于司法机关不可能有较为全面准确的法律价值判断能力，亦可能存在法律认识错误，因此允许被告人对犯罪主观心态的辩解，实质上是赋予被告人充分行使辩护权的表现。

（3）过分强调行为人对主观心态的供述与“重证据，轻口供”的原则相背离。司法实践中对于行为人主观心态的认定，大多通过客观事实及证据进行推定，如果行为人已如实供述了据以推定其主观心态的客观事实，那么其对犯罪主观心态的辩解就不会对认定其构成犯罪的过程产生实质影响。而过分强调行为人对主观心态的供述也与“重证据，轻口供”的原则相背离。

（4）客观说有利于贯彻最高人民法院批复精神。《最高人民法院关于被告人对行为性质的辩解是否影响自首成立问题的批复》（以下简称《批复》）规定，被告人对行为性质的辩解不影响自首的成立。“对行为性质的辩解”与“对主观心态的辩解”在内容上存在一定交叉，针对主观心态进行辩解在一定程度上亦可属于对行为性质的辩解。“客观说”能够避免司法裁判与《批复》相冲突，更符合《批复》精神。

编写人：福建省三明市中级人民法院　高锦状

4

故意杀人与故意伤害致死在主观方面的审查判断

——袁某某故意杀人案

【案件基本信息】

1. 裁判书字号

湖南省高级人民法院（2022）湘刑终107号刑事裁定书

2. 案由：故意杀人罪

【基本案情】

被告人袁某某与被害人陈某某系夫妻关系，育有二女（袁某1、袁某2）一子（袁某3）。自2019年起，袁某某怀疑陈某某有婚外情，多次质疑袁某3不是其亲生儿子，二人关系恶化，袁某某于2020年6月、10月两次殴打陈某某，陈某某由其侄子陈某接回娘家居住。2021年1月，陈某某经陈某介绍，在位于某娱乐会所从事保洁员工作。

2021年2月25日，袁某某前往某娱乐会所接陈某某回家，陈某某以第二天要上白班为由拒绝，袁某某约好第二天再来接陈某某，次日下午陈某某借故推拖，避而不见，袁某某产生用注射器扎陈某某的想法。3月1日18时许，袁某某在家中拿了注射器，并从平日用于除草的一瓶“某牌”敌草快除草剂中倒出少许至一个空瓶中，驾车前往某娱乐会所接陈某某下班。陈某某推脱不得，在同事的劝说下跟袁某某下楼，并打电话给陈某表示不愿和袁某某回家。袁某某抢陈某某的电话，陈某某的手机和携带的物品散落在某娱乐会所门口过道边，陈某某俯身捡拾之际，袁某某取出装有除草剂的注射器，从身后搂住陈某某，右手持注射器扎进陈某某的右侧颈部甲状软骨处，后驾车离开。

随后，陈某陪同陈某某到市公安局某分局某派出所报案后前往市中心医院就诊。随后几天，陈某和袁某3多次打电话问袁某某给陈某某注射了什么，袁某某均回答注射的是酒。3月4日，袁某某得知陈某某的病情越来越严重，写下给三个儿女的《最后的叮嘱》，之后被问起时仍然回答注射的是酒。直至3月5日，袁某某才说注射的是除草剂。3月6日，医生结合临床症状诊断为“敌草快”中毒，将陈某某转入重症监护室进行血液净化治疗，但陈某某病情继续恶化，3月7日晚转入普通病房，病情危重，于次日病亡。经鉴定，陈某某注射针孔处皮肤中检出百草枯成分；陈某某符合百草枯中毒致多器官功能障碍死亡的特征。

【案件焦点】

1. 被告人是构成故意杀人罪还是故意伤害罪；2. 被害人是否有过错。

【法院裁判要旨】

湖南省株洲市中级人民法院经审理认为：被告人袁某某非法故意剥夺他人生命，向妻子陈某某体内注射含百草枯成分的除草剂，并隐瞒实情，放任陈某某因医治无效而死亡，其行为已构成故意杀人罪。袁某某造成附带民事诉讼原告人的直接经济损失共计人民币41178元，依法应予赔偿。袁某某到案后如实供述，依法可以从轻处罚。袁某某虽未获得被害人母亲谅解，但被害人三名子女已明确表示对袁某某的谅解。本案系婚姻家庭矛盾引发，因袁某某认为陈某某有“婚外情”，与陈某某发生矛盾，殴打陈某某致使其离家外出打工，经袁某某多次接陈某某回家未果导致矛盾升级，引发本案，对袁某某可不予判处死刑立即执行。依照《中华人民共和国刑法》有关条款，判决如下：

一、被告人袁某某犯故意杀人罪，判处死刑，缓期二年执行，剥夺政治权利终身；

二、被告人袁某某赔偿附带民事诉讼原告人楚某某经济损失人民币 41178 元；

三、驳回附带民事诉讼原告人楚某某的其他诉讼请求。

宣判后，袁某某对判决不服，提起上诉。

湖南省高级人民法院经审理裁定：驳回上诉，维持原判。

【法官后语】

本案的主要争议焦点：一是被告人是构成故意杀人罪还是故意伤害罪，二是被害人是否有过错。

1. 本案定性方面。被告人是构成故意杀人罪还是故意伤害罪，关键在于对被告人主观方面的认定和判断。对被告人主观方面的判断，应该坚持从客观到主观的顺序，而不是过度依赖被告人的口供确定其心理状态。

（1）袁某某实施犯罪的手段及其对手段的认知，足以认定其具有杀害被害人的故意。袁某某使用的是“敌草快”标签瓶的除草剂，但从中检出“百草枯”成分。百草枯是一种快速灭生性除草剂，对人毒性极高，且无特效解毒药，是人类急性中毒死亡率最高的除草剂，毒性级别为剧毒。“敌草快”一般用于传导性触杀灭生性除草剂，中等毒性，与皮肤接触有害，须穿戴适当的防护服和手套，吞食有毒。不管是百草枯还是“敌草快”，进入人体均能严重威胁生命。作为社会一般成员，虽然不一定知道“百草枯”和“敌草快”的毒性区别，但均具备“农药进入人体会致人死亡”的常识认知。袁某某常年居住在农村，作为农民，在种田、种菜过程中经常使用除草剂，主观上应当明知除草剂的毒害性，更应当知晓除草剂进入人体内的严重后果。而且，当公安机关抓获袁某某时，在其身上搜出一只装有“敌草快”的瓶子，袁某某供称在身上搜出的注射器和装有除草剂的瓶子是准备用来自杀的，说明其明知“敌草快”能致人死亡。因此，袁某某辩解不知道注射除草剂会危害被害人生命的辩解，不符合常理和实际情况。

(2) 袁某某实施犯罪后的表现更能佐证其杀害被害人的故意。即使袁某某不知除草剂能致人死亡，其将除草剂注射进被害人陈某某体内时没有杀害陈某某的故意，那么当其先前注射除草剂的犯罪行为已经导致陈某某住进医院抢救，在随时有死亡危险的情况下，袁某某应该积极履行救助义务，但其不但未主动施救，如实告知实情，反而在被亲属多次询问时隐瞒实情，延误救治，导致陈某某最终死亡。袁某某的先前行为直接制造了他人死亡的危险性，不履行救助义务，导致被害人死亡，主观上显然具有放任死亡结果发生的意志因素。

2. 被害人过错问题。刑法意义上的被害人过错，通常是指被害人实施了违反法律规定或者违背社会公序良俗、伦理规范的行为，客观上激发了犯罪行为的发生。在判断被害人过错时，应当注意被害人的过错行为不能距离犯罪时间过长，否则将切断该过错与犯罪之间的因果关系。本案被害人的子女的证言证明，被告人与被害人夫妻关系不和，几年前他们发现或听被告人说被害人有“婚外情”，夫妻关系更加恶化，发生争吵后被告人会动手打被害人，甚至怀疑已经二十多岁的儿子不是自己亲生（经鉴定确系被告人亲生），有两次还将被害人打伤，被害人因此于2020年下半年回娘家居住、打工，很少回家。除此之外，并无确实充分的证据证明被害人有“婚外情”，即使如被告人所说，被害人有过婚外情，但在案发前，并无任何证据证明被害人的婚外情行为还在持续。因此，不宜认定被害人具有刑法意义上的过错，只能认定本案事出有因，因婚姻家庭矛盾引发，对被告人酌情从轻处罚。

综上，袁某某的行为构成故意杀人罪，本案因婚姻家庭矛盾引发，事出有因，对袁某某可以酌情从轻处罚。

编写人：湖南省高级人民法院　周治华

（二）过失致人死亡罪

5

犯罪行为同时构成交通肇事罪、重大责任事故罪、过失致人死亡罪三罪法条竞合，以过失致人死亡罪定罪更能体现罪责刑相适应

——金1过失致人死亡案

【案件基本信息】

1. 裁判书字号

广西壮族自治区北海市中级人民法院（2022）桂05刑终206号刑事附带民事裁判书

2. 案由：过失致人死亡罪

【基本案情】

2005年，金1订造第一艘排筏，用于出海捕捞，领取了由某区海洋和水产畜牧兽医局核发的《海洋竹（木）排、筏证书NO.17000××》证书，船号为“桂北渔排×××××”。2011年，金1订造第二艘排筏用于出海捕捞，未向相关部门报告，继续沿用第一艘排筏证书、船号开展作业。2019年，金1订造第三艘排筏（涉案排筏）用于摆渡，未向相关部门报告，仍继续沿用第一艘排筏的证书、船号开展作业。2020年3月起，金1驾驶涉案排筏有偿搭载附近村民往返于白龙码头至古城村“红沙脚”海域近海滩涂进行捕捞沙虫。2021年8月9日

上午，金1驾驶涉案排筏搭载村民前往白龙、古城“红沙脚”海域滩涂处挖沙虫，在搭载村民返程中其排筏上已有61人，处于严重超载状态并已发生搁浅。金1劝阻部分村民下船未果后，让几个村民下海帮助推动排筏。排筏启动后不久即发生侧翻，排筏上的所有人员跌落水中，造成被害人金2、金3、王1、王2、黄1、黄2、陈1、卓1共8人死亡，被害人陈2、温1、邓1等13人受伤。案发后，金1积极进行抢救救援，在他人报警后仍在现场等待处理，归案后如实供述了自己的罪行并自愿认罪认罚。

公诉机关北海市铁山港区人民检察院起诉书指控金1犯重大责任事故罪，于2021年12月21日向本院提起公诉。附带民事诉讼原告人李1等44人向本院提起刑事附带民事诉讼。

【案件焦点】

金1非法营运、长期危险营运、违规超载的行为，同时符合交通肇事罪、重大责任事故罪、过失致人死亡罪的犯罪构成，应如何定罪量刑。

【法院裁判要旨】

广西壮族自治区北海市铁山港区人民法院经审理认为：金1委托他人非法制造涉案排筏，在未取得相关部门的许可下长期非法载客从事摆渡经营。金1作为排筏主，未取得相关驾驶资格亦未经过相应的专业技术训练，在未配备充足的救援救生设备情况下仍非法载客，长期危险运营。案发当天，金1在明知排筏已严重超载并搁浅的情况下，仍让村民下海推船，强行启动排筏，致使排筏侧翻，造成重大人员伤亡。金1实施的上述行为，既违反了水上交通运输管理法规，又违反了有关安全生产管理的规定，因而发生重大事故，致多人伤亡。其行为既符合交通肇事罪的犯罪构成，又符合重大责任事故罪的犯罪构成，同时也符合过失致人死亡罪的犯罪构成，属于法条竞合关系。

在定罪量刑问题上，因涉案地点周围为滩涂，不属于通航水域，不在实行公共交通管理的范围，因而不认定为交通肇事罪。从犯罪主体、犯罪客体，犯罪主观方面、犯罪客观方面四个犯罪构成要件及重大责任事故罪和过失致人死亡罪的量刑方面进行分析，因缺少事故责任认定书，金 1 构成重大责任事故罪情节特别恶劣证据不足，如果以重大责任事故罪定罪在量刑上仅能判处三年以下有期徒刑，罪责刑不相适应。应以过失致人死亡罪追究金 1 的刑事责任，在三年以上七年以下有期徒刑幅度内量刑，更能体现罪责刑相适应。在刑事附带民事赔偿问题上，金 1 的行为造成金 2 等 8 人死亡，应赔偿丧葬费及处理丧葬事宜费用；造成陈 2、温 1、邓 1 等 13 人受伤住院治疗，应当承担相应的民事赔偿责任。

综上，广西壮族自治区北海市铁山港区人民法院依照《中华人民共和国刑法》第六十七条第一款、第二百三十三条，《最高人民法院关于审理人身损害赔偿案件适用法律若干问题的解释（2020 年修正）》第六条、第七条、第八条、第九条、第十条、第十四条，《最高人民法院关于适用〈中华人民共和国刑事诉讼法〉的解释》第一百七十五条、第一百八十八条、第一百九十二条第一款、第二款及《中华人民共和国刑事诉讼法》第十五条之规定，并经本院审判委员会讨论决定，判决如下：

一、被告人金 1 犯过失致人死亡罪，判处有期徒刑五年；

二、被告人金 1 赔偿附带民事诉讼原告人李 1、卢 1、李 2、李 3、李 4、李 5、李 6 丧葬费及处理丧葬事宜费用共计 47544. 53 元；

三、被告人金 1 赔偿附带民事诉讼原告人陈 3、吴 1、陈 4 丧葬费及处理丧葬事宜费用共计 47544. 53 元；

四、被告人金 1 赔偿附带民事诉讼原告人王 3、金 4、陈 5、陈 6、陈 7 丧葬费及处理丧葬事宜费用共计 47544. 53 元；

五、被告人金 1 赔偿附带民事诉讼原告人陈 8、孙 1、陈 9、陈 10、陈 11 丧葬费及处理丧葬事宜费用共计 47544. 53 元；

六、被告人金 1 赔偿附带民事诉讼原告人郑 1、金 5、郑 2、郑 3、郑 4 丧葬费及处理丧葬事宜费用共计 47544. 53 元；

七、被告人金 1 赔偿附带民事诉讼原告人韩 1、金 6、韩 2、韩 3、韩 4 丧葬费及处理丧葬事宜费用共计 47544. 53 元；

八、被告人金1赔偿附带民事诉讼原告人崔1、吴2、陈12、崔2、崔3、崔4丧葬费及处理丧葬事宜费用共计47544.53元；

九、被告人金1赔偿附带民事诉讼原告人卢2、梁1、卓2、卢3、卢4、卢5丧葬费及处理丧葬事宜费用共计47544.53元；

十、被告人金1赔偿附带民事诉讼原告人陈2医疗费、护理费、住院伙食补助费、误工费、交通费共计35521.61元；

十一、被告人金1赔偿附带民事诉讼原告人温1医疗费、护理费、住院伙食补助费、误工费、交通费共计3270.53元；

十二、被告人金1赔偿附带民事诉讼原告人邓1医疗费、护理费、住院伙食补助费、误工费、交通费共计6983.91元；

十三、驳回附带民事诉讼原告人李1等44人的其他诉讼请求。

一审判决后，公诉机关未提出抗诉，金1亦未提出上诉。附带民事诉讼原告人陈3等19人提出上诉。

广西壮族自治区北海市中级人民法院经审理认为：金1违规驾驶排筏从事摆渡经营，在明知排筏已严重超载并搁浅的情况下，轻信能避免危害后果的发生，仍强行启动排筏导致排筏侧翻造成8人死亡，根据《中华人民共和国刑法》第二百三十三条的规定，其行为已构成过失致人死亡罪。金1的犯罪行为致陈3等19人遭受的经济损失依法应承担民事赔偿责任。原判认定的事实清楚，证据确实、充分，附带民事部分判处合理，审判程序合法，应予维持。上诉人的上诉请求不能成立，应予驳回。依照《中华人民共和国刑事诉讼法》第二百三十六条第一款第一项、第二百四十四条的规定，裁定如下：

驳回上诉，维持原判。

【法官后语】

交通肇事罪是指从事交通运输的人员，由于违反交通运输规章制度，发生重大事故，致人重伤、死亡或者使公私财产遭受重大损失的行为。重大责任事故罪是指在生产、作业中违反有关安全管理的规定，因而发生重大伤亡事故，或者造成其他严重后果的行为。过失致人死亡罪是指由于过失致人死亡的行为。

以上三个罪名均属于过失犯罪，前两个罪名属于危害公共安全犯罪，后罪属于侵犯公民人身权利、民主权利犯罪。主要区别有：一是犯罪主体不同。交通肇事罪与过失致人死亡罪的犯罪主体为一般主体，而重大事故责任罪的主体为特殊主体。二是犯罪的客观行为不同。交通肇事罪违反的是“交通运输管理法规”。重大责任事故罪违反的是“有关安全管理的规定”。过失致人死亡罪对过失行为的范围没有特殊规定，泛指违反普通意义上依据生活常识所应注意的行为。三是犯罪客体不同。交通肇事罪侵犯的客体是交通运输的正常秩序和安全，犯罪对象包括人身和财产。重大责任事故罪是发生在履职过程中，侵犯的客体实质上是生产作业安全，法定结果包括人员伤亡或财产损害。过失致人死亡罪的犯罪对象必须是人身，法定结果仅指致人死亡，犯罪的客体则是被害人的生命权。

本案中，被告人金1委托他人非法制造排筏，没有船名、船号和船籍港标识，亦未取得船舶检验合格证书、船舶登记证书、水路运输许可证、船舶营业运输证等经营资质，长期非法载客从事摆渡经营；金1作为排筏主，未取得相关驾驶合格证书，也未经过相应的专业技术训练，驾驶“三无”船只，在未配备充足救援、救生设备的情况下，仍然非法载客，长期危险运营；案发当天，被告人金1在明知排筏已严重超载并搁浅的情况下，仍让村民下海推船，强行启动排筏，致使排筏侧翻，造成重大人员伤亡。

金1的上述行为，既违反了水上交通运输管理法规，又违反了有关安全生产管理的规定，因而发生重大事故，致多人伤亡。其行为既符合交通肇事罪的犯罪构成，又符合重大责任事故罪的犯罪构成，同时也符合过失致人死亡罪的犯罪构成，属于法条竞合关系。

本案的争议焦点是金1的行为应如何定罪。综合全案证据及量刑分析，应以过失致人死亡罪追究金1的刑事责任。理由如下：

1. 根据北海市铁山港区海洋局出具的情况说明，案发地点周围区域为滩涂，不属于通航水域，不在实行公共交通管理的范围之内，根据《最高人民法院关于审理交通肇事刑事案件具体应用法律若干问题的解释》，金1的涉案行为不应认定为交通肇事罪。

2. 从犯罪构成要分析，案发时金1系排筏主，负责运送村民往返，并未直接从事捕捞等生产、作业活动，因此不应认定为特殊主体，应认定为过失致人死亡罪的一般主体。案发时被害人已完成捕捞工作，不在从事生产、作业工作中，他们的身份仅为搭乘排筏的乘客，因此侵犯的应当是过失致人死亡罪的生命权，而非重大责任事故罪中生产、作业中的人身安全和财产安全。

3. 从量刑分析，认定构成重大责任事故罪情节特别恶劣，在三年以上七年以下有期徒刑幅度内量刑应同时符合两个条件：一是造成死亡3人以上或者重伤10人以上；二是对事故的发生负主要责任。结合本案，事故造成8人死亡13人受伤，符合上述第一个条件，但公诉机关却未能提供证据以证实被告人金1对本案事故的发生应承担何种责任，因此认定被告人金1构成重大责任事故罪情节特别恶劣证据不足。如果以重大责任事故罪定罪，仅能判处三年以下有期徒刑，会造成罪责刑不适当。如果根据《中华人民共和国刑法》第二百三十三条的规定，以过失致人死亡罪追究被告人金1的刑事责任，在三年以上七年以下有期徒刑幅度内量刑，更能体现罪责刑相适应的原则。

编写人：广西壮族自治区北海市铁山港区人民法院　潘世红

6

故意伤害罪与过失致人死亡罪的界分

——程某某过失致人死亡案

【案件基本信息】

1. 裁判书字号

重庆市第五中级人民法院（2022）渝05刑终887号刑事裁定书

2 案由：过失致人死亡罪

【基本案情】

被告人程某某与被害人程某1系同胞兄弟。2021年11月28日20时许，醉酒的程某1辱骂、扬言殴打程某某，后用手掐程某某的脖子将其推倒在院坝沙堆上实施殴打。弟媳李某某将二人拉开后，离开现场打电话报警。程某某气愤之下，用手推程某1的胸膛、肩膀，致程某1倒在水泥地上头部着地。程某某害怕程某1起身再打自己，又上前抓住程某1的上半身往地上推，致程某1的头部再次着地，未再动弹。当日20时58分，民警到达现场，程某1躺在地上未说话，闭着眼睛喘气。程某某、李某某称程某1醉酒闹事，要求民警将程某1带走醒酒。21时许，民警将程某1带回派出所候问室内醒酒，其间执勤人员多次巡察，未发现异常。次日9时许，民警发现程某1无反应，遂联系某卫生院救治，程某1经抢救无效死亡。经鉴定，程某1系强大机械性暴力致颅脑损伤引起呼吸、循环衰竭死亡。2021年12月1日，民警将程某某抓获归案。程某某在侦查阶段如实供述了主要犯罪事实。一审审理过程中，程某某自愿认罪、悔罪。

【案件焦点】

被告人程某某的行为构成故意伤害（致人死亡）罪，还是过失致人死亡罪。

【法院裁判要旨】

重庆市江津区人民法院经审理认为：被告人程某某构成故意伤害罪，判处有期徒刑三年，缓刑三年。宣判后，程某某提出上诉。

重庆市第五中级人民法院经审理认为：上诉人程某某被醉酒的被害人程某1辱骂殴打后，因不堪忍受程某1经常醉酒闹事滋扰家人，推倒被害人致被害人的颅脑损伤引起呼吸、循环衰竭死亡。程某某的行为虽然在客观上造成了被害人死亡的后果，但从双方关系和案件起因分析，程某某与被害人系同胞兄弟，案发前没有重大矛盾纠纷和激烈冲突，其没有故意伤害被害人的犯罪动机；从行为细节和致害过程分析，程某某并未持械或使用致命工具加害被害人，仅是徒手实施了推倒被害人的行为，没有追求或放任被害人伤残或死亡后果发生的主观罪过；从认识能力和犯罪后的态度分析，程某某本应当认识到自己的行为可能造成被害人伤亡的结果，但因其只有小学文化水平，实际认识能力相对较低，没有认识到其行为可能造成被害人轻伤、重伤，尤其是颅脑受伤容易造成被害人死亡的严重后果，故而事后仅要求民警将被害人带走醒酒，导致被害人受伤且未及时发现最终酿成本案。综上分析，程某某因不堪忍受被害人经常醉酒闹事滋扰家人在气愤下推倒被害人，主观上没有伤害被害人的故意，但鉴于一般人的认知，其应当预见而没有预见自己推倒被害人致被害人的后脑着地的行为，可能导致被害人受伤甚至死亡的严重后果，存在疏忽大意的过失，其行为构成过失致人死亡罪。据此，二审判决撤销原判对程某某犯故意伤害罪的定罪部分，以程某某犯过失致人死亡罪，判处有期徒刑三年，缓刑三年。

【法官后语】

故意伤害罪与过失致人死亡罪的界分，在实践中较为疑难、复杂。尤其对于因日常生活琐事、家庭矛盾纠纷、邻里纠纷等引发的一般性抓扯、互殴致人死亡的案件，仅从作案手段看暴力程度并非特别明显，但又造成被害人死亡的严重后果，行为人是构成故意伤害（致人死亡）罪，还是过失致人死亡罪，往往难以准确区分。关键在于准确判定行为人的主观罪过的内容和实质。认定主观罪过，可以从被告人与被害人的关系、案发起因、纠纷性质、致害过程和致害行为方式、是否使用致命工具、打击部位、次数、被告人事后表现和态度等角度，结合被告人的文化水平、实际认识能力和常识常理等因素综合分析。

从犯罪客观行为手段切入审查行为人的主观罪过。作案手段系行为人主观罪过的直接反映。罪过是支配行为人实施犯罪的心理状态，具有一定主观色彩，但并非单纯地存在于人的大脑中不可捉摸、不能感知。意识决定行为，而行为则是意识的直观反映。在现实的犯罪中，行为人在其主观罪过支配下实施犯罪行为，必然通过具体的行为方式、手段、结果等加以体现和反映，进而成为可以通过证据反映的客观存在。例如，行为人是否使用作案工具、工具本身的致伤力、使用工具的方式、打击部位、次数、持续时间等，均可作为判断行为人主观罪过的要素。本案中，程某某并未持械或使用致命工具加害被害人，仅是徒手实施了推倒被害人的行为，难以认定其具有追求被害人轻伤或者重伤的主观罪过，更没有追求或放任被害人伤残或死亡后果发生的主观罪过。

从纠纷起因及事前行为分析行为人的主观罪过。在仅凭作案手段难以认定行为人的主观罪过时，需结合双方关系、是否存在积怨、是否为临时纠纷、纠纷的性质、矛盾大小、事前有无扬言报复、有无预谋等，综合判断行为人有无伤害被害人的犯罪动机和主观意愿。本案中，虽然程某某的行为在客观上造成了被害人死亡的后果，但二人系同胞兄弟，案发前没有重大矛盾纠纷和激烈冲突，仅因被害人嗜酒，醉酒后多发疯闹事，兄弟之间时常发生口角、抓扯、轻微互殴，对兄弟关系的和睦并无明显影响，程某某没有故意伤害被害人的犯罪动机和目的。

事后表现和态度亦间接反映行为人的主观罪过。行为人是否认识到其行为造成被害人伤、亡的损害后果，在意识到损害后果的情形下，是否实施救助行为，还是放任不管、逃离现场等。行为人对于后果的认识程度，不能仅凭行为人的口供，还要结合其手段行为、现场环境、被害人表现等因素来综合判断其供述是否符合常识常理。本案中，程某某只有小学文化水平，难以认识到其两次徒手推倒被害人的行为，可能造成被害人轻伤、重伤，尤其被害人的后脑着地容易导致颅脑受伤造成死亡的严重后果，故而事后起身到厨房烧水洗澡，民警到场后也仅要求民警将被害人带走醒酒；同时考虑到被害人处于醉酒状态，此情形下一般容易昏睡这一特定因素，程某某的事后行为并不违背常理。

据此，二审法院认定被告人程某某没有故意伤害被害人的主观罪过，但鉴于程某某因不堪忍受被害人经常醉酒闹事滋扰家人，在同被害人抓扯中未保持应有的谨慎和克制，而是使用了大力推倒醉酒后身体自控能力减弱的被害人，其应当预见自己的行为可能导致被害人死亡的严重后果而没有预见，存在疏忽大意的过失，其行为构成过失致人死亡罪。遂依法予以改判。

编写人：重庆市第五中级人民法院 谭鸿科

（三）故意伤害罪

7

致未经允许进入住宅的原承租人轻伤是否构成正当防卫

——潘某某故意伤害案

【案件基本信息】

1. 裁判书字号

广西壮族自治区柳州市中级人民法院（2022）桂02刑终167号刑事附带民事判决书

2. 案由：故意伤害罪

【基本案情】

被告人潘某某与潘某1系姐弟关系。二人父母与潘某1一家一直居住在柳州市城中区某村某号私人房，后该地被人民政府征收，双方因房屋拆迁补偿一事发生矛盾。2019年9月，潘某1及其女儿、女婿一家搬离。被害人潘某承租上述私人房一楼杂物间存放其建筑用工具。2019年10月10日8时许，被害人潘某叫上潘某1的女婿俞某某一起回去清理物品，因大门换锁，俞某某翻墙进去开门让潘某进入。潘某某在外吃完早餐回来见俞某某、潘某未经允许翻墙进入，于是发生争执，后潘某某持刀将潘某左手肘砍伤。经鉴定，潘某的人体损伤程度评定为轻伤一级。

另查明，被害人潘某受伤后两次住院治疗共计35天，此外三次复诊，花费检查费、医疗费、护工费共计26274.07元。经鉴定其误工期为270日，护理期为90日，营养期为90日。鉴定花费为1400元。

【案件焦点】

被告人潘某某致被害人潘某轻伤的行为是否构成正当防卫。

【法院裁判要旨】

广西壮族自治区柳州市城中区人民法院经审理认为：被告人潘某某故意损害他人身体健康，致人轻伤一级，其行为已构成故意伤害罪。关于附带民事诉讼原告人潘某的诉请：医疗费用26274.07元、住院伙食补助费3500元、法医鉴定费1400元均有相关证据材料证明，予以采纳；根据鉴定意见，误工期270天，护理期90天，营养期90天，因潘某未提供证明其职业的证据，按照2021年广西壮族自治区道路交通事故人身损害赔偿项目计算标准之城镇居民人均可支配收入35859元计算，误工费为26525.84元，护理费为8841.95元，营养费为1800元（以20元每天计算）。综上，潘某某应赔偿潘某经济损失共计68341.86元。依照《中华人民共和国刑法》第三十六条第一款、第二百三十四条第一款，《最高人民法院关于适用〈中华人民共和国刑事诉讼法〉的解释》第一百九十二条第一款、第二款，判决：

一、被告人潘某某犯故意伤害罪，判处有期徒刑一年八个月；

二、被告人潘某某赔偿附带民事诉讼原告人潘某经济损失共计人民币68341.86元。

潘某、潘某某提出上诉。广西壮族自治区柳州市中级人民法院经审理认为：上诉人潘某某故意损害他人身体健康，致人轻伤一级，其行为已构成故意伤害罪。原判刑事部分认定事实清楚，证据确实、充分，定罪准确，量刑适当。原判附带民事诉讼部分护理费适用的计算标准不当，导致判决数额偏低，应予纠正，其他费用判令恰当。因潘某未提供证据证明对其护理的妻子有收入，护理费应依据2021年度广西道路交通事故人身损害赔偿项目计算标准之居民服务、修理和其他服务业年收入55623元的标准来计算，护理费应为13715.26元，故潘某获得支持的赔偿数额共计73215.17元。据此，判决如下：

一、维持广西壮族自治区柳州市城中区人民法院（2022）桂0202刑初3号刑事附带民事判决的第一项；

二、撤销广西壮族自治区柳州市城中区人民法院（2022）桂0202刑初3号刑事附带民事判决的第二项；

三、被告人潘某某赔偿附带民事诉讼原告人潘某经济损失共计人民币73215.17元。

【法官后语】

本案争议焦点为潘某某致潘某轻伤是否构成正当防卫，亦是本案确定罪与非罪的关键问题。通常认为，成立正当防卫，应当同时符合起因、时间、主观、对象、限度五个条件。本案潘某某的致害行为在起因条件、意图条件方面并不符合正当防卫的构成要件。

关于第一个问题起因条件。正当防卫的起因是存在不法侵害。潘某某辩称俞某某、潘某未经允许翻墙进入其父母住所的行为是非法侵入他人住宅的不法侵害；俞某某、潘某推打其父母的行为是侵犯生命权健康权的不法侵害。其上述辩称并无事实和法律依据。

对于潘某某所辩称的第一项不法侵害。不少其他国家，普遍主张“城堡规则”，认为防卫人的住宅和工作场所，甚至是驾驶和乘坐的车辆是“城堡”，对侵入行为可以实施无限防卫。但各国国情和法律文化传统不尽相同，不宜照抄照搬他国，在当下中国，对于未经允许进入住宅的案件不问情节一律允许无过当防卫有所不妥。俞某某、潘某未经允许进入潘某某父母住所，看似影响了其二人的正常生活和居住安宁，但就房屋权属来源情况来看，不存在非法侵入他人住宅的行为。该私人房系潘某某父母与潘某1夫妇共同出资建造，两家人共同居住，俞某某作为潘某1的女婿与其妻曾常年居住于此，并将该房屋内一杂物间出租给潘某放置物品。在该房屋被政府征收、征收款项已支付以及潘某1一家搬离时隔约一个月之际，俞某某作为原房主带领原承租人潘某返回清理物品，具有一定正当性、合理性。俞某某翻墙进去开门让潘某进入，亦是因大门换锁，喊门无人应，不得已而为之。

对于潘某某所辩称的第二项不法侵害。首先，潘某某未曾供述过俞某某、潘某有暴力殴打的行为，称其在外吃完早餐回来，听见杂物间有争吵推搡，并未看到其父与俞某某、潘某之间推搡的过程以及其父如何倒地、如何受伤；其次，潘某某母亲在案发当天的证言称其与丈夫受了点皮外伤，都是小问题，亦与相关就诊病历相印证；最后，潘某及证人俞某某从始至终均称未与潘某某父亲发生争执及肢体接触。可见，现有证据不足以证明俞某某、潘某有暴力殴打潘某某父母侵害生命权健康权的不法侵害。

由以上可知，潘某某前述两项辩称皆不成立，本案当中并不存在不法侵害，不具备正当防卫的起因条件。

关于第二个问题意图条件。正当防卫必须具有正当的防卫意图。“防卫”行为与加害行为有明显、重大悬殊，严重不相称，无法认定行为人具有防卫意图。潘某某供述见父亲倒在地上，左手脱皮出血，在杂物间随手拿了一块搓衣板打向俞某某、潘某，当时杂物间比较黑，不清楚拿的是什么。但搓衣板与刀具在手感上有明显区别，潘某某辩解由于光线问题而将刀具误以为是搓衣板，有悖常理。潘某某在并未看到其父与俞某某、潘某推搡的过程以及其父如何倒地、如何受伤的情况下，不分青红皂白持刀将潘某左手肘砍伤，结合其与俞某某岳母因房屋拆迁补偿一事存在矛盾的事实，可知其并非具有防卫意图，而是存在伤害故意。

综上，潘某某致未经允许进入住宅的原承租人潘某轻伤的行为，因不具备正当防卫的起因条件、意图条件，不应认定为正当防卫，应以故意伤害罪定罪处罚。

编写人：广西壮族自治区柳州市中级人民法院　蒋笑天

8

故意伤害孕早期妇女导致流产的司法认定

——梁某故意伤害案

【案件基本信息】

1. 裁判书字号

广西壮族自治区柳州市中级人民法院（2022）桂02刑终237号刑事裁定书

2. 案由：故意伤害罪

【基本案情】

2021年3月12日17时30分许，被害人物业公司工作人员蔡某和同事韦某某到房开公司办公室找被告人梁某核对地下停车场维修费用。双方因核对账目数额发生口角争吵。梁某用手掐住蔡某的脖子并殴打其头部，还推蔡某撞墙，导致蔡某倒在地上。蔡某报警后公安人员赶到现场将梁某抓获归案。当晚19时许，蔡某被送到人民医院住院治疗，后经治疗无效流产。经鉴定，蔡某本次损伤系外伤性流产，为轻伤二级；本次外伤与蔡某流产有直接的因果关系，参与度为完全作用。

【案件焦点】

1. 梁某案发前不知道被害人怀孕，同时被害人因处于孕早期而怀孕外观不明显，能否认定梁某对被害人流产的后果具有伤害的故意；2. 被告人的侵害行为与被害人的流产结果如何认定具有刑法意义上的因果关系。

【法院裁判要旨】

广西壮族自治区融水县人民法院经审理认为：关于被告人的侵害行为与被

害人的流产结果是否具有刑法意义上的因果关系问题。经查，梁某与蔡某身材体型上存在较大差距，梁某用手掐住蔡某的脖子殴打其头部，并将被害人推撞至墙壁，继而蔡某反抗，双方势必会产生相互对抗作用力，且蔡某在被推打倒地后即被送往医院治疗，三日之内因保胎不成而流产，虽然梁某的行为并不直接作用于被害人的腹部，但被害人受伤及后续治疗过程连续、自然，无证据证实还有其他因素介入，故梁某的行为与造成被害人的流产结果之间具有刑法意义上的因果关系。

广西壮族自治区融水县人民法院依法作出判决：

被告人梁某犯故意伤害罪，判处拘役六个月。

梁某上诉称：（1）其对被害人蔡某流产的结果不存在故意；（2）蔡某隐瞒其曾有四次流产经历的事实，本次流产是蔡某自身原因造成，并非梁某的行为造成的，不属于轻伤二级，请求二审改判其无罪。

广西壮族自治区柳州市中级人民法院经审理认为：（1）关于梁某所提其对被害人蔡某流产的结果不存在故意的意见。经查，梁某作为心智正常的成年人，理应知道对作为女性被害人的蔡某施加殴打头部、将人推撞至墙壁等暴力行为，会造成被害人受伤的后果，但其为发泄不良情绪仍然决意实施，梁某主观上具有放任危害后果发生的间接故意，并事实上造成被害人轻伤二级的后果。虽然被害人的轻伤后果系由流产造成，梁某事前对被害人怀孕并不知情，但鉴于梁某对受伤后果是一种概括的认知，被害人受伤的具体形式并不影响对梁某主观故意性质的认定。（2）关于梁某所提其侵害行为与流产结果不存在刑法因果关系的意见。经查，第一，梁某所称蔡某隐瞒其曾有四次流产经历的事实并无证据支持。第二，鉴定意见鉴定主体合格，鉴定程序合法、规范，鉴定意见科学、客观，且鉴定人在一审庭审中出庭作证，对鉴定意见的形成依据作了合理、充分解释，该鉴定意见应当作为定案的依据，梁某的伤害行为与被害人的损害后果存在刑法上的因果关系。

广西壮族自治区柳州市中级人民法院裁定：

驳回上诉，维持原判。

【法官后语】

行为人实施轻暴力导致孕早期妇女流产轻伤的后果，该类故意伤害案件与常见的故意伤害案件相比，在行为人主观故意和因果关系的司法认定上存在着较大争议。行为人确实不知道被害人怀孕的情况下，常常以被害人存在特异体质为由辩解没有伤害孕妇的故意，应当认定为意外事件，承担民事责任而非刑事责任。另外，孕妇流产的原因多种多样，既有个人体质原因，也有外部原因，如何准确认定伤害行为与流产轻伤后果之间的刑法因果关系是认定罪与非罪的关键。

一、暴力伤害孕早期妇女导致流产主观故意认定

故意伤害罪的主观方面表现为故意，即行为人明知自己的行为会造成损害他人身体健康的结果，而希望或者放任这种结果的发生。在一般情况下，行为人事先对自己的伤害行为能给被害人造成何种程度的伤害，不一定有明确的认识和追求，无论造成何种程度的伤害结果都在其主观犯意之内。本案中，梁某具有故意伤害被害人流产的主观故意，具体理由如下：

1. 梁某的暴力伤害行为对被害人的全部身体权和健康权均具有现实危险。在案证据中，被害人蔡某的陈述和被告人梁某的供述能够证实梁某作为一名成年男子，在与女被害人蔡某因对账问题发生口角后，先升级矛盾，利用其与被害人之间体形、力气的优势，用手掐住被害人的脖子，殴打被害人的头部，同时推蔡某撞墙，导致蔡某倒在地上。可见梁某殴打的是被害人身体的要害部位颈部、头部，用力推被害人撞墙倒地，该行为可能导致被害人的全身都有可能由于受到较大的撞击而受伤。被害人在受伤后当天去医院检查发现全身多处软组织挫伤，左顶枕部扪及小血肿、右颈前见搓擦伤痕、腹平软、左中腹压痛，最终导致流产。梁某应当对被害人的所有损害后果负责，当然包括对流产导致的轻伤二级后果负责。被告人的行为超出一般人的肢体接触，从一般人的情理出发，其行为属于对他人的生命权、健康权造成危害后果的行为，应当认定为具有伤害的故意。

2. 梁某的伤害故意是概括的，不需要明确知晓被害人最后受伤的具体表现

形式。梁某知道或者应当知道其对被害人的伤害行为有可能对被害人的身体健康造成损害，其主观伤害故意是概括的，对于被害人身体的各部分可能造成的伤害后果都是其能够接受的范围。行为人对被害人的身体实施了暴力，被害人的伤害后果往往是在具体时间、地点、环境等因素的综合条件下造成的，具有不确定性，行为人也无法准确地判断其伤害后果的具体表现形式。

3. 女性被害人流产形成的伤害后果并不超过一般人的认知范围。被害人作为适龄的成年女性，怀孕体质属于正常的现象。从一般人的角度出发，对成年女性的颈部、头部进行殴打，同时将女性往墙上推，最终导致女性流产的伤害后果，该伤害后果不超出一般人的认知范围，所以梁某应当负责。

二、暴力伤害孕早期妇女导致流产因果关系认定

暴力伤害孕早期妇女导致流产的刑法因果关系认定应当从以下三个方面进行判断：

1. 梁某的伤害行为与被害人的流产损害结果具有紧密性。从时间上看，2021年3月12日17时许，梁某对被害人实施殴打撞墙行为。当天19时许，被害人被送到医院检查，医院就发现被害人腹痛及阴道有流血，存在流产事实。因此，从伤害行为和损害后果的发生时间上是紧密的。

2. 鉴定意见合法、规范、客观，应予采纳。鉴定意见认定，本次外伤与蔡某流产有直接的因果关系满足外伤性流产的六个特征，被鉴定人因被打伤后阴道流血诊断为先兆流产，后到医院保胎治疗，后因阴道流血过多，保不住孕囊流掉了，该阶段为难免流产。

3. 没有证据证实这期间存在介入因素能够切断两者之间的因果关系。被告人所提被害人具有流产史，但是在案证据显示被害人是两个小孩的母亲，其中在第一个小孩至第二个小孩出生期间曾做过一次人工人流手术，而后怀孕生下第二个小孩。因此，被害人的难免流产与梁某的伤害行为具有直接的因果关系。

编写人：广西壮族自治区柳州市中级人民法院　朱程路

9

被害人已从先到案的同案人处得到赔偿，再对后到案的被告人提起附带民事诉讼，应依法受理后视情况处理

——林某1、林某2故意伤害案

【案件基本信息】

1. 裁判书字号

广东省汕头市中级人民法院（2022）粤刑终201号刑事裁定书

2. 案由：故意伤害罪

【基本案情】

2020年4月8日21时许，被害人王某某因其厂员工王某1工作期间手部受伤而到王某1的家中，与王某1之舅父即被告人林某1、林某2、其兄即同案人王某（已判决）及其母亲林某3等协商相关事宜，双方在协商的过程中发生口角纠纷。被告人林某1动手殴打被害人王某某的头部一拳，被在场的卢某某、林某4、孙某某、林某5等劝阻，随后被害人王某某离开王某1的家中到门外，被告人林某1、林某2及同案人王某等追打被害人王某某，将王某某打倒在地，后围着王某某拳打脚踢，致王某某身体受伤，后被在场人员劝阻。

经法医检验鉴定，意见为：王某某左侧第6、7前肋骨折，口腔黏膜破损，全身多处软组织挫、擦伤，属轻伤二级。

另查明，附民事诉讼原告人王某某因本案的犯罪行为受到伤害而造成经济损失，已在同案人王某故意伤害一案中提起附带民事诉讼，后法院于2021年6

月29日作出（2021）粤0515刑初9号《刑事附带民事判决书》，确认原告人王某某因本案犯罪行为所造成的包括医疗费、住院伙食补助费、交通费、护理费、误工费、营养费、鉴定费等各项经济损失为人民币56735.39元，并判令同案人王某承担赔偿责任。该判决生效后，原告人王某某向法院申请执行，同案人王某于2021年12月30日全额履行赔偿义务。

【案件焦点】

被害人已从先到案的同案人处取得全额赔偿，后到案的被告人被起诉到法院后，被害人再次就同样的事实提起附带民事诉讼，应如何处理。

【法院裁判要旨】

广东省汕头市澄海区人民法院经审理认为：被告人林某1、林某2无视国家法律，结伙故意伤害他人身体，致一人轻伤二级，其行为已构成故意伤害罪。附带民事诉讼原告人王某某提出的要求二被告人赔偿其医疗费、住院伙食补助费等人身损害经济损失56865.39元的诉讼请求，经查，原告人王某某因被本案犯罪行为侵犯所遭受的经济损失已由（2021）粤0515刑初9号刑事附带民事判决书所确认，同案人王某已按该判决书所确认的赔偿数额全额赔付给原告人，至原告人本次起诉之日，原告人并没有发生新的物质损失，故对原告人该诉讼请求不予支持；原告人提出的违约金和预期收益的诉讼请求，该请求事项不符合提起附带民事诉讼的相关法律规定，依法应予驳回。依照《中华人民共和国刑法》第二十五条第一款、第二百三十四条第一款，《中华人民共和国刑事诉讼法》第一百零一条及《最高人民法院关于适用〈中华人民共和国刑事诉讼法〉的解释》第一百七十五条第一款之规定，判决如下：

一、被告人林某1犯故意伤害罪，判处有期徒刑一年六个月；

二、被告人林某2犯故意伤害罪，判处有期徒刑一年六个月；

三、驳回附带民事诉讼原告人王某某的诉讼请求。

一审判决后，林某1、林某2提起上诉。广东省汕头市中级人民法院经审理认为：上诉人林某1、林某2结伙故意伤害他人身体，致一人轻伤二级，其行为已构成故意伤害罪。关于上诉人林某1所提的原审判决对其量刑太重的上诉意见。经查，上诉人林某1结伙故意伤害他人身体致其轻伤二级，原审判决考虑到被告人林某1的犯罪事实、性质、情节及其对社会危害程度等，对其判处有期徒刑一年六个月是适当的。故上诉人林某1所提该上诉意见，本院不予采纳。原判附带民事判决部分在法定期间内没有上诉，已经生效。原审判决认定事实清楚，证据确实、充分，适用法律正确，定罪准确，量刑适当，审判程序合法。依照《中华人民共和国刑事诉讼法》第二百三十六条第一款第一项之规定，裁定如下：

驳回上诉，维持原判。

【法官后语】

被害人已从先到案的同案人处取得全额赔偿，后到案的被告人被起诉到法院后，被害人再次就同样的事实提起附带民事诉讼，应如何处理？实践中不能一刀切，直接驳回附带民事诉讼原告人的诉讼请求，应分别情况处理，更有利于保护当事人的合法权益。

根据《最高人民法院关于适用〈中华人民共和国刑事诉讼法〉的解释》第一百八十三条的规定，共同犯罪案件，同案犯在逃的，不应列为附带民事诉讼被告人。逃跑的同案犯到案后，被害人或者其法定代理人、近亲属可以对其提起附带民事诉讼，但已经从其他共同犯罪人处获得足额赔偿的除外。有观点认为，被害人已经从先到案的共同犯罪人处获得足额赔偿后，对于后到案的被告人，按照上述规定，就不能再提起附带民事诉讼，应直接裁定不予受理。笔者认为，这种观点有失偏颇，如果直接对附带民事诉讼原告人的诉讼请求裁定不予受理，既违背了相关法律规定的立法意图，也不利于保护当事人的诉讼权利。具体理由如下：第一，根据《最高人民法院关于适用〈中华人民共和国刑事诉讼法〉的解释》第一百七十五条第一款的规定，被害人因人身权利受到犯罪侵犯或者财物被犯罪分子毁坏而遭受物质损失的，有权在刑事诉讼过程中提起附带民事诉讼；被害人死亡或者丧失行为能力的，其法定代理人、近亲属有权提起附带民事诉讼。因此，即便被害人（被害方）已从先到案的共同犯罪人处获得足额赔偿，其仍有主张其诉讼权利的请求权。这是法律赋予被害人（被害方）的诉讼权利，不能随意剥夺。第二，根据《最高人民法院关于适用〈中华人民共和国刑事诉讼法〉的解释》第一百九十二条第四款的规定，附带民事诉讼当事人就民事赔偿问题达成调解、和解协议的，赔偿范围、数额不受第二款、第三款规定的限制。被害人向法院提起附带民事诉讼请求，法院予以受理后，存在被害人与被告人经协商后，被告人对被害人进行赔偿的可能性，而且赔偿的数额是不受刑事附带民事诉讼所规定的各项费用的范围的限制的，也就是说，无论是在什么情形下，只要经双方协商，在不违反法律强制性规定的前提下，被害人都有可能得到被告人的赔偿。第三，根据《最高人民法院关于适用〈中华人民共和国刑事诉讼法〉的解释》第一百九十四条的规定，审理刑事附带民事诉讼案件，人民法院应当结合被告人赔偿被害人物质损失的情况认定其悔罪表现，并在量刑时予以考虑。也就是说，被告人赔偿被害人物质损失的情况，是认定其悔罪表现的一个考量因素，进而影响到被告人的量刑。如果被告人赔偿了被害人的物质损失，是会对其量刑产生影响的。因此，对于后到案的同案被告人，也有可能对被害人赔偿以取得谅解，进而成为对其酌情从轻量刑的一个考量因素。第四，还有一种可能，就是在被害人已从先到案的同案人处取得全额赔偿之后，其伤情出现了新的变化，被害人会产生新的物质损失，那就应重新进行评估，确定被告人应赔偿的数额。

综上，对于被害人已从先到案的同案人处取得全额赔偿之后，后到案的被告人起诉至法院时，被害人再次就同样的事实提起附带民事诉讼，法院应受理后分别情况处理，如果经调解被告人赔偿了被害人的经济损失，则能促进案结事了，构建和谐社会，使案件审理取得政治效果、社会效果、法律效果相统一；如果双方未能达成调解，且没有出现新情况，则依照法律规定判决驳回刑事附带民事诉讼原告人的诉讼请求。

编写人：广东省汕头市中级人民法院　郑家强

10

不法侵害被制止后仍连续反击造成重大损害的，不属于正当防卫

——田某某故意伤害案

【案件基本信息】

1. 裁判书字号

福建省泉州市中级人民法院（2022）闽05刑终1437号刑事裁定书

2. 案由：故意伤害罪

【基本案情】

2021年12月27日6时许，被告人田某某在某饭店门口附近与被害人姚某某（另案处理）因争论交通劝导贴单是否要缴纳罚款问题引起纠纷，田某某上前与姚某某对峙争吵，姚某某掏出水果刀划向田某某的裆部，随即被田某某掀倒在地并被徒手殴打头部，其间姚某某持刀捅伤被告人田某某的左小腿，致使被告人田某某左小腿开裂受伤。后被告人田某某将姚某某持刀的右手压制在地后，旁边的群众将姚某某所持有的水果刀取走并扔至远处，田某某继续徒手殴打姚某某的头部数下。之后田某某起身，姚某某则躺倒在地一动不动，田某某在查看自身的腿部伤势之后，先后六次上前用脚大力踢踹躺倒在地一动不动的姚某某的头部、腹部数下。经法医鉴定，被害人姚某某行横结肠部分切除术+横结肠腹腔造瘘术，其损伤程度属重伤二级；入院时失血程度构成中度休克，其损伤程度属重伤二级；颅脑损伤，其损伤程度属轻伤一级。案发后，田某某在明知路人报警的情况下仍在现场等候公安人员处理，后被查获。

另查明，姚某某的伤害行为致田某某的左踝关节活动功能部分受限，丧失

程度为40.0%，损伤程度属轻伤一级；外伤致左下肢10.5厘米愈合创，损伤程度属轻伤二级。姚某某因故意伤害田某某于2022年6月23日被本院以故意伤害罪判处有期徒刑一年七个月。

【案件焦点】

1. 面对姚某某掏出水果刀，田某某在正当防卫中“不法侵害”结束时间如何认定；2. 对于不法侵害结束、侵害人姚某某已丧失侵害能力的情况下，田某某仍对不法侵害人姚某某进行连续的反击，造成对方重大损害的行为如何定性；3. 在姚某某原本就有“旧伤”的情况下，田某某又对其故意伤害造成“新伤”的责任该如何划分。

【法院裁判要旨】

福建省石狮市人民法院经审理认为：被告人田某某故意伤害公民身体健康，致一人重伤，其行为已构成故意伤害罪。公诉机关指控的罪名成立。被告人田某某在前罪有期徒刑以上刑罚执行完毕五年以内再犯应当判处有期徒刑以上刑罚之罪，是累犯，应当从重处罚。依照《中华人民共和国刑法》第二百三十四条第二款和第六十五条第一款的规定，对被告人田某某以故意伤害罪判处有期徒刑四年六个月。

判决后，被告人田某某提出上诉。福建省泉州市中级人民法院经审理认为：上诉人田某某故意伤害公民身体健康，致一人重伤，其行为已构成故意伤害罪。上诉人田某某曾因犯贩卖毒品罪被判处有期徒刑，在刑罚执行完毕后五年内再犯本案之罪，系累犯，予以从重处罚。原判已根据上诉人田某某的犯罪事实、情节和对于社会的危害程度等综合评判后作出判决，量刑适当，适用法律正确，审判程序合法。上诉人田某某提出的上诉意见不能成立，不予采纳。据此，依照《中华人民共和国刑事诉讼法》第二百三十六条第一款第一项的规定，裁定如下：

驳回上诉，维持原判。

【法官后语】

本案的争议焦点首先在于被告人田某某在制止被害人姚某某的不法侵害结束时间如何认定；其次是对于不法侵害结束、侵害人已丧失侵害能力的情况下，仍对不法侵害人进行连续的反击，造成对方重大损害的行为如何定性；最后是故意伤害中被害人原本就有旧伤又造成了新伤的情况下责任该如何划分。

一、正当防卫中“不法侵害”结束的认定

根据《中华人民共和国刑法》第二十条第一款的规定，为了使国家、公共利益、本人或者他人的人身、财产和其他权利免受正在进行的不法侵害，而采取的制止不法侵害的行为，对不法侵害人造成的损害的，属于正当防卫，不负刑事责任。即所针对的必须是不法侵害、必须是不法侵害正在进行的时候、所针对的必须是不法侵害人、不能超越一定的限度是认定本罪的关键。

其中，对于不法侵害结束时间的认定，应当以不法侵害形成的危险是否排除作为客观标准。行为人出于报复或积极加害等心理，对不法侵害人进行连续不间断的反击，在侵害人已经丧失侵害能力的情况下，仍升级反击行为的方式或者强度，造成对方重大损害，则其行为缺乏防卫的正当性和适时性，属于事后防卫。行为人的反击行为在方式、强度、时间等方面缺乏合理性，使侵害行为与行为结果严重失衡的，也违背了利益衡量原理，是对防卫权的滥用，不属于正当防卫。

具体到本案，田某某和姚某某因争论交通劝导贴单是否要缴纳罚款问题引起纠纷，田某某上前与姚某某对峙争吵，被害人姚某某掏出水果刀划向被告人田某某的裆部，随即被被告人田某某掀倒在地并被徒手殴打头部，其间姚某某持刀捅伤被告人田某某的左小腿，致使被告人田某某的左小腿开裂受伤。后被告人田某某将姚某某持刀的右手压制在地后，旁边的群众将姚某某所持有的水果刀取走并扔至远处，田某某继续徒手殴打姚某某的头部数下。之后被告人田某某起身，姚某某则躺倒在地一动不动，被告人田某某在查看自身腿部伤势之后，先后六次上前用脚大力踢踹躺倒在地一动不动的姚某某的头部、腹部数下。虽然客观上姚某某不法侵害行为已严重危及田某某的人身安全，田某某为制止该不法侵害将姚某某掀翻在地并对被害人的头部实施击打，属于正当防卫的行为。然而，此后被害人所使用的水果刀已被路人从手中取走，并扔至远处，且被告人田某某制服被害人姚某某起身时，被害人姚某某已躺倒在地一动不动，明显丧失继续侵害的能力，此时应当认定不法侵害已经结束。

二、对于不法侵害结束、侵害人已丧失侵害能力的情况下，仍对不法侵害人进行连续的反击，造成对方重大损害的行为定性

从全案证据来看，田某某在不法侵害形成的危险已经排除后，仍先后六次在查看自身伤情后上前向躺地不起的被害人的头部及腹部进行猛烈踢踹，显然是出于泄愤报复而实施的故意伤害行为，仍然对不法侵害人进行连续不间断的反击，在侵害人已经丧失侵害能力的情况下，造成姚某某的重大损害，其行为缺乏防卫的正当性和适时性，属于事后防卫。田某某的反击行为在方式、强度和时间等方面缺乏合理性，使侵害行为与防卫结果严重失衡的，也违背了利益衡量原理，是对防卫权的滥用，不属于正当防卫。

三、田某某在姚某某原有“旧伤”情况下所造成“新伤”的责任划分

田某某在姚某某倒地后踢踹被害人腹部的行为直接造成了被害人的腹部伤情，这是直接的因果关系。

综上，正当防卫的要义在于正义不必向非正义屈服，在公权力不能及时有效地介入的特定时间范围内，有效地保护合法权益，是“以正义对不正义”，而非单纯的“以暴制暴”。同时，正当防卫也要求以下四个构成要件：一是对象条件，即正当防卫只能针对加害人本人实施；二是目的条件，即正当防卫的目的是使国家、公共利益、本人或者他人的人身、财产和其他权利免受不法侵害；三是时间条件，即正当防卫只能针对正在发生的侵害行为；四是限度条件，即正当防卫不能超过必要的限度。

编写人：福建省石狮市人民法院　赵闽川

11

打击错误是否应当对损害后果承担刑事责任

——李某某故意伤害案

【案件基本信息】

1. 裁判书字号

新疆生产建设兵团第十三师中级人民法院（2022）兵12刑终字第2号刑事判决书

2. 案由：故意伤害罪

【基本案情】

2020年10月20日17时许，被告人李某某与其妻子陈某1、妻妹陈某2及刘某某，前往能源公司，商讨刘某某离职事宜。陈某1在能源公司财务办公室与该公司法定代表人高某某因琐事发生争执并相互撕扯。双方撕扯至财务室外过道时，高某某击打陈某1的左眼一拳（致轻微伤），并朝其腹部踢了一脚，陈某1倒地后一直卧地缠抱高某某的右腿。被告人李某某与高某某互殴，在被告人李某某踢踹高某某时，使用右脚踢击到了卧地缠抱高某某右腿的被害人陈某1的嘴部。经鉴定，被害人陈某1因被他人击伤，致第四象限2、3牙脱位、松动Ⅱ°，并无法保留，其损伤程度为轻伤二级。

【案件焦点】

李某某因打击错误，致陈某1轻伤的结果，其应否对该损害后果承担故意伤害的刑事责任。

【法院裁判要旨】

新疆生产建设兵团哈密垦区人民法院经审理认为：被告人李某某出于伤害他人的故意，实施了故意伤害的行为，造成被害人轻伤二级的后果，虽被告人欲打击的对象与实际受伤的被害人不一致，但并不影响被告人故意伤害罪的犯罪构成。新疆生产建设兵团哈密垦区人民法院依法判决：

被告人李某某犯故意伤害罪，判处有期徒刑一年三个月。

李某某持原审辩解提起上诉。新疆生产建设兵团第十三师中级人民法院经审理认为：本案案发时，李某某和陈某 1 到能源公司加油站协商其儿媳离职事宜，双方在协商过程中，陈某 1 因与加油站负责人高某某发生争执，继而相互进行厮打。陈某 1 在厮打中倒地缠抱住高某某的右腿，李某某欲上前帮助陈某 1 击打高某某时，被在场的加油站站长乔某某阻拦，李某某挣脱后抬脚朝高某某站立的方向猛踢一脚，踢击到陈某 1 的头面部，陈某 1 随即捂嘴倒地，造成陈某 1 轻伤二级的结果。以上事实有现场监控视频及在场目击证人的证言等证据予以证实。虽然现场监控视频因拍摄角度问题，上诉人踢击被害人的瞬间画面被现场人员身体遮挡，但通过监控视频能够清楚呈现出，上诉人抬腿猛踢出一脚后，陈某 1 瞬间松开一直缠抱高某某右腿的双手，并随之捂嘴仰面倒地的画面，同时结合上诉人因踢击用力过猛，身体站立不稳险些摔倒的肢体动作、上诉人发现踢击被害人后突然怔住并立即停止了攻击行为的自然反应，以及被害人致伤部位等客观情节，足以认定上诉人实施了伤害陈某 1 的行为，且该伤害行为与被害人受伤结果之间存在直接因果关系，符合故意伤害罪的犯罪构成要件。

综上，原判认定事实清楚，证据确实、充分，定罪准确，审判程序合法，但由于上诉人在二审中自愿认罪认罚，并且取得被害人的谅解，故对其量刑予以适当调整，予以改判。判决：

上诉人李某某犯故意伤害罪，判处有期徒刑一年三个月，缓刑二年。

【法官后语】

刑法理论中，一般将刑法意义上的错误分为法律错误与事实错误，打击错误是事实错误的一种。所谓打击错误，又称“行为误差”，也称之为“打击失误”“行为偏差”“方法错误”等，是指行为人对自己意欲侵害的某一对象实施侵害行为，因未能控制行为方向而侵害了另一对象的错误，即行为失误而导致实际侵害对象与其本欲侵害的对象不一致。正如本案行为人欲伤害高某某，其在朝高某某实施踢击行为时，却踢中高某某身边的陈某1，这就是打击错误。

《中华人民共和国刑法》对打击错误问题没有明确的规定，关于应如何处理打击错误问题，存在不同观点：

第一种观点认为，打击错误是在行为过程中发生的一种错误，由于行为发生偏差，使本欲发生在此客体上的侵害结果转移到彼客体上，因此在这种情况下，对本欲侵害的客体构成犯罪未遂，对非欲侵害的客体在主观上具有过失的情况下构成过失犯罪，但由于是一个行为，因而属于想象竞合，应从一重罪处断，如果行为人主观上没有过失，则属于意外事件，只依据本欲侵害客体的犯罪未遂论处。

第二种观点认为，行为人对预期的侵害结果成立犯罪未遂，对实际侵害结果在有过失的情况下构成过失犯罪，具有间接故意的，构成间接故意犯罪，对二者应合并论罪。

第三种观点认为，行为人对实际侵害结果构成过失犯罪，对预期的危害结果成立犯罪未遂，而这种情况属于想象上的数罪，应从一重罪论处；如果行为人对危害结果采取了放任的态度，则构成故意犯罪，不属于认识上的错误。

第四种观点认为，打击错误是发生在行为过程中的偏差，不影响行为人的故意心理，行为人应就实际发生的危害结果负故意的罪责，否则会轻纵犯罪分子。

在以上观点中，前三种观点在行为人对预期的成立犯罪未遂的认识是一致的，有所区别的是，第一种观点认为在打击错误的情况下，行为人就其行为所造成的实害结果存在主观上的过错时成立过失犯罪，在不存在主观过错时则是意外事件。第二种观点认为打击错误不仅可以成立过失犯罪，在行为人对危害结果存在间接故意的情形也可以成立故意犯罪，另外，打击错误是一个行为触犯两个罪名，属于刑法理论中的想象数罪而非实质数罪，故主张对两个罪名合并论处的观点是不正确的。第三种观点认为行为人对实际侵害结果构成过失犯罪，对预期的危害结果成立犯罪未遂，而这种情况属于想象上的数罪，应从一重罪论处，如果行为人对危害结果采取了放任的态度，则构成故意犯罪，不属于认识上的错误。就本案情形，笔者赞同第四种观点，具体分析如下。

结合案例分析，打击错误具有以下特征：一是行为人具有明确的侵害对象，并针对侵害对象实施加害行为；二是实际侵害了行为人意图以外的另一个对象；三是行为人主观上设想的因果方向与实际发生的因果方向不一致。由此表明，在打击错误的语境下，行为人具有故意实施伤害行为的主观故意，客观上也实施了伤害行为，只是因打击行为发生偏差，造成被侵害的对象与行为人主观上积极追求的侵害对象不一致。显然行为人实施的侵害行为是在其主观故意心理的支配下实施完成的，不能仅因实际侵害结果与行为人积极追求的侵害结果不一致，就排除行为人构成故意犯罪。就本案而言，被告人李某某意欲对高某某实施直接侵害行为，其也明知被害人陈某1正缠抱住高某某的右腿，其在朝高某某站立的方向实施踢打时，对自己的行为有可能会伤害到陈某1应具有合理认知判断，但其仍旧实施了故意侵害行为。因此，李某某的行为符合刑法故意伤害罪的犯罪构成要件，一、二审法院以故意伤害罪追究其刑事责任，是正确的。

编写人：新疆生产建设兵团第十三师中级人民法院　胡旭东

12

家庭邻里矛盾激化引发的故意不明确的侵犯人身权利案件应如何定性

——胡某某故意伤害案

【案件基本信息】

1. 裁判书字号

广东省广州市越秀区人民法院（2021）粤0104刑初619号刑事判决书

2. 案由：故意伤害罪

【基本案情】

被告人胡某某与被害人周某某系妯娌关系，分别居住于同一栋楼的三楼及二楼，双方因生活琐事素有矛盾。2021年3月14日17时许，胡某某因琐事与周某某发生争吵并试图闯进周某某家中，周某某使用铁锤阻止胡某某进入，并将胡某某的头部砸伤，双方继而互相扭打。其间，胡某某持扫把殴打周某某，致扫把折断后，又冲进二楼阳台拿起菜刀砍向周某某的头部，造成周某某的头面部多处受伤，后双方家属赶至现场并报警。当日18时许，胡某某从医院包扎伤口返回住处时被公安人员发现并带回派出所调查。经鉴定，周某某的头面部及左手损伤符合锐器作用形成，损伤造成颅骨骨折、左尺骨近端撕脱骨折，面部创口长度达6.5厘米，其损伤程度为轻伤一级；胡某某的头部及左上肢损伤符合钝性暴力作用形成，损伤造成头皮创口、头皮下血肿，挫伤面积超过15平方厘米，其损伤程度为轻微伤。

另查明，案发后，被告人胡某某的家属已代其向被害人周某某赔偿人民币70000元。

【案件焦点】

家庭邻里矛盾激化引发的故意不明确的侵犯人身权利案件应如何定性。

【法院裁判要旨】

广东省广州市越秀区人民法院经审理认为：

（1）关于被告人胡某某的行为性质认定。经查，其一，案发当日被告人胡某某与被害人周某某系因琐事发生争吵，双方互不相让，后逐步升级演化为胡某某撞门、周某某持铁锤阻拦并砸伤对方头部、胡某某持扫把殴打周某某的身体、胡某某持菜刀挥砍周某某的头部等。二人行为相互作用、影响，前后环节紧密相连，胡某某最终的持刀砍人行为未见明显的事先预谋、准备因素。其二，胡某某曾先后持扫把、菜刀殴打周某某，致其颅骨骨折、左尺骨近端撕脱骨折，面部创口长度达 6.5 厘米，其损伤程度为轻伤一级；而周某某亦曾持铁锤砸打胡某某，致其头皮创口、头皮下血肿，挫伤面积超过 15 平方厘米，其损伤程度为轻微伤。胡某某虽持菜刀挥砍的系对方要害部位，但根据发生顺序，周某某持铁锤砸打胡某某的头部在先，胡某某随后持刀攻击的行为不排除存有一定的反击因素。其三，关于胡某某的侵害行为如何停止，在案证据曾发生变化。根据现有证据的证明效力及相互印证情况，认定胡某某的行为系因邻居阻拦而停止的依据不足，其行为在一定程度上尚有节制，并非不计后果。其四，胡某某与周某某系妯娌关系，于同一地址上下楼共同居住多年。二人因生活琐事积怨已久，曾多次发生口角，但未发生过肢体冲突，本次亦系因家庭、邻里纠纷矛盾激化引发。综上，结合本案案发起因及发展过程、行为手段及损伤后果、双方的既往关系等方面分析，胡某某的侵害行为强度未达到剥夺周某某生命的程度，现有证据不能证明胡某某具有希望或者放任他人死亡结果发生的主观故意，故根据主客观相一致及罪责刑相适应原则，其行为不符合故意杀人罪的犯罪构成，而应以故意伤害罪定罪处罚。同时，鉴于胡某某已着手实施伤害行为，并在客观上造成了周某某轻伤一级的损害结果，其犯罪形态即属既遂。

（2）关于被告人胡某某是否构成正当防卫。经查，如前所述，被告人胡某某与被害人周某某系因口角发生争吵，后胡某某试图闯入周某某家中，其行为本身已有失妥当；而后周某某持铁锤砸打胡某某的头部，造成冲突升级。随即二人相互扭打，均未保持克制，其间胡某某持扫把殴打周某某的行为已使周某某持铁锤行为的现实、紧迫危险在一定程度上消减，而后胡某某直接实施了持菜刀攻击对方要害部位的过激行为，其暴力程度已明显失衡。因此，经对本案的前因后果、发生的整体经过进行综合考量，胡某某的行为不具有防卫性质，依法不应认定属正当防卫。

（3）关于被告人胡某某是否构成自首。经查，本案系由被害人周某某的丈夫即证人唐某报案，被告人胡某某在明知他人已报案的情况下，自行离开现场前往医院。根据公安机关补充的附案说明，胡某某系在当晚返回住处时被公安人员发现并带回派出所调查。胡某某虽称自己打算前往派出所，但现有客观证据未有反映。综上，胡某某并不具备主动将自己置于司法机关控制的意愿，其不属于“自动投案”，故不构成自首。

综上所述，被告人胡某某故意伤害他人身体，致一人轻伤，其行为已构成故意伤害罪。公诉机关指控的主要事实清楚，证据充分，本院予以支持；唯指控胡某某构成故意杀人罪不当，本院予以纠正。胡某某归案后能如实供述主要的犯罪事实，依法可以从轻处罚。胡某某自愿认罪认罚，依法可以从宽处理。另胡某某的家属已代其赔偿被害人的经济损失，可以酌情从轻处罚。对于辩护人针对本案定性及请求对胡某某从轻处罚的合理辩护意见，本院予以采纳。根据本案事实、性质、情节及对于社会的危害程度，依照《中华人民共和国刑法》第二百三十四条第一款、第六十七条第三款、第四十七条、第六十四条、第六十一条及《中华人民共和国刑事诉讼法》第十五条、第二百零一条之规定，判决如下：

一、被告人胡某某犯故意伤害罪，判处有期徒刑一年五个月；

二、缴获的作案工具菜刀一把予以没收（由广州市公安局越秀区分局执行）。

一审判决后，被告未提起上诉，检察机关未提起抗诉，该判决已发生法律效力。

【法官后语】

本案系一起典型的因家庭、邻里矛盾激化引发的暴力侵犯人身权利案件。审判实践中，在被告人的客观伤人行为未造成被害人死亡结果的情况下，定性为故意杀人罪（未遂）或故意伤害罪往往存有较大争议。鉴于该类案件的犯罪性质、社会危害性及被告人的主观恶性与其他严重危害社会治安的行凶案件均有所区别，在审理过程中应综合衡量个案特性。本案裁判一方面结合在案证据依法、审慎地对案件起因、发展过程等细节进行了甄别；另一方面亦兼顾宽严相济刑事政策，基于刑事司法的价值导向作出判断，最终得出了认定被告人的行为性质为故意伤害罪的结论。本案的审理思路为类似案件的处理提供了一定的参考价值和借鉴意义。

根据我国法律的相关规定，在客观上未造成被害人死亡结果的侵犯人身权利案件中，被告人可能构成故意杀人罪（未遂）或故意伤害罪，而区别二罪的关键即在于被告人主观故意的不同。故意杀人罪的故意内容是剥夺他人生命，希望或者放任他人死亡结果的发生，被害人没有死亡是出于意料之外，完全违背被告人的主观意愿；而故意伤害罪的故意内容只是要损害他人身体，并不是剥夺他人生命，被害人没有死亡完全是在被告人的意料之中。笔者认为，主观故意是被告人实施犯罪行为时对危害结果的一种主观心理状态，由于涉及其思维、心态判断，故应结合客观证据予以评价。而对于犯罪行为的定性，应当遵循主客观相一致的原则，一方面，结合全案案情对被告人主观供述的真实性进行分析；另一方面，还应根据案件中的相关证据对被告人犯罪的客观行为进行评价，最终得出确定被告人的主观犯意与其客观行为相一致的正确结论。

本案在审理过程中，就被告人胡某某的行为性质认定，形成两种意见：

一种意见认为，被告人胡某某的行为构成故意杀人罪。胡某某持菜刀连续砍向被害人的头面部等要害部位，后若非被害人被家属及时送医，可能已经导致了死亡后果，故胡某某主观上应意识到并且放任其行为会致被害人死亡。同时，现公诉机关指控罪名为故意杀人罪，胡某某也已当庭最终表示对罪名无异议，故本案应认定为故意杀人罪。

另一种意见认为，被告人胡某某的行为构成故意伤害罪。打击部位及方式仅是区分故意伤害罪与故意杀人罪的考量因素而非决定要素，对行为性质的判断应结合全案综合考虑。胡某某对被害人的侵害行为存在前因条件，且行为强度未达到剥夺被害人生命的程度，现有证据不能证明胡某某具有希望或者放任他人死亡结果发生的主观故意，故其行为应以故意伤害罪定罪处罚。

本案判决最终采纳了第二种意见，即被告人胡某某的行为构成故意伤害罪。具体理由如下：

第一，从双方当事人的关系分析。被告人胡某某与被害人周某某系妯娌关系，于同一地址上下楼共同居住多年。根据当事人本人陈述及相关亲属的证言，二人因生活琐事积怨已久，曾多次发生口角，但未发生过肢体冲突。

第二，从案发起因及发展过程分析。现有证据可明确案发当日被告人胡某某与被害人周某某因琐事发生争吵（具体由谁挑起事端暂不明确），双方互不妥协让步，后逐步升级演化为胡某某撞门、周某某持铁锤阻拦并砸伤对方头部、胡某某持扫把殴打、胡某某持菜刀挥砍等。其间，二人行为相互作用、影响，矛盾越发激烈、突出，胡某某最终的持刀砍人行为未见明显的事先预谋、准备因素，具有一定的偶发性质。并且，综观全案的发展过程，周某某在案件起因及矛盾激化发展上均存有一定程度的过错。

第三，从伤害部位及伤害后果分析。被告人胡某某曾先后持扫把殴打被害人周某某的身体、持菜刀挥砍周某某的头部数刀，致其颅骨骨折、左尺骨近端撕脱骨折，面部创口长度达6.5厘米，其损伤程度为轻伤一级；而周某某亦曾持铁锤砸打胡某某的头部，致其头皮创口、头皮下血肿，挫伤面积超过15平方厘米，其损伤程度为轻微伤。胡某某虽持菜刀挥砍的系对方要害部位，但需注意的是，根据发生顺序，周某某持铁锤砸打胡某某的头部在先，胡某某随后持刀攻击的行为不排除存有一定的反击因素；且二人均称胡某某系使用左手持刀，以通常人的发力习惯判断，左手发力强度应明显低于右手，该点恰可与客观危害结果相印证，可见胡某某的行为力度未达到足以剥夺他人生命的程度。

第四，从事后行为及态度分析。关于二人如何停止打斗，由于在案证据曾发生变化，现并不明确。如被害人周某某、证人唐某均称系证人郑某某来到现场对胡某某进行阻拦，并从胡某某手中将菜刀夺走；被告人胡某某于侦查阶段及庭审前期亦称是经郑某某阻拦停止，但庭审后期即改称当时其看到对方流血即停下，后郑某某到场将其手中菜刀拿走；而证人郑某某作为该部分的关键证人，于侦查阶段对于其是否阻拦胡某某行凶的细节未明确提及，经第一次庭审要求补充侦查后，公安机关出具情况说明表示经电话向郑某某核实情况，郑某某明确表示其去到现场时二人已经停止打斗，且各自分开一米左右距离，其看到胡某某手上有刀，就要求胡某某将刀交给他，可见补查后的情况可基本与胡某某的后期供述相吻合。即不论是从证据充分与否的角度，或是存疑有利于被告人的角度，现有证据不宜认定胡某某系持续对周某某的头部进行砍打，其行为在一定程度上有所节制，并非不计后果，积极追求对方死亡结果的发生。

第五，从罪责刑相适应的角度分析。在侵害行为仅造成轻伤或轻微伤后果而该行为可能被评价为杀人行为时，对杀人行为的认定应当特别谨慎，相关构成要件的评判标准较之已造成死亡后果的行为，应当更加严格，不应轻易将造成轻伤害的行为评价为故意杀人行为。本案中，被告人胡某某的行为造成被害人周某某轻伤一级后果，如果要认定其构成故意杀人罪，必须有充分证据证明其具有剥夺他人生命的犯罪故意并实施了足以剥夺他人生命的行为，但本案相关证据未达此标准，胡某某的行为认定为故意伤害行为更能确保罪责刑相适应。

第六，从被告人胡某某的一贯表现分析。根据被告人胡某某自述，其曾于某环卫站工作，于2020年退休，育有二子。现材料未见其有前科劣迹情况，亦无明显生活异常情况，其与被害人周某某因生活琐事矛盾已久并非会必然导致其产生剥夺他人生命的作案动机。

第七，从刑事政策精神及刑罚的社会效果分析。对于民间纠纷引发的案件，如果难以区分是故意杀人还是故意伤害时，一般可考虑定故意伤害罪。① 如前所述，本案实际属于较为典型的家庭、邻里纠纷矛盾激化引发，故意杀人罪于

---

① 最高人民法院刑三庭：《在审理故意杀人、伤害及黑社会性质组织犯罪案件中切实贯彻宽严相济刑事政策》，载《人民法院报》2010年4月14日，第6版。

传统、朴素的观念中通常被认为属于刑事犯罪中罪行性质最为恶劣的罪名。现被告人胡某某的家属已主动对被害人周某某进行赔偿，周某某亦已接受，其虽未明确表示对胡某某予以谅解，但亦未曾向司法机关表达过要求严惩胡某某的意愿。同时，本案的犯罪性质、社会危害性及被告人胡某某的主观恶性与其他严重危害社会治安的行凶案件均不可等同，处理上理应体现从宽的政策精神。

综上，无论是从全案证据客观证明力的角度考虑，抑或从修复社会关系、促进社会和谐、争取案件处理取得法律效果与社会效果统一的角度出发，本案均不宜认定为故意杀人罪，而应以故意伤害罪对被告人胡某某定罪处罚。

编写人：广东省广州市越秀区人民法院　闵琦媛

13

驾驶机动车致扒车人死亡案件中行为性质的认定

——骆某故意伤害案

【案件基本信息】

1. 裁判书字号

北京市高级人民法院（2022）京刑终 42 号刑事裁定书

2. 案由：故意伤害罪

【基本案情】

2021 年 2 月 26 日 21 时 20 分许，被告人骆某驾驶一辆小型越野客车行驶在本市某路自东向西方向时，其女友被害人张某某因感情问题驾车将其拦截，被告人骆某明知被害人张某某拉住车辆副驾驶门把手仍然加速行驶，将被害人张某某拖拽倒地后碾压，使被害人张某某被巨大钝性外力作用于头部及躯干部致颅脑损伤合并创伤失血性休克死亡。

被告人骆某作案后拨打急救电话并跟随急救车到某医院，后被民警抓获。

【案件焦点】

如何判断骆某对客观情况的认识和主观心态。

【法院裁判要旨】

北京市第一中级人民法院经审理认为：证人证言及视频照片、监控录像、被告人骆某的当庭供述等证据能够互相印证，足以证实骆某在明知被害人拉住副驾驶门把手的情况下，不顾劝阻仍然加速行驶，将被害人拖拽倒地后碾压致死的事实；骆某作为有驾驶资格的成年人，其主观上对于此举可能对被害人身体造成伤害的结果明知，其行为已构成故意伤害罪。鉴于被告人骆某作案后明知他人报警而在医院等待，到案后能够如实供述基本犯罪事实，系自首且当庭表示认罪认罚，案发后对被害人积极救治，在亲属协助下对被害人亲属积极赔偿，依法对其从轻处罚。判决如下：

一、被告人骆某犯故意伤害罪，判处有期徒刑十年，剥夺政治权利二年；

二、在案扣押的小型越野客车一辆发还所有人王某某，绿色手机一部、黑色手机一部发还被告人骆某，黑色车门把手一个、黑色棒球帽一顶退回公安机关作为证物保存。

骆某提起上诉。北京市高级人民法院经审理认为：骆某作为具有多年驾驶资格的成年人，理应履行安全行车义务，但其却在明知张某某拉住副驾驶门把手，存在极大安全风险的情况下，为摆脱张某某而启动汽车，后又不顾同乘李某某的大声示警加速行驶，可见其主观上对可能造成张某某身体伤害的后果持放任态度。

对于上诉人骆某具有各项从轻情节，一审法院已予以认定，在量刑时亦予以充分考虑，二审期间再予以从轻处罚，无事实和法律依据。据此，裁定如下：

驳回上诉，维持原判。

【法官后语】

驾驶机动车致扒车人死亡类案件中犯罪手段并非直接撞击、碾压。被告人对被害人的死亡结果是否存在故意，存在直接故意还是间接故意，故意的内容是致被害人死亡还是致被害人损伤，判断较为困难，实践中尚缺乏明确的判断标准和相关案例指导。针对本案涉及的观点冲突，应当根据主客观相一致的原则，着重立足于客观事实，结合被告人的供述与辩解，判断被告人的主观心态，从而准确对被告人的行为定罪量刑。

类案当中，一般可以通过确定驾驶人是否明知被害人扒车、驾驶人采取的行为可能对被害人造成的后果、是否对该后果发生采取了一定的控制措施三个层次依次递进的思路认定被告人的主观心态。实践中行为人为逃避罪责、寻求轻判，很少如实供述其实际想法，司法实践中一般也需要重证据、轻口供。由此，查清上述三个层次的内容并非易事，应当寻求适当的方法对案件事实进行剖析。从以下四点客观事实或情况综合考虑，可以实现类案中从客观到主观的考察路径，准确判断被告人的主观故意：

（1）被告人个体情况。从被告人驾龄、是否经常驾车、驾驶涉案车辆时间、对所驾车辆性能了解程度等方面，分析其是否能够认识到其车辆拖拽了被害人，以及其对驾车拖拽行为可能造成的危害后果是否能够预见。

（2）被害人扒车位置和被告人具体驾驶行为。如果被害人处于车头方向，或者驾驶员正前方，被告人仍然继续驾驶，通过冲撞或者碾压行为导致被害人死亡，原则上应认定被告人主观上具有剥夺被害人生命的故意；如被害人攀附在车辆侧方、车辆后轮以后的位置时，则应结合被告人个体情况、被害人攀附车辆具体位置以及其他客观条件，分析被告人是否应当认识到被害人攀附车辆。

从被告人驾车速度、驾车拖拽被害人行驶的距离以及过程中是否有加速、刹车行为等方面，分析被告人的主观故意内容。突然加速、以高速行驶、加速与制动循环紧急切换、急刹车等行为，或驾车长距离拖拽被害人，从一般人的角度看即可明显认识到，被告人对于被害人死亡结果的放任甚至是追求，原则上应认定被告人主观上具有剥夺被害人生命的故意。

（3）案件起因和现场情况。从被告人与被害人之间案发前的关系、导致此次矛盾冲突的直接原因、双方争执的时长和言语内容等方面，分析被告人是否具有杀人的动机。

从道路状况、车流密集程度、行车变道、行车路线等方面，分析案发时被告人驾车行驶情况是否适当。在车流密集、路况复杂的道路上实施相关犯罪行为对被害人的人身危害性较大，反映出被告人主观恶劣程度较深，并未对被害人的身体健康持保护态度，不排除其放任甚至希望被害人死亡的故意心理。

（4）被告人事后态度及辩解内容。虽然不能从被告人事后态度直接推定其案发前主观心态，但在被害人倒地后，被告人是否驾车逃离、是否对被害人施救以及是否及时报警，在一定程度上可以佐证被告人主观上对被害人伤亡后果是否持排斥态度。如果被告人的车辆对被害人形成了碾压，或有其他可观测到的严重情况，则被告人应当对被害人受伤、死亡后果有预见，此时是否积极采取救治措施，可表现其主观态度。而如果被害人被拖拽倒地，其死亡结果未明显可见，客观证据显示被告人未能观测到被害人受损伤程度，则即使其未积极采取救治措施，也不能单独以此确定其有杀人的故意。

虽被告人对于其主观心态的供述可能避重就轻，但刑事审判实践当中需要强调避免客观归责。类案不同于传统暴力案件，被告人的身份、职业、曾受处罚情况、家庭情况等也可能与其他暴力案件的被告人有较大差异，因此其在面对侦查、公诉、审判机关时所做出的供述与辩解，对于判断其主观心态有一定的价值。应当充分重视就其主观心态提出的相关辩解，结合客观证据重点分析其辩解的合理性，根据主客观相一致的原则，对被告人的主观心态作出判断。

编写人：北京市第一中级人民法院　刘阳

（四）拐卖妇女、儿童罪

14

基于同一犯罪故意，连续多次实施触犯相同罪名的犯罪行为应当认定为连续犯

——黄某某拐卖妇女、儿童案

【案件基本信息】

1. 裁判书字号

四川省雅安市中级人民法院（2022）川18刑终16号刑事判决书

2. 案由：拐卖妇女、儿童罪

【基本案情】

1998年左右的一天，黄某某以带被害人王某某外出打工为由，将其从石棉县骗至河南省南阳市乔某某家，谎称其与王某某系亲戚关系，将王某某以两三千元的价格贩卖给乔某某。一个月后，王某某丈夫陈某1的弟弟陈某2前往当地给付乔某某5500元后将王某某接回。事后，黄某某再次返回石棉县，谎称与王某某要在岳池老家举办婚礼，将王某某母亲李某某骗至河南省南阳市，以两三千元的价格贩卖给赵某某为妻。后陈某2前往当地并给付赵某某3500元后将李某某接回。

1999年夏天，黄某某在汉源县唐家乡黄某1家居住期间，以黄某1腿受伤挣不到钱、带黄某1妻子张某某外出务工为由，将张某某及其儿子黄某2（时

年不满六周岁）骗至凉山州德昌县一林场内，并以夫妻名义与张某某共同生活。2000 年农历正月，黄某某将黄某 2 带离，并对张某某称要等张某某和黄某 1 离婚后才让张某某与黄某 2 见面。之后，张某某和黄某某一起回到汉源县和黄某 1 商量离婚事宜未果后返回德昌县。2000 年农历八月的一天，张某某亲属赶至德昌县殴打黄某某后将张某某接回汉源县黄某 1 家。黄某某养好伤后将黄某 2 带至河南省南阳市以 10000 元价格卖余某某家，将黄某 2 改名上户登记为余某 1。

2000 年 11 月 13 日，张某某以黄某 2 被黄某某拐走向汉源县公安局报案。汉源县公安局于次日立案，并于 2000 年 11 月、2001 年 8 月两次前往黄某某居住地侦查，因黄某某长期在外流窜，一直调查未果。2021 年 4 月经 DNA 比对确认被拐卖儿童黄某 2 的身份和下落。2021 年 4 月 7 日，公安机关查获黄某某的活动地点后，在福建省厦门市将其抓获归案，并在侦查过程中发现黄某某于 1998 年拐卖妇女的事实。

【案件焦点】

黄某某拐卖王某某、李某某二人的犯罪是否已经超过追诉时效期限问题。

【法院裁判要旨】

四川省雅安市石棉县人民法院经审理认为：黄某某拐卖王某某、李某某母女的犯罪行为均发生在 1998 年期间，拐卖儿童的具体犯罪事实是 2000 年期间，故黄某某前罪拐卖妇女罪的追诉期限依法应从其犯后罪即拐卖儿童罪 2000 年期间开始计算。2021 年 4 月，公安机关在侦查黄某 2 被拐卖案时发现黄某某尚有拐卖王某某、李某某两名妇女的犯罪事实，于 2021 年 6 月 15 日立案。黄某某拐卖妇女犯罪已过追诉时效期限且不是必须追诉，依法应当裁定终止审理。据此，以拐卖儿童罪判处黄某某有期徒刑八年，并处罚金 10 万元。

四川省雅安市石棉县人民检察院提出抗诉，黄某某提出上诉。四川省雅安市中级人民法院经审理认为：原判决认定事实清楚，证据充分，但适用法律错误。黄某某以出卖为目的，拐骗、贩卖妇女、儿童的行为构成拐卖妇女、儿童罪，其在两年左右的时间内三次实施拐卖妇女、儿童的行为，触犯同一罪名，属连续犯，故黄某某拐卖妇女的罪行应与拐卖儿童的罪行一并追诉，不受追诉期限的限制。黄某某在归案后未如实供述其全部犯罪事实，无悔罪表现，主观恶性较深，依法应从重处罚。据此，判决如下：

一、撤销四川省石棉县人民法院（2021）川1824刑初56号刑事判决；

二、上诉人（原审被告人）黄某某犯拐卖妇女、儿童罪，判处有期徒刑十三年，并处罚金20万元；

三、上诉人（原审被告人）黄某某违法所得14000元，予以追缴，上缴国库。

【法官后语】

本案的争议焦点在于黄某某拐卖王某某、李某某二人的犯罪是否已经超过追诉时效期限问题。

关于本案侵犯的法益问题。黄某某存在拐卖人口的犯罪前科，其在1998年至1999年间，前后三次实施了拐卖妇女、儿童的犯罪行为，分别构成拐卖妇女罪和拐卖儿童罪。虽黄某某三次犯罪的对象不同，在罪名上有所区分，但都属拐卖妇女、儿童罪，侵犯相同法益，即妇女、儿童的人身自由与身体安全。

关于本案的罪数形态。一审法院将黄某某三次拐卖行为进行独立评价，认为黄某某拐卖两名妇女的犯罪行为已结束，其拐卖儿童的犯罪行为是独立的犯罪行为，属于同种数罪，故认定黄廷省拐卖妇女的犯罪行为已超过法定诉讼时效不再进行追诉。本院认为黄某某的三次拐卖行为应作为整体评价，其以出卖为目的，连续多次实施拐卖妇女儿童的犯罪行为，侵害同种法益，触犯相同罪名，系连续犯。依据《中华人民共和国刑法》第八十九条“犯罪行为有连续或者继续状态的，从犯罪行为终了之日起计算。在追诉期限以内又犯罪的，前罪追诉的期限从犯后罪之日起计算”的规定，黄某某三次拐卖行为的追诉时效则应从犯罪行为终了之日起开始计算，即其拐卖儿童的犯罪行为终了之日，因此，应当一同追诉前两次拐卖妇女的犯罪行为。

关于本案的追诉时效。依据《中华人民共和国刑法》第八十八条“在人民检察院、公安机关、国家安全机关立案侦查或者在人民法院受理案件以后，逃避侦查或者审判的，不受追诉期限的限制”的规定，本案中公安机关于2000年11月对黄某某所犯拐卖儿童罪立案后，公安民警曾多次到黄某某居住地进行过秘密侦查，因黄某某在公安机关立案侦查后长期在外流窜、逃避侦查，故其拐卖妇女、儿童的犯罪行为应当不受追诉期限的限制。

从保护妇女、儿童的司法政策来看，黄某某的犯罪行为造成被拐妇女与家人分离，家属为解救被拐妇女遭受经济损失，其在实施拐卖行为后逃避侦查多年，致被拐卖儿童长达二十年后才得以与亲人相认，已严重侵犯妇女、儿童人身权利，影响家庭和社会和谐稳定。黄某某以出卖为目的，拐骗、贩卖妇女、儿童三人以上，犯罪情节恶劣，应当结合其主观故意、犯罪事实、后果及其他情节，依法以拐卖妇女儿童罪定罪判处。

综上，在认定拐卖妇女、儿童罪时，要求行为人主观上具有出卖妇女、儿童的目的，客观上只要实施拐骗、贩卖、接送、中转妇女、儿童等行为之一，不论拐卖人数多少，是否获利，均应当以拐卖妇女、儿童罪追究刑事责任。作为连续犯，行为人主观上须有出于同一或概括的出卖的故意，客观上所犯数个犯罪行为应当具有连续性且触犯相同罪名。对案件是否立案侦查的判定，关键在于检察机关、公安机关、国家安全机关是否在立案时已锁定犯罪嫌疑人，若仅发现犯罪事实而立案并未明确具体犯罪嫌疑人的，不产生追诉期限延长的效果。

编写人：四川省雅安市中级人民法院　宋卫春　樊婧

（五）强奸罪

15

强奸案件中一人强奸得逞其他人未得逞的情况是否成立轮奸，且未得逞者是否按轮奸既遂处理

——黄某等强奸、寻衅滋事案

【案件基本信息】

1. 裁判书字号

广西壮族自治区柳州市中级人民法院（2022）桂02刑终139号刑事裁定书

2. 案由：强奸罪、寻衅滋事罪

【基本案情】

因被害人覃某某（13周岁）在网络上发布短视频，覃某1（另案处理）在评论区评论，被害人覃某某、张某某（12周岁）、卢某某（12周岁）与覃某1对骂，覃某1怀恨在心，欲对覃某某、张某某、卢某某实施殴打，遂组建网络群聊纠集被告人黄某、黄某某、韦某、覃某2及同案人曾某某、李某某、莫某某（三人均另案处理）等人打架。2021年8月3日23时许，黄某、韦某、黄某某与曾某某、李某某、覃某1等人把覃某某、张某某、卢某某带到某村一路边进行殴打，还逼迫张某某、覃某某脱光上衣多次跳进河中，待二人上岸后，黄某、黄某某等人又继续对二人实施殴打。

之后，上述人员将张某某、覃某某带到某小区路口，共同商量带走被害人

与其发生性关系，黄某向在场人发放避孕套，后黄某、韦某、覃某2带走张某某，曾某某、李某某带走覃某某。2021年8月4日凌晨，黄某、韦某、覃某2将张某某带到黄某家中，当日2时许，黄某、韦某、覃某2合力将张某某的衣服、裤子脱光，轮流强行与张某某发生性关系，其间黄某强行与张某某发生两次性关系，韦某、覃某2因自身身体原因未得逞。

【案件焦点】

黄某、韦某、覃某2共谋轮流强奸张某某，但黄某得逞，韦某、覃某2未得逞，三人是否成立轮奸，且韦某、覃某2是否按轮奸既遂处理。

【法院裁判要旨】

广西壮族自治区柳州市柳江区人民法院经审理认为：被告人黄某、韦某、覃某2违背未成年女性的意愿，使用暴力、胁迫手段实施强奸，其行为均构成强奸罪，且系轮奸；被告人黄某、韦某、黄某某与同案人多次随意殴打他人，情节恶劣，其行为均构成寻衅滋事罪。黄某、韦某一人犯数罪，依法应当数罪并罚。综合考量各被告人系未成年人，在共同犯罪中的地位、作用，以及认罪悔罪态度等的具体情节，决定对黄某、韦某、覃某2犯强奸罪减轻处罚，对黄某、韦某、黄某某犯寻衅滋事罪从轻处罚，作出判决：被告人黄某犯强奸罪，判处有期徒刑七年六个月；犯寻衅滋事罪，判处有期徒刑一年六个月；数罪并罚，决定执行有期徒刑八年六个月。被告人韦某犯强奸罪，判处有期徒刑六年六个月；犯寻衅滋事罪，判处有期徒刑一年四个月；数罪并罚，决定执行有期徒刑七年六个月。被告人覃某2犯强奸罪，判处有期徒刑六年。被告人黄某某犯寻衅滋事罪，判处有期徒刑一年五个月。

黄某提起上诉，认为其不具有轮奸情节。广西壮族自治区柳州市中级人民法院经审理认为：关于黄某、韦某、覃某2的强奸行为是否构成“轮奸情节”的问题，经查，轮奸是强奸罪加重处罚的法定情形，并非独立罪名，其本身不涉及犯罪既未遂问题，仅需考虑强奸行为存在与否。本案中黄某、韦某、覃某2共同预谋轮流强奸张某某，并合力强行脱掉张某某的衣物、压制张某某的反抗，即三人均具有轮奸张某某的共同犯意并已经着手实施轮流强奸的行为，其中黄某已强奸得逞，虽然韦某、覃某2因自身原因未得逞，但并不影响对三人具有轮奸情节的认定。原判认定事实清楚，证据确实、充分，定罪准确，量刑适当。据此，驳回上诉，维持原判。

【法官后语】

《中华人民共和国刑法》第二百三十六条规定，以暴力、胁迫或者其他手段强奸妇女的，处三年以上十年以下有期徒刑。二人以上轮奸的，处十年以上有期徒刑、无期徒刑或者死刑。故本案对是否成立轮奸情节的正确认定，将直接关系到对各被告人犯强奸罪的准确量刑。

第一个难点是：两名以上男子先后轮流强奸同一名女性被害人，一人得逞，其他人未得逞，是否构成轮奸。审理过程中，对于轮奸是否包括部分行为人强奸已经得逞，部分行为人强奸未得逞的问题，形成了两种不同的观点。一种观点认为，构成轮奸，必须同时具备以下条件：一是主体必须是两名以上的男子；二是必须出于共同强奸的故意；三是必须在同一时间或相继的时间内；四是必须针对同一名妇女实施强奸行为；五是必须具有两名以上共同犯罪人强奸既遂，没有强奸得逞的男子不成立轮奸。故强奸案件中，一人得逞其他人未得逞的情况下不能定为轮奸，而应以强奸论处。另一种观点认为，轮奸的构成要件，只需要第一种观点的前四个要件即可，因为按照部分实行全部责任的原则，如果包括第五个要件，则缩小了轮奸概念的内涵，容易放纵犯罪。本案采纳了第二种观点，黄某、韦某、覃某2均具有轮奸张某某的共同犯意并已经着手实施轮流强奸的行为，虽然一人强奸得逞，二人强奸未得逞，但从共同犯罪形态和刑法理论看，根据“一人既遂，全体既遂”认定共同犯罪终止形态的一般原则，以及保护法益的基本目的，对三人均应以轮奸论处。

第二个难点是：未得逞者是否按轮奸既遂处理。经审理认为，轮奸只是法律所规定的强奸罪的加重处罚情节之一，本身不存在既未遂问题。首先，所谓未遂，仅是犯罪的一种未完成形态而已，轮奸并非独立一罪，只是强奸罪的一种情形。因此，轮奸本身并没有独立的既未遂问题，只有强奸罪的既未遂问题。

认为轮奸也有既未遂的观点，是把认定轮奸这一强奸罪的加重处罚情形与认定强奸罪既未遂形态相混淆了，是不可取的。其次，如根据轮奸也有既未遂的观点，对轮奸中一人以上奸淫得逞、一人以上奸淫未得逞的情形，是对全案以轮奸未遂定，还是仅对奸淫未得逞的个人以轮奸未遂定，势必难以作出合理的回答。如果说全案应定轮奸未遂，那么，无疑会放纵奸淫既遂的其他轮奸人；反之，如果说仅对奸淫未遂的被告人定轮奸未遂，而对其他被告人仍以轮奸既遂定，那么，轮奸到底是既遂还是未遂，势必难以自圆其说。

综上，在司法实践中，认定是否构成轮奸时，仍应当依照强奸罪的构成要件，以及共同犯罪的法理来判断；轮奸不是一个独立的罪名，只是共同强奸犯罪的一种特殊形式，本身不存在既未遂问题。因此，对轮奸中一人强奸得逞，其他人未得逞的情形，由于各行为人均参与了轮奸行为，故首先应对各被告人以强奸罪定罪并按轮奸情节予以处罚。其次由于轮奸是基于共同奸淫认识的共同实行行为，按照强奸罪中认定既未遂的一般原理，即只要实行犯强奸既遂的，对其他共犯，无论其为帮助犯、教唆犯、组织犯还是共同实行犯，都应按强奸罪既遂论。

编写人：广西壮族自治区柳州市中级人民法院　刘涧丽

16

医院的疾病诊断证明不应作为认定强奸罪既遂的唯一参考依据

——吴某某强奸案

【案件基本信息】

1. 裁判书字号

广西壮族自治区钦州市中级人民法院（2021）桂07刑终93号刑事判决书

2. 案由：强奸罪

【基本案情】

2020年9月20日5时许，被告人吴某某与被害人张某某在吃完夜宵后，由被告人吴某某驾驶车牌号为桂NN××××的小轿车搭载被害人张某某返回住处，当车辆行驶到灵某楼盘路段时，被告人吴某某停车后到小轿车后排被害人张某某的座位上，强行与被害人张某某发生性关系，遭到被害人张某某咬伤右耳。

另认定，被害人张某某于2003年5月9日出生，案发时为未成年人。被告人吴某某于2020年9月29日被派出所民警抓获。同日，被刑事拘留。

【案件焦点】

1. 医院的疾病诊断证明是否能认定强奸罪既遂的唯一参考依据；2. 吴某某的行为构成强奸罪既遂还是强奸罪未遂。

【法院裁判要旨】

广西壮族自治区钦州市灵山县人民法院经审理认为：被告人吴某某违背妇女意志，强奸妇女，其行为触犯了《中华人民共和国刑法》第二百三十六条第一款之规定，构成强奸罪。公诉机关的指控成立。被害人张某某在案发当晚被被告人强奸，被告人用其阴茎插入被害人的阴道的事实，有被害人的陈述及妇幼保健院疾病诊断证明书载明的妇检情况予以证实，以上证据来源合法，内容客观真实，足以证实以上事实，因此公诉机关及被告人提出的被告人由于其意志以外的原因而未得逞，是犯罪未遂的公诉及辩解意见，不予采纳。被告人吴某某侵害的对象是未成年人，应当对其从严惩处。根据被告人吴某某的犯罪事实、性质、情节及对社会的危害程度，决定对被告人吴某某减轻处罚。依照《中华人民共和国刑法》第二百三十六条第一款之规定，判决：

被告人吴某某犯强奸罪，判处有期徒刑三年六个月。

一审宣判后，被告人吴某某不服，在法定期限内提出上诉。广西壮族自治区钦州市中级人民法院经审理认为：上诉人吴某某违背妇女意志，使用暴力威胁手段，强行与妇女发生性关系，其行为构成强奸罪。在案的妇幼保健院于2020年9月21日出具的《疾病诊断证明书》证实案发后次日被害人张某某"外阴发育正常，大小阴唇无明显红肿及裂伤，处女膜5点处见陈旧性裂伤，裂口约0.5厘米，无新鲜裂口及出血，分泌物不多，取分泌物时见棉签带少许暗红色血迹，未找到精虫"。该诊断证明书证实被害人张某某的处女膜有陈旧性裂伤，但并不能证实该裂伤形成的具体时间，不能证实该裂伤是否是上诉人吴某某强奸所致。因此，在案证据仅有被害人张某某陈述其被上诉人吴某某强奸既遂，但上诉人吴某某案发后一直稳定供述其强奸未遂。在案证据仅有被害人张某某的陈述而无其他予以佐证，不能形成闭合的证据锁链证实上诉人吴某某强奸被害人张某某既遂，从有利于被告人的原则，应当认定上诉人吴某某强奸未遂。上诉人吴某某侵害的对象是未成年人，应当对其从严惩处。上诉人吴某某到案后直至一审庭审均如实供述其主要犯罪事实，认罪认罚，可以对其从宽处罚。据此，判决如下：

一、撤销广西壮族自治区灵山县人民法院（2019）桂0721刑初13号刑事判决，即被告人吴某某犯强奸罪，判处有期徒刑三年六个月；

二、上诉人（原审被告人）吴某某犯强奸罪，判处有期徒刑二年。

【法官后语】

本案的争议焦点在于医院的疾病诊断证明是否能作为认定吴某某犯强奸罪既遂的唯一标准以及吴某某的行为构成强奸罪既遂还是未遂的问题。

一、强奸罪构成要件与既遂标准的认定

根据《中华人民共和国刑法》第二百三十六条的规定，以暴力、胁迫或者其他手段强奸妇女的，处三年以上十年以下有期徒刑。强奸罪是指以暴力、胁迫、伤害或者其他手段，违背妇女意志，强行与妇女性交，或者故意与不满十四周岁的幼女发生性关系的行为，侵犯的客体是女性的性比自由权利和幼女的身心健康权。在主观方面，表现为直接故意，并且具有违背女性意志强行与之发生性交的故意内容。在客观方面，表现为以暴力、胁迫或者其他，违背妇女意志，强行与之性交，或者与不满十四周岁的幼女发生性关系的行为。

关于强奸罪完成的标准，理论上根据被害人是妇女的情况，我国的通说认为强奸罪既遂与否以两性器官的结合为标准，一般认为针对已满十四周岁妇女的强奸，既遂与否以插入说为宜，针对不满十四周岁的幼女，则以两性器官发生接触即为既遂。

二、医院的疾病诊断证明在本案中的作用

通过分析本案的证据情况，关键性的证据包括被害人张某某的陈述、被告人吴某某的供述、门诊病历以及医院的疾病诊断证明书、现场勘验、检查笔录及照片等证据。被害人张某某的陈述证实被告人吴某某违背其意愿，使用暴力强行与其发生性关系。被告人吴某某的稳定供述证实其违背被害人意志，实施了摸被害人的胸部，在被害人反抗时用右手摁住张某某的手臂，强行脱去张某某的裤子，用手摸被害人的阴部的行为，但欲实施强奸行为时因被被害人推开致其未得逞。本案中，通过现场勘查，未能找到关键物证，所以医院的疾病诊断证明成为证实被告人吴某某是否构成强奸罪既遂的决定性证据，是认定是否构成强奸罪既遂的唯一参考依据。

三、被告人吴某某的行为是否构成强奸罪既遂

结合本案从主客观方面具体问题具体分析。在主观上，被告人吴某某具有强行奸淫的故意，即明知被害人不同意与之发生性交而决意采用暴力、胁迫或其他手段强行性交。在客观上，被告人吴某某具有实施暴力手段，违背被害人张某某的意愿强行与被害人发生性关系的行为，侵犯了被害人性的自主决定权和生命健康权。医院的疾病诊断证实被害人张某某“外阴发育正常，大小阴唇无明显红肿及裂伤，处女膜5点处见陈旧性裂伤，裂口约0.5厘米，无新鲜裂口及出血，分泌物不多，取分泌物时见棉签带少许暗红色血迹，未找到精虫。”结合本案实际情况分析，医院的疾病诊断证明证实被害人张某某的处女膜属于陈旧性裂伤，没有找到精虫，没有其他证据证实陈旧性裂伤的时间，也没有证据证实该裂伤是被告人吴某某造成。

根据《中华人民共和国刑事诉讼法》第五十五条的规定，证据确实充分应当符合以下条件：定罪量刑的事实都有证据证明；据以定案的证据都有证据均经

过法定程序查证属实；综合全案证据，对所有认定事实已排除合理怀疑。本案中，在案证据仅有被害人张某某陈述其被上诉人吴某某强奸既遂，但上诉人吴某某案发后一直稳定供述其强奸未遂，在案证据仅有被害人张某某的陈述而无其他予以佐证，不能形成闭合的证据锁链证实上诉人吴某某强奸被害人张某某既遂，不能排除合理怀疑，从有利于被告人的原则，应当认定上诉人吴某某强奸未遂。

编写人：广西壮族自治区钦州市中级人民法院　赵丽娟

17

对嫖宿幼女的行为人是否明知的判断标准

——鄢某某强奸案

【案件基本信息】

1. 裁判书字号

湖南省湘西土家族苗族自治州中级人民法院（2022）湘31刑终95号刑事裁定书

2. 案由：强奸罪

【基本案情】

2018年9月11日，被告人鄢某某（男，1974年5月出生）到某县出差，其通过某软件联系宋某某找“小姐”，宋某某便叫张某某安排人。张某某遂带其初二的同学段某某去宾馆。段某某进入宾馆后，鄢某某问其多大了，其回答在读初中，二人遂发生了性关系。之后，鄢某某留下了张某某的网络聊天软件，二人在网络聊天软件聊天过程中，鄢某某得知张某某也是初中学生，鄢某某要张某某给其介绍“处女”，“处女”的价格可以在6千元至8千元，不是“处女”的600元。2018年9月27日，鄢某某再次来到某县。鄢某某在宾馆开房后，通过网络聊天软件要张某某介绍女的过来。当日12时50分许，张某某又带同为初二学生的被害人杜某某（2004年11月出生）前往某宾馆鄢某某的房间。鄢某某在与杜某某发生性关系后，支付嫖资600元。

【案件焦点】

如何认定行为人“明知”对方是幼女。

【法院裁判要旨】

湖南省永顺县人民法院经审理认为：被告人鄢某某明知被害人系不满十四周岁的幼女而与其发生性关系，其行为已构成强奸罪。被告人奸淫不满十四周岁的幼女，依法予以从重处罚。被告人提出“自己确实不知道小女孩的年龄”，是符合当时的实际情况的，但“确实不知道”并不代表“不明知”。根据被告人的供述“她说读初三，初三的学生可能十四岁左右”。其应当知道对方可能是幼女，但仍实施奸淫行为，故应当认定其“明知”对方是幼女。辩护人提出的被害人杜某某出生日期应当以身份证为准因而被告人不构成犯罪的辩护意见，不符合案件事实和法律精神，不予采纳。身份证不是绝对唯一的确定当事人年龄的依据。综合全案证据，杜某某的出生日期应当认定为公历2004年11月6日。这有被害人陈述、被害人母亲的陈述、湘西自治州儿童基础免疫卡片专册、湘西自治州糖丸强化免疫儿童摸底登记及服苗记录、证人陈某某的证言等证据证实，能够相互印证，且与其身份证载明的出生日期系农历日期并不矛盾。经查对日历，农历2004年9月24日就是公历2004年11月6日，二者为同一天，能够印证被害人母亲讲的上户时报的农历生日是属实的。且在本地，农村父母记住子女的农历生日本身就是一种传承习惯，用农历生日上户是经常发生的事情，合乎情理。综上，足以认定杜某某身份证上登记的出生日期系农历日期，其出生日期为公历2004年11月6日。有利于被告人原则只能在证据存疑时适用，本案证据已经达到确实充分的证明标准，不能适用有利于被告人原则。被告人虽然对其行为是否应当认定为“明知”对方是幼女提出否定的辩解意见，但其归案后对案发经过供认不讳，可以认定为如实供述主要犯罪事实，依法予以从轻处罚。该院依照《中华人民共和国刑法》第六十七条第三款、第二百三十六条第一款和第二款之规定，判决：

被告人鄢某某犯强奸罪，判处有期徒刑五年。

鄢某某以原审认定被害人杜某某在案发时未满十四周岁的证据不足，其不构成犯罪为由提出上诉。

湖南省湘西土家族苗族自治州中级人民法院经审理认为：鄢某某第一次嫖宿的段某某就是初中学生，且在嫖宿杜某某之前，其一直与介绍人张某某在网络聊天软件上有交流，亦明知张某某是初中学生，其应知道张某某介绍的杜某某也可能是初中学生且年龄较小，其作为成年人应当知道杜某某可能是不满 14 周岁的幼女。一审法院根据《最高人民法院、最高人民检察院、公安部、司法部关于依法惩治性侵害未成年人犯罪的意见》关于“对于已满十二周岁不满十四周岁的被害人，从其身体发育状况、言谈举止、衣着特征、生活作息规律等观察可能是幼女，而实施奸淫等性侵害行为的，应当认定行为人‘明知’对方是幼女”的规定，认定鄢某某“明知”杜某某是幼女符合该规定及生活常识。该院作出终审裁定：

驳回上诉，维持原判。

【法官后语】

在嫖宿对象未满十四周岁时，行为人即构成强奸罪，如何认定行为人“明知”对方是幼女，事实上是一种推定。故本案的争议焦点在于符合哪些条件后可推定鄢某某为“明知”。

一、对《中华人民共和国刑法》第二百三十六条第二款的解读

《中华人民共和国刑法》第二百三十六条第二款规定，奸淫不满十四周岁的幼女的，以强奸论，从重处罚。奸淫幼女，是指与不满十四周岁的幼女发生性关系的行为。奸淫幼女的，无论幼女是否“同意”，即构成强奸罪。根据该规定，只要与幼女发生性关系即构成强奸。但该规定为分则的规定，是否构成犯罪还要看有无主观上的故意。

二、嫖娼行为即使不构成刑事犯罪，也是违反治安管理的行政违法行为

《中华人民共和国治安管理处罚法》第六十六条规定，卖淫、嫖娼的，处10日以上15日以下拘留，可以并处5千元以下罚款；情节较轻的，处5日以下拘留或者500元以下罚款。在嫖娼行为最轻也属于行政违法的前提下，《中华人民共和国刑法》又明确规定与未满十四周岁幼女发生性关系即构成强奸的情况下。笔者认为，行为人对嫖宿对象是否年满十四周岁有更高的注意义务，没有尽到合理的主要义务则应推定“明知”而入罪。《娱乐场所管理条例》第十四条的规定，对嫖娼是禁止的；第二十七条要求，营业期间，娱乐场所的从业人员应当统一着工作服，佩戴工作标志并携带居民身份证。根据该条例的规定，行为人至少要通过身份证确认了嫖宿对象已年满十四周岁，才属于履行了其注意义务，在是否构成强奸犯罪中，可认定无犯罪的主观故意而出罪。当然，举此例只是说明，对嫖宿幼女的行为人的注意义务要求标准较高。虽然，对已满十二周岁不满十四周岁不像十二周岁以下只要发生性关系就推定“明知”，但也不能因行为人随意的辩解就能够出罪。在卷证据能够证明行为人没有尽到最大注意义务，一般可推定行为人“明知”。若行为人辩解“不明知”，举证责任则转化给了行为人。

三、本案中关于行为人没有尽到最大注意义务认定

鄢某某第一次嫖宿的段某某也系张某某介绍的初中学生，且在嫖宿本案被害人之前，其一直与介绍人张某某在网络聊天软件上有交流，亦明知张某某是初中学生，并要求张某某给其介绍“处女”，故其应知道经张某某介绍的杜某某是初中学生而不满十四周岁的可能性较大。故结合鄢某某第一次嫖宿对象、介绍人都是初中学生的事实，加之其又明确要求介绍“处女”的心理，对案发时嫖宿对象是否年满十四周岁，鄢某某应尽到最大注意义务。除非能够绝对排除嫖宿对象已满十四周岁，否则应推定鄢某某“明知”嫖宿的是幼女，并构成强奸犯罪。

综上，在幼女身体发育尚不成熟，欠缺自我保护能力的情况下。为了加强对幼女的保护，被告人与已满十二周岁不满十四周岁的幼女发生性关系的，只要证明被告人没有尽到最大的注意义务，即可推定为“明知”。

编写人：湖南省湘西土家族苗族自治州中级人民法院　叶明生

18

对幼女年龄的“明知”主观事实认定

——肖某某强奸案

【案件基本信息】

1. 裁判书字号

江苏省南通市中级人民法院（2022）苏 06 刑终 143 号刑事裁定书

2. 案由：强奸罪

【基本案情】

2021 年 3 月 17 日凌晨，被告人肖某某（犯罪时十五周岁）伙同沈某某、周某某、仇某某（均另案处理）在某酒店 407 房间内，经事先商议，找一女孩“开火车”（轮流与之发生性关系），后由被告人肖某某将被害人吴某某（时年十三周岁）接至上述房间，被告人肖某某、沈某某、仇某某先后与吴某某发生性关系，周某某在旁边拍摄肖某某、沈某某与吴某某发生性关系的视频。后被告人肖某某在吴某某不愿意与其发生性关系的情况下，再次采用按手、扒腿等手段强行与吴某某发生性关系。

案发后，被告人肖某某能如实供述主要犯罪事实；被告人肖某某的家属代为赔（补）偿了被害人，取得被害人及其法定代理人的谅解。

【案件焦点】

能否认定被告人肖某某“明知”被害人系未满十四周岁的幼女。

【法院裁判要旨】

江苏省如皋市人民法院经审理认为：被告人肖某某伙同他人轮奸不满十四

周岁的幼女，其行为已构成强奸罪。肖某某伙同他人共同故意实施犯罪，本案系共同犯罪。肖某某在共同犯罪中起主要作用，系主犯，应当按照其所参与的全部犯罪处罚。肖某某犯罪时已满十四周岁未满十六周岁，应当减轻处罚。肖某某能如实供述主要犯罪事实，可以从轻处罚。肖某某当庭表示自愿认罪，其家属代为赔（补）偿了被害人，取得被害方的谅解，可酌情从轻处罚。对被告人肖某某辩称的其主观上并不知道吴某某未满十四周岁，在案证据能够证明，被害人吴某某和被告人肖某某等在案发前均有过接触，完全有条件知道被害人的年龄，案发当天，被告人肖某某伙同他人经事先预谋，欲多人与辍学的未成年被害人轮流发生性关系，明显属违法行为，更应尽到足够的审慎注意义务。被告人肖某某的供述称知道被害人不上学，其通过自我猜测就判断被害人已满十四周岁，显然没有尽到足够的审慎义务，故认定被告人应当明知被害人是未满十四周岁的幼女。

江苏省如皋市人民法院依照《中华人民共和国刑法》第二百三十六条、第二十五条第一款、第二十六条第一款、第四款、第十七条第二款、第四款、第六十七条第三款之规定，作出如下判决：

被告人肖某某犯强奸罪，判处有期徒刑八年。

一审判决后，被告人提起上诉。江苏省南通市中级人民法院依照《中华人民共和国刑事诉讼法》第二百三十六条第一款第一项之规定，裁定如下：

驳回上诉，维持原判。

【法官后语】

关于本案能否认定被告人肖某某“明知”被害人系未满十四周岁的幼女？第一种观点认为，没有证据证明被告人肖某某主观上知道或者应当知道被害人可能是未满十四周岁的幼女，根据卷宗内被害人的照片，结合其身体发育状况，经常出入酒吧、与异性间的交往等，综合考虑，不宜认定其主观明知；第二种观点认为，被告人没有尽到足够的审慎义务，其甘冒风险对被害人进行奸淫，一般应当认定明知被害人是幼女。笔者同意第二种观点，理由如下：

一、性侵幼女犯罪中对幼女年龄“明知”的内涵

在性侵未成年人案件中，对行为人是否明知对方是幼女的主观事实认定，一直是司法实践中的难题。司法实践中，在性侵幼女案件中，对幼女年龄的“明知”一般分为三类：（1）确实明知，要求行为人明确知道其性侵对象为不满十四周岁的幼女，这类案件一般均有被告人的稳定供述或是强有力的客观证据予以证实，对其主观明知的认定不存在障碍。（2）应当明知，即推定明知，这类案件不要求行为人明确知道其性侵对象为幼女，只要其知道对方可能是幼女，就此推定其“明知对方是幼女”，判断标准为行为人具有正常思维和一般认知。（3）拟制明知，此类案件只要行为人与幼女发生性关系，一律认定其“明知对方是幼女”。

二、司法推定在“应当明知”主观事实认定中的运用

保护幼女应当是各国的基本公共政策，通常不满十四周岁的幼女，在心理和生理方面均不成熟，容易遭受外来侵害，并对其造成巨大的身心创伤。因此，在司法实践中，对于性侵已满十二周岁、未满十四周岁幼女的案件，幼女年龄的“明知”主观事实认定，如需适用推定明知，应当从严把握，以实现对幼女的特殊保护，堵塞惩治犯罪的漏洞。具体情况具体分析，如果没有极其特殊的例外情况，应当推定行为人主观明知。至于极其特殊的例外情况，可以结合具体情况予以判断，如确有证据能够证明行为人根本不可能知道对方是幼女或已足够谨慎行事；结合被害人的身体发育、言谈举止、衣着特征、生活作息等特征更像已满十四周岁。

在本案中，虽然从被害人身体发育、经常出入酒吧、与异性间的交往来看，可能像已满十四周岁的未成年人，但被害人是酒吧的红人，被告人肖某某也多次与朋友出入同一酒吧且与被害人有过接触，应当对被害人有一定的了解，具备知晓被害人年龄的条件。被告人肖某某供述称知道被害人不上学了，但没有尽到足够的审慎义务，根本不考虑被害人是否是幼女，甘冒风险实施奸淫，应当认定其明知被害人是幼女。

编写人：江苏省如皋市人民法院　杨益非　徐双美

19

利用监护关系长期多次性侵未成年人犯罪案件的证据审查标准

——黄某强奸案

【案件基本信息】

1. 裁判书字号

湖北省高级人民法院（2023）鄂刑终45号刑事裁定书

2. 案由：强奸罪

【基本案情】

黄某与高某某系夫妻，1996年登记结婚，婚后于1998年5月15日生育女儿黄某某。2005年至2015年，黄某利用其作为亲生父亲的优势地位以及黄某某的心智发育不成熟、对性侵害行为的辨识能力和自我保护意识较弱，趁妻子高某某外出做事、其单独照顾黄某某生活之机，长期、多次在其房屋内及鱼塘等地，以游戏引诱、冷暴力胁迫等方式奸淫黄某某，并交代黄某某不准告诉他人。2022年6月，黄某再次对黄某某进行性暗示，要求与黄某某发生性关系，黄某某因不堪忍受于2022年6月28日向公安机关报案。同年7月20日，黄某被公安机关抓获。经法医学鉴定，黄某某外阴呈已婚未产型，未见红肿及擦伤，处女膜6点及9点可见陈旧性裂伤。

【案件焦点】

1. 公诉机关指控黄某犯强奸罪，证据是否确实、充分；2. 黄某利用监护关系长期、多次性侵未成年人的量刑问题。

【法院裁判要旨】

湖北省荆州市中级人民法院经审理认为：黄某为满足其性欲望，对亲生女儿实施奸淫，其行为已构成强奸罪，公诉机关指控的犯罪事实和罪名成立，予以确认。黄某利用黄某某年幼无知、对性侵害行为辨识能力弱以及对父亲的信赖，在长达十年的时间里持续对黄某某实施奸淫，属于奸淫幼女情节恶劣，应在有期徒刑十年以上对其判处刑罚。关于黄某提出公诉机关没有提供强奸现场录像、没有目击证人作证、没有在被害人体内提取到他的精液，仅凭黄某某、高某某等的一面之词指控其犯强奸罪证据不足的意见。经查，本案案发正常，黄某某在公安机关的供述一直比较稳定，不存在诬告黄某的动机和目的，陈述内容应予认定，同时，被害人陈述能够与证人高某某的证言、黄某手写的纸条、黄某与被害人之间的谈话录音、聊天记录等相关证据相互印证，足以认定黄某的犯罪事实。综上，黄某的上述辩解意见，与查明的事实不符，不予采纳。结合黄某的犯罪事实、性质、情节和对社会的危害程度，判决如下：

被告人黄某犯强奸罪，判处有期徒刑十五年，剥夺政治权利五年。

一审宣判后，黄某不服，提起上诉。湖北省高级人民法院经审理认为：黄某强奸被害人的事实，有被害人陈述、谈话录音、证人证言、手机聊天记录、短信、黄某手写的纸条等予以印证，足以认定。黄某关于其从未与被害人发生过性关系的辩解，与全案证据相矛盾，且有违常理常情，没有可信度，不予采纳。原审判决认定事实清楚，证据确实、充分，定罪准确，量刑适当，审判程序合法。据此，裁定如下：

驳回上诉，维持原判。

【法官后语】

本案是一起亲生父亲利用监护关系长期、多次性侵未成年人犯罪的典型案例，争议焦点在于黄某“不认罪”的情况下，如何根据在案证据对其进行精准定罪和合理量刑。

一、在被告人“不认罪”的情况下，如何把握证据标准，根据在案证据精

准定罪

未成年人的心智发育不成熟、辨识和表达能力较低，缺乏对性侵害的认识，加上性侵案件的犯罪过程比较隐蔽、证据形式较为单一，这些因素决定在证据认定时，不能对性侵未成年人案件的直接证据提出过于苛刻的要求。在被告人“不认罪”的情况下，应当对被害人的言词证据采取最低采信标准，并建立以未成年被害人陈述为核心的证据锁链。具体到本案：

第一，案发是否正常。本案案发的起因是2022年6月黄某要求与被害人黄某某发生性关系，黄某某感觉无法摆脱黄某的侵害后，于当天向母亲高某某诉说了从七岁至十七岁被黄某性侵的事情，同月28日，高某某陪同黄某某到派出所报案，此案告破，符合正常的事件发展逻辑，案发自然。

第二，被害人陈述是否真实。在本案中，被害人黄某某有七次陈述，指证黄某在其七岁至十七岁十年间多次实施奸淫，陈述前后一致，不存在矛盾之处。从其对性侵过程的细节描述来看，内容完整、语言表达自然，对被侵害的时间、地点、行为和当时心理反应、事后处置态度的描述符合其被侵害时年龄阶段的认知，不存在无法排除的矛盾和不合常理的解释，能够作为认定本案事实的依据。

第三，是否存在诬告的可能。被害人黄某某七岁被性侵，因为年龄小、害怕，不知道该怎么说，同时基于对父亲黄某的信赖，这件事对母亲高某某也没有讲过。2022年6月是因为黄某又想与其发生性关系，黄某某觉得无法摆脱黄某的侵害才选择报案。结合双方关系，本案不存在黄某某、高某某自毁清白和家庭声誉，诬告陷害黄某的动机和目的，可以认定被害人陈述和证人证言客观真实。

第四，被告人的辩解是否合理。本案中，黄某的无罪供述及辩解与其他相关证据之间存在诸多矛盾之处。公诉机关出示了录音资料及聊天记录，证明黄某在被抓获前，就性侵黄某某一事与高某某、黄某某多次交谈，要求二人保密。黄某对上述录音资料、聊天记录的真实性予以认可，但辩解录音及聊天中其所讲内容均系编造、其当时就是用一种流氓方式刺激黄某某和男人交往，黄某的此点辩解理由与被害人陈述、证人证言证明的情形相悖，且明显不合情理，没有证据支持，不应予以采信。

一审、二审法院在综合考虑全案证据后认为，被害人黄某某的陈述与证人高某某的证言、谈话录音、聊天记录、黄某手写的纸条、鉴定意见等形成了完整的证据链条，达到了证据确实充分、排除合理怀疑的证明标准，应以强奸罪定罪。

二、利用监护关系长期、多次性侵未成年人的量刑问题

黄某作为被害人黄某某的亲生父亲，对其负有抚养、教育和保护义务，在共同生活长达十年的时间里持续对其实施奸淫，且据黄某某陈述，其首次被黄某奸淫时还不满十岁。依照《中华人民共和国刑法》第二百三十六条第二款、第三款第一项之规定，应当在有期徒刑十年以上对黄某判处刑罚。一审、二审法院据此以强奸罪判处黄某有期徒刑十五年是适当的。

编写人：湖北省荆州市中级人民法院　黄灿　封立

20

约会式强奸案件中对被害人意愿的审查方法

——姜某强奸案

【案件基本信息】

1. 裁判书字号

北京市第一中级人民法院（2022）京01刑终77号刑事裁定书

2. 案由：强奸罪

【基本案情】

被告人姜某于2020年8月5日23时许，在本市某小区×号楼×房间内，趁

被害人张某醉酒之机，违背其意愿，强行与其发生性关系。被告人姜某于2020年8月12日被公安机关抓获。

【案件焦点】

双方发生性行为是否违背被害人意愿。

【法院裁判要旨】

北京市海淀区人民法院经审理认为：被告人姜某强奸妇女，其行为已构成强奸罪，应予惩处。关于被告人姜某及其辩护人称姜某不构成犯罪的意见，被告人在侦查阶段的辩解存在前后矛盾，从一开始不承认发生性交，到后来的承认发生性交，还曾否认让被害人吃避孕药的事实，具有避重就轻的心理；被告人在案发后，多次向被害人发信息要她购买避孕药，并向她道歉，称自己酒后一时糊涂，这与大多数熟人之间因醉酒实施的强奸犯罪情节较为吻合；从视频中能够反映出被害人当日存在明显醉酒的情况，案发当日被害人接听其老公的微信视频电话时下半身仅穿着短裤，亦不像刻意隐瞒事实的状态，更符合醉酒后失态的情形，综上可以认定被告人的行为构成强奸罪。

北京市海淀区人民法院依照《中华人民共和国刑法》第二百三十六条之规定，作出如下判决：

被告人姜某犯强奸罪，判处有期徒刑四年。

姜某提起上诉，理由为：一审法院认定的事实和罪名缺乏根据，属于有罪推定。

北京市第一中级人民法院经审理认为：一是醉酒型强奸案中，在被害人饮酒后性自主意识及反抗能力减弱的情况下，双方发生性关系是否违背妇女意志应结合双方事前关系、事发过程及事后表现等情况综合判断。本案中，双方在事发前的交往关系和行为限度、事发过程中双方的表述及视频显示的被害人状态、事后上诉人的表现，足以印证被害人酒醉之际被强奸的陈述。二是双方此前相识，案发时亦无暴力、胁迫的方式，不宜以被害人是否试图逃跑、向他人呼救来反推被害人是否被强迫。被害人在与丈夫的通话和视频通话中的客观表现符合当时所处情景。三是上诉人辩称否认发生性交是顾虑身份、经历、家庭等，但其在该次供述中承认与被害人亲热及被害人为其手淫并射精等有违道德且破坏家庭关系的行为，不能合理解释。综上，辩方的无罪意见不能成立。

北京市第一中级人民法院依照《中华人民共和国刑事诉讼法》第二百三十六条第一款第一项的规定，裁定：

驳回上诉，维持原判。

【法官后语】

强奸案件中双方的言词证据对于关键细节往往各执一词或是有所缺失，且均存在利己考虑，不利于案件事实的还原。因此，应当以客观性的间接证据为主，结合被告人供述与被害人陈述间的矛盾点搭建证据链条，补强言词证据，确定基本事实。近年来性犯罪呈现出类型化特征，本案就是典型的一起约会式强奸案件。约会式强奸普遍呈现出三大特征：双方相识并合意见面，案件暴力程度淡化；案发时间和地点特定，取证困难；被害人多有饮酒、暧昧或报警迟延等“过错因素”。

实践证明，约会式强奸存在区别于一般强奸犯罪的特点难点，因此不适用一般强奸犯罪的审查思路。约会式强奸中，控辩双方主要争议和案件认定的关键难点通常围绕被害人意志展开，结合约会式强奸案件本身的特征，主要包括如下三点：一是能否认定被害人因醉酒处于不能、不知反抗的状态。是否醉酒是判断被害人是否自愿的重要考量因素，但是醉酒不限于接近睡着状态的“不知反抗”“烂醉如泥”这一完全丧失性防卫能力的情形，还包括意识尚存但无力反抗的“不能反抗”“喝多喝高”的情形。二是能否排除性行为的发生并不违背被害人意志的合理怀疑。基于双方案发前的接触情况，辩方通常会提出被害人对性行为的发生存在一定心理预期，性行为的发生并不违背其主观意愿。三是能否认定被害人存在过错使得被告人陷入双方系自愿发生性行为的错误认识，如被害人与被告人发生了暧昧甚至挑逗、接收利益、性暗示的行为，或者被害人有条件呼救但未呼救、未采取强烈有效的反抗措施，被告人“真诚而合理”的误认为被害人有意愿与其发生性关系。

在双方关于事实的表述“一对一”的情况下，应依据客观证据对“违背被害人意愿”进行审查认证，较为适宜的方法是依次判断如下三点：被害人案发时是否对自身性权利保有完整认知、被害人案发时的性自主权是否被侵害、被害人是否同意发生性关系。首先，如被害人处于醉酒等意识不清醒或无意识状态，被告人认识到被害人并非有意愿发生性行为，要综合在案证据对被害人是否存在自我控制能力减弱甚至丧失的证明对被害人是否处于醉酒状态进行综合判断。其次，如果案件中仅存在轻微暴力甚至无暴力，不能据此认定被害人性自主权未被侵害，需要结合实际情况具体分析。对被害人而言，被告人可能处于优势地位，这种优势地位包括体型产生的物理压制以及身份关系、职权地位产生的心理压制。被害人受被告人优势地位所影响，被告人这一优势方主导发生性行为时，鉴于其风险预估心理，其性自主权应认定为被精神施压所侵害，其合意行为不能认定为其真实意愿的表达，而是被告人借助优势地位主导达成的片面合意。最后，结合在案证据综合判断性行为是否系被害人自愿发生。一是审查双方基础人际关系亲密程度，二是事前性表达与违背被害人意愿发生性关系并不相悖，三是事后证据审查重点围绕被害人报警控告行为审查被害人报案动机和目的。

具体到本案，监控视频明确显示出被害人当日饮酒后出现了步态不稳、表情游离的情况，对自身性权利缺乏完整的认知或防卫能力。其与姜某贴靠的亲密行为与醉酒高概率相关。姜某在案发时亦未采取暴力、胁迫的方式，因而不宜以被害人是否试图逃跑、向他人呼救来反推被害人是否受到强迫，被告人对于被害人的优势地位也需要予以考虑，被害人的性自主权在案发时可能并不自主。且姜某与被害人在事发前系普通同事及朋友关系，当日见面就餐亦在正常社交活动限度内；姜某在事后曾多次向被害人致歉，其辩解不能合理解释自己的行为；被害人第一时间告知了丈夫自己被强奸，对于迟延报警亦作出了合理解释，综合来看，被害人对性行为的发生并非出于自愿，姜某借被害人醉酒之机与其发生性行为系违背被害人意愿，构成强奸罪。

编写人：北京市第一中级人民法院　胡海　杨晔

21

犯罪未遂和犯罪中止的区分以及性同意的判定

——郭某某强奸案

【案件基本信息】

1. 裁判书字号

北京市第一中级人民法院（2021）京01刑终625号刑事裁定书

2. 案由：强奸罪

【基本案情】

被告人郭某某与被害人孙某通过聊天软件相识后，相约于2021年3月15日晚在本市某餐馆用餐。次日凌晨，被告人郭某某在上述地点二楼包间内，违背被害人孙某意愿，以殴打等暴力方式欲强行与被害人孙某发生性关系，致孙某的左眶内壁骨折、全身多发软组织损伤等伤情。后被告人郭某某在能够继续侵犯被害人孙某的情况下，自动放弃犯罪。后被害人孙某报案，被告人郭某某明知被害人报案仍在现场等待，并截停警车，但在受到民警现场盘问时未能如实供述上述犯罪事实，后于当日被民警带至公安机关接受审查。被告人郭某某归案后接受讯问之初，亦未能如实供述上述主要犯罪事实，后经多次讯问，在警方已经掌握相关证据的情况下，方如实供述主要犯罪事实。经鉴定，被害人孙某身体所受损伤为轻微伤。2021年7月23日，被告人郭某某家属赔偿被害人孙某人民币20万元，孙某对郭某某表示谅解。

【案件焦点】

郭某某未完成的强奸行为属于“能而不欲”的犯罪中止，还是“欲而不能”的犯罪未遂，即性同意的边界。

【法院裁判要旨】

北京市海淀区人民法院经审理认为：被告人郭某某以暴力手段欲强奸妇女，其行为已构成强奸罪，应予惩处。北京市海淀区人民检察院指控被告人郭某某犯强奸罪的事实清楚，证据确凿，指控罪名成立。关于辩护人提出的郭某某的行为系犯罪中止的意见，经查，被告人郭某某在实施强奸行为过程中，虽曾遭到被害人强烈反抗，但考虑到二人的身体状况、力量对比，郭某某处于明显的优势地位，且案发地处相对私密的密闭空间，外部环境对郭某某继续实施犯罪并无任何影响，加之此后郭某某在被害人离开案发现场、报警时没有任何阻拦行为，故综合本案证据，应认定案发当时郭某某系自动放弃犯罪，属于犯罪中止，辩护人的此项意见，本院予以采纳；被告人郭某某在侦查机关掌握其犯罪事实及相关证据后能够如实供述主要犯罪事实，且认罪认罚；案发后能够在家属的帮助下积极赔偿被害人损失，取得被害人谅解；此次犯罪系初犯、偶犯，本院依法对其减轻处罚。

北京市海淀区人民法院依照《中华人民共和国刑法》第二十四条、第二百三十六条第一款及《中华人民共和国刑事诉讼法》第十五条之规定，判决如下：

被告人郭某某犯强奸罪，判处有期徒刑一年九个月。

后公诉机关提出抗诉，北京市第一中级人民法院在审理过程中，北京市人民检察院第一分院经审查认为北京市海淀区人民检察院抗诉不当，决定撤回抗诉。北京市第一中级人民法院确认一审法院认定的事实和证据。主要理由如下：原审被告人郭某某以暴力手段欲强奸妇女，其行为已构成强奸罪。鉴于郭某某在犯罪过程中自动放弃犯罪，系犯罪中止，且自愿认罪认罚并能在家属帮助下积极赔偿被害人损失，取得被害人谅解，其此次犯罪系初犯、偶犯，故可依法对其减轻处罚。原审人民法院根据原审被告人郭某某犯强奸罪的事实、犯罪的性质、情节和对于社会的危害程度所作出的判决事实清楚，证据确实、充分，定罪及适用法律正确，量刑适当，审判程序合法，应予维持。北京市人民检察院第一分院撤回抗诉的要求，符合法律规定。据此，依照《中华人民共和国刑事诉讼法》第二百三十二条第二款、第二百三十六条第一款第一项及《最高人民法院关于适用〈中华人民共和国刑事诉讼法〉的解释》第三百八十五条第二款、第三款及第三百八十六条之规定，裁定如下：

准许北京市人民检察院第一分院撤回抗诉。

【法官后语】

强奸罪的犯罪停止形态中，未遂与中止的区分历来都是难点。本案的第一个争议焦点为，郭某某未完成的强奸行为属于“能而不欲”的犯罪中止，还是“欲而不能”的犯罪未遂？强奸罪与其他传统犯罪相比，具有空间封闭性、客观证据稀缺等现实局限，行为人为趋利避害，会倾向于辩解自己“能而不欲”。在此情形下，被告人口供在认定强奸犯罪停止形态证据闭环中的说服力相对较弱。因此，在认定被告人是强奸未遂还是中止的主观意志方面，应着重从客观角度切入、综合全案证据细节得出合理的判断。具体而言，有以下三个方面。

一、生理优势对比

通常强奸罪行为人与被害人之间，往往存在身体力量差距。男性行为人在力量上、形体上通常更具有优势，绝大多数的强奸案件中都呈现出这一特点。多数情况下，男女身体状况、力量对比悬殊，男性在身体上具有天然的力量优势。因此，行为人与被害人身体状况的对比，是强奸罪中认定犯罪停止形态的重要依据。一般来说，这一因素的认定上，男性具有实施强奸并在遇到反抗时持续实施犯罪的能力。但是，单纯的生理优势比对不能独立作为认定能否继续实施强奸行为的标准，需要结合其他条件对比，综合评判。本案中，郭某某身高175厘米、体重90千克，相比被害人具有绝对的体型和力量优势，但从生理角度分析，行为人具备实施强奸行为的生理优势。

二、行为优势对比

强奸违背妇女性自主权，被违背意志的妇女必然会形成一系列反抗行为。一方反抗、另一方压制，行为的反抗互动越多，被害人的反抗行为是否遭到行为人有效压制，越容易推断双方的力量对比。以本案为例，通过郭某某的供述和被害人的陈述，双方在压制与反抗中主要包括以下行为（详见表1）。

表1 郭某某强奸案双方行为优势对比

被害人的反抗	行为人的压制	压制判断
摔碎盘子以死相逼	抢瓷片	有效压制
瓷片划伤手	抓住手腕止血	有效压制
欲用瓷片划伤脖子	捏住手勒住脖子保护	有效压制
拿手机给朋友打电话	将手机抢走	有效压制

在实施强奸行为过程中，被害人以自伤、寻求他人帮助等多种激烈的方式进行反抗，郭某某均通过更加强硬的方式进行压制，且都是有效的压制，导致被害人没有造成期待的自伤行为也没有得到有效的他人救助。由此可知，郭某某对被害人具有绝对的行为优势，其欲继续实施强奸行为是完全具备可能性的。

被害人反抗的激烈程度不能作为判断行为人主动放弃强奸还是被动放弃强奸。反抗越激烈，给行为人实施强奸的障碍越大，但是否足以给行为人造成了放弃强奸的障碍，还是需要结合双方的行为对比进行分析。被害人的反抗与行为人的压制，二者如同硬币的两面，需要两者一体分析才能得出可靠的结论。本案中，公诉机关在指控郭某某系强奸未遂时，仅从被害人反抗行为的激烈程度来推断是犯罪未遂，有失客观。如抗诉书中所述，从监控录像中听到了大声尖叫等声音、摔东西的声音以及被害人报案时眼部的肿胀淤青等，这些细节能够证实被害人反抗激烈，但反抗激烈只能证明给郭某某造成了一定程度的障碍，并不必然得出郭某某因此而未完成强奸的结论。也就是说，存在被害人反抗的强奸未完成案件中，激烈反抗是未完成强奸的必要条件，但不是充分条件。因此，公诉机关在指控本案的犯罪停止形态时，忽略了重要一点，即行为人的激烈反抗相应激起了郭某某更加强烈的压制行为，而且基本都是有效压制，所以未对郭某某的强奸构成实质障碍，郭某某仍可以继续实施强奸行为。另外，从被害人的陈述来看，被害人称自己当时有点休克，并推测是郭某某看其脸部肿得厉害，才将自己放开。可见，郭某某已经事实上形成了行为优势，被害人的反抗能力在郭某某的反复压制下持续下滑，且该反抗行为对郭某某继续实施强奸不构成客观上的障碍。被害人反抗激烈程度的证据，对于证明行为是否“违背妇女意志”更加有力，但不能单独作为判断强奸犯罪停止形态的依据。

三、环境优势对比

强奸案发地的客观环境是否助长犯罪行为，也是确定强奸犯罪停止形态的重要考量。多数情况下，强奸行为发生地由行为人主动选择，对实施强奸是相对有利的环境。按照强奸案发地对行为人是否具有助长效力来分，大致可以分为两类：第一，强奸行为不易被发现的僻静地；第二，具有明显强化行为人心理优势的犯罪地。具体属于哪一类，需要结合案情细节分析。

本案中，郭某某是案发地饭店店长，相比较被害人而言，其对饭店的空间和人员具有绝对优势的控制权。从郭某某的供述和被害人的陈述中均可知，郭某某让同事们称呼被害人为嫂子，且被害人还称，郭某某将她拽入旁边的一个包间内，并对她说如果不从的话就让楼下的人一起搞她。可见，郭某某不仅熟悉店内的空间环境，对空间内的使用享有话语权，更因其店长的身份，对指使店内职工的行为具有一定程度的支配力。饭店内的空间环境和人员支配上，郭某某都具有绝对的优势。案发地不仅能够掩盖郭某某强奸行为不易暴露，更强化其实施犯罪的心理优势。郭某某认为饭店内是自己能掌控的空间、有自己能掌控的人员，在这种情况下，客观环境就是助长犯罪行为的优势条件。因此，郭某某在占据地理、人员双重优势的情况下，客观环境并未对其强奸行为形成障碍。

客观环境对行为人的心理影响，需要从行为人认知的角度分析，而不是纯粹的旁观者的角度分析。公诉机关在对饭店内环境分析时，仅仅站在旁观者的角度，认为“在案发楼层的上一层楼内，有其他餐厅服务人员四人在吃饭，其间有三人都下到二楼包间附近上厕所，有人驻足停留”，因而推断这些因素对郭某某实施强奸构成了障碍。但事实上，郭某某是否准确地知晓楼上有服务员吃饭？他在屋内如何得知有人曾下到自己所在的二楼？这些客观因素现实存在，但不是郭某某所认知的现实。再进一步说，即便郭某某知道这些人和他们活动的存在，从郭某某的角度，他认为这些人与自己站在同一立场，甚至是在其支配之下的。因此，这些因素对郭某某并不构成影响强奸行为的障碍。郭某某作为店长，对服务人员具有管理权，即便服务人员知道有强奸行为，多半是放任的心态，对郭某某进行阻碍的可能性很小。

公诉机关指控中称，案发后郭某某对同事谎称被害人有问题这一行为的解读，是郭某某心里害怕。事实上，这种行为是犯罪后掩盖犯罪行为的心理惯性表达。客观环境对行为人是否具有障碍，应该以其实施过程中的障碍程度判断，事后的掩盖行为，是出于羞耻心和遮掩犯罪行为的心态表现，不能作为判断行为人是否害怕的依据。

本案的第二个争议焦点，即性同意的边界。强奸罪保护的法益是性行为的自主权，自主权的内容范围应该包括是否发生性行为以及发生的时间、地点等。性自治权利，属于个人权利的范畴，以当事人的“同意”作为判断性行为是否正当化的依据。性自治权应包括两层内涵：就正面而言，是对成熟理性的性行为的选择；就反面而言，保证自己不受外部强迫。只要是违反了妇女对性行为的决定，使用暴力、胁迫或者其他手段与之性交的，均构成强奸罪。同意约会等边界交往行为不能作为推定性同意的证据。因此，被害人虽然同意到郭某某的饭店约会，但不能就此推定被害人对性行为的同意。本案中，辩护人曾经提出，被害人使用的交友软件及言语给郭某某暗示，从郭某某的角度看，被害人的行为属于半推半就，被害人存在一定的过错。但我们认为，是否同意应该从女性的角度确定，不能以男性的视角去推断。被害人是否同意，是刑法上的价值判断，只有站在女性的角度，才能作出更加接近事实的结论。

编写人：北京市海淀区人民法院　尹鹏展　高曼洁

（六）强制猥亵、侮辱罪

22

“隔空猥亵”并录制裸聊视频在社交群内传播行为的司法认定

——邱某某强制猥亵案

【案件基本信息】

1. 裁判书字号

江西省宜春市中级人民法院（2022）赣 09 刑终 74 号刑事裁定书

2. 案由：强制猥亵罪

【基本案情】

2021 年 7 月，邱某某（有猥亵前科劣迹）通过某网络聊天软件，以虚构“邹某某”的身份与受害人徐某某（刚满 14 周岁）确定网上男女朋友关系，但在 8 月 16 日线下见面后，徐某某表示分手。当天邱某某以“换鞋”为由将徐某某骗至宾馆后，发生体外射精等强制猥亵行为。第二天以将精液流入徐某某体内，强迫其出来吃避孕药，不吃避孕药就告知警察、父母及邻居为由威胁徐某某前往宾馆后，强制发生关系未遂后抢夺徐某某手机。第三天以“见面才归还手机”为由要挟徐某某独自前往宾馆后，强行实施亲吻等强制猥亵行为，并拍摄裸体照片后归还手机。第五天，邱某某以告知父母两人关系为由要挟徐某某与其裸聊，并在徐某某不知情下进行录屏。第六天，邱某某因徐某某删除其联系方式恼火，将录制徐某某的裸聊视频及拍摄的暴露照片发送给徐某某的老师及其所在的 3 个未成年人某网络群，某网络群总人数为三四百人，案发后徐某某于2021年8月21日以被强奸报警。其后，徐某某多次产生轻生念头。现徐某某未正常开学报到，未按期到原所在学校就读，被迫放弃初中学业。邱某某否认其强制猥亵徐某某，辩称双方是正常的男女朋友亲热，仅承认将不雅视频发布到3个未成年人某网络群。

【案件焦点】

邱某某在连续多次对未成年受害人徐某某实施强制猥亵行为后，通过威胁受害人进行裸聊实施“隔空猥亵”行为并私自录制视频，将该视频及隐私照片等影像资料在人数众多的社交群内传播，给受害人造成严重精神伤害，使受害人多次产生轻生念头，能否认定为强制猥亵犯罪中的“其他恶劣情节”。

【法院裁判要旨】

江西省靖安县人民法院经审理认为：邱某某以胁迫方式多次对未成年人徐某某实施猥亵行为，并将录屏的裸聊视频及徐某某的暴露照片发到多个未成年人某网络群，情节恶劣，其行为构成强制猥亵罪。关于邱某某提出双方是正常的男女朋友亲热，没有强制猥亵，不构成强制猥亵罪的辩解意见。经查，从邱某某的供述及徐某某的陈述来看，徐某某陈述稳定，而邱某某多次供述之间相互矛盾，另从邱某某在与徐某某网络交友时，其隐瞒真实年龄及姓名，交友过程中经常通过某网络向徐某某发送淫秽语音及黄色视频、图片，其动机明显不纯；通过案发后双方聊天记录，可以看出徐某某当时明确拒绝邱某某的亲热行为并激烈反抗，但邱某某仍采取强制手段进行体外射精等猥亵行为，案发后还威胁说已将精液流入徐某某体内，强迫其出来吃避孕药，否则让警察找其父母并让其邻居们都知道其要吃避孕药的事等言语威胁，致使其不敢反抗；加上从宾馆服务员听到房间内有吵闹的声音及看到徐某某从房间出来不开心的样子的证言和邱某某到案后身上左胸位置有三处明显甲痕等证据之间相互印证，可以认定邱某某与徐某某并非正常男女的亲热，而是邱某某违背徐某某意志的情况下强制实施的猥亵行为，故对邱某某的辩解，不予采纳。

邱某某具有猥亵妇女儿童的前科劣迹行为，屡教不改，又对未成年人徐某某实施猥亵行为，并将裸聊视频及暴露照片发到未成年人的3个某网络群，群总人数达三四百人，严重地侵害了徐某某的身体自由权、隐私权和名誉权，案发后徐某某精神恐惧，多次产生轻生念头，被迫放弃初中学业，种种行为不仅给徐某某造成严重伤害，也对某网络群里面的未成年人身心健康造成恶劣影响，其犯罪行为构成强制猥亵罪的其他恶劣情节，且有猥亵前科劣迹情形的，应当对邱某某从重处罚，为依法惩治性侵害未成年人犯罪，保护未成年人合法权益，依照《中华人民共和国刑法》第二百三十七条第二款规定，判决：

邱某某犯强制猥亵罪，判处有期徒刑六年。

一审宣判后，邱某某不服一审判决，以其不构成强制猥亵罪为由提起上诉。江西省宜春市中级人民法院作出裁定：

驳回上诉，维持原判。

【法官后语】

随着互联网的普及和发展，网民特别是未成年网民日益增多，猥亵行为也从传统的抠摸等身体接触式翻新变异到利用网络实施的非接触式猥亵（“隔空”猥亵）。本案系传统猥亵与“隔空”猥亵相结合的新型案例。

2015年11月1日起施行的《中华人民共和国刑法修正案（九）》第十三条对本条加重处罚的情形由“聚众或者在公共场所当众”增加为“聚众或者在公共场所当众，或者有其他恶劣情节的”。但对于“其他恶劣情节”作为兜底条款，目前尚无司法解释的具体情形予以进一步细化规定，导致司法实践中适用较少。对于强制猥亵罪中“其他恶劣情节”这一抽象立法语言的“具体化”或者“明确化”，仍需法官结合个案进行全面、细致的理论推演。实践中，应根据具体案件的事实、犯罪性质、情节和社会危害程度，着重从侵害对象、侵害人数、侵害次数或者持续时间、作案手段、危害后果等方面综合分析判断。

首先，从目的解释分析，立法为强制猥亵罪增设“其他恶劣情节”这一兜底条款，目的就是在于预防和惩罚与聚众、在公共场所当众猥亵他人恶劣程度和社会危害性相等同的行为，防止造成立法上的漏洞，放纵对其他恶劣行为的惩罚。本案中，邱某某在连续多次对未成年实施强制接触式和非接触式的猥亵行为，其社会危害性是远大于一般强制猥亵罪的社会危害性的，行为性质和行为后果更加恶劣，应认定为强制猥亵罪中“其他恶劣情节”加重处罚情形，这样才能保证刑法的罪责刑相适应。

其次，从体系解释来看，“其他恶劣情节”位于“聚众”或者“在公共场所当众”之后，是前两种行为的补充，属于并列式规定。因此，对于“情节恶劣”应采用同类解释的规则，为避免罪刑失衡，其与“聚众”“在公共场所当众”情节处罚的严厉性一致，应具有相当的社会危害性，且应符合社会大众朴素正义的法感情。实践中，在校园等公共场所对年龄尚未达到18周岁的人实施猥亵，只要有多人在场，不要求“多人”是否实际看到，就符合强制猥亵罪加重处罚情节。同理可知，本案中，邱某某将对受害人“隔空猥亵”行为私录成视频，并发在人数众多的未成年社交群中，群内均有受害人的同学及老师，由于互联网具有无限时、无限制、即时性传播的特性，不仅传播面无法控制，而且侵害的是未成年人对象。邱某某将录制的猥亵视频发至社交群行为的社会危害性和对法益的侵害程度是与《中华人民共和国刑法》明文列举的“聚众或者公共场所当众”的行为具有同质性，社会危害性和对法益侵害的严重程度是相当的，理解为强制猥亵罪中的“其他恶劣情节”的加重处罚情形，这样更加符合罪刑相适应原则。

最后，强制猥亵后造成的伤害既可能是身体的伤害，也可能是精神伤害，如精神失常、自杀等严重的危害后果。如只按照五年及以下来进行量刑，对引起他人精神失常、自杀的严重后果无法处罚，无法体现罪责刑相适应。故而本案邱某某在连续多次对未成年受害人徐某某实施强制猥亵行为后，通过威胁受害人进行裸聊实施“隔空猥亵”行为并私自录制视频，将该视频及隐私照片等影像资料在人数众多的社交群内传播，对未成年人身心伤害很大，甚至造成难以恢复的伤害。受害人在家人的帮助下报警后，出现严重精神伤害，多次产生轻生念头，应当认定为具有强制猥亵犯罪中的“其他恶劣情节”。

为依法惩治性侵害未成年人犯罪，保护未成年人合法权益，本案综合考量“隔空猥亵”行为对被害人身心伤害大小、传播行为对普通公民性的羞耻心冒犯程度大小以及行为人的主观恶性、人身危险性大小等情节因素，在法律的框架内，将法律的专业判断与民众朴素认知融合起来，兼顾国法、天理与人情，依法从严惩处性侵未成年人犯罪，充分体现了人民法院对未成年人的最优保护。

编写人：江西省宜春市靖安县人民法院　徐帆　黄四青　吴文文

23

关于侮辱罪构成要件的认定

——喻某某侮辱案

【案件基本信息】

1. 裁判书字号

湖北省武汉市中级人民法院（2022）鄂01刑终822号刑事判决书

2. 案由：侮辱罪

【基本案情】

自2020年4月以来，被告人喻某某在某网络平台上以用户名为“专打土家小木卖假土货”的账号，多次公然发布侮辱被害人牟某某的信息，包括但不限于“大龄老女人咧，是几婚呀”“死皮不要脸”“网络乞丐一家人”“二婚野狗”“忽悠粉丝大学毕业”“人面兽心”“戏精”等具有强烈侮辱色彩的词汇。被告人喻某某发布上述信息的展现量均超过一万次，且部分信息被转发、评论，使受众对牟某某的人格、名誉产生负面评价。被告人喻某某还将其在某网络平台上对被害人的侮辱事实在网络聊天中进一步传播。并在被害人提起刑事自诉后，被告人通过直播对自诉人进行侮辱。其行为情节严重。2020年7月22日，被害人牟某某在南京脑科医院被诊断为“抑郁状态”。

【案件焦点】

1. 喻某某侮辱罪的构成事实是否清楚、证据是否确实充分，其言论是否达到情节严重；2. 喻某某的行为是否需要以诽谤罪定罪量刑。

【法院裁判要旨】

湖北省武汉市洪山区人民法院经审理认为：被告人喻某某主观上具有贬低、损害他人人格、破坏他人名誉的故意，客观上公然实施了侮辱他人的行为，致上诉人牟某某的人格、名誉等受到严重损害，喻某某其多次所发布侮辱牟某某的人格信息，每条信息均被点击、浏览五千次以上，属于情节严重。上诉人喻某某的行为符合侮辱罪的构成要件。喻某某发布的信息即使为捏造的，亦属于以捏造的信息侮辱他人，不宜对喻某某以侮辱罪和诽谤罪数罪并罚。

湖北省武汉市洪山区人民法院依照《中华人民共和国刑法》第二百四十六条之规定，判决如下：

一、被告人喻某某犯侮辱罪，判处有期徒刑九个月；

二、驳回自诉人牟某某的其他诉讼请求。

自诉人喻某某不服，提出上诉。自诉人牟某某不服，提出上诉。湖北省武汉市中级人民法院经审理认为：二审经审理查明的事实与原审判决认定的事实一致，认定上述事实的证据均经一审庭审举证、质证，并经二审核实属实，对原审认定的事实及所列证据予以确认，审判程序合法。上诉人牟某某提供的证据不能证实喻某某所述事实为捏造事实，并不满足诽谤罪的构成要件。即便系虚假的事实，以侮辱罪追究喻某某的刑事责任也足以对其行为进行全面评价，不以诽谤罪定罪量刑。依照《中华人民共和国刑事诉讼法》第二百三十六条第一款第一项的规定，裁定如下：

驳回上诉，维持原判。

【法官后语】

侮辱罪，是指以暴力或者其他方法公然侮辱他人，情节严重的行为，其客观方面主要表现为以暴力或其他方法公然贬损他人人格、破坏他人声誉，情节严重的行为。必须达到“情节严重”的程度，才构成犯罪，予以立案追究。所谓“其他方法”是指以语言、文字等暴力以外的方法侮辱他人，语言侮辱如当众用恶毒刻薄的语言对被害人进行嘲笑、辱骂，使其当众出丑，散布被害人的生活隐私、生理缺陷等，文字侮辱如贴传单、漫画、书刊或者其他公开的文字等方式诋毁他人人格、侮辱他人。诽谤罪，是指故意捏造并散布虚构的事实，足以贬损他人人格，实施破坏他人名誉，情节严重的行为。

侮辱罪可通过暴力手段实施；诽谤罪只能以非暴力手段实施。侮辱罪的内容可真可假、可具体可抽象；诽谤罪的内容必须是足以使人相信的、虚假的事实。诽谤罪的要点是要故意捏造并散布虚构的事实，足以贬损他人人格，破坏他人名誉。而侮辱罪的要点是要使用暴力或者以其他方法，公然贬损他人人格，破坏他人名誉。

本案中，被告人喻某某以贬低、损害他人人格、破坏他人名誉的故意，在互联网上故意捏造并公然散布虚构的事实，致上诉人牟某某的人格、名誉等受到严重损害，达到“情节严重”的程度。被告人喻某某所传播的信息大都查证为虚构，且无论其所传播信息的真伪，喻某某都以一个犯罪故意，只实施了一个犯罪行为，亦属于以捏造的信息侮辱他人，不宜对喻某某以侮辱罪和诽谤罪数罪并罚。

关于网络侮辱罪的举证要求和对情节严重的认定是本案的焦点。被告人喻某某在网络上通过其注册账户多次发布对自诉人牟某某的侮辱信息，每条信息均被点击、浏览五千次以上。通过具有强烈侮辱色彩的词汇和使受众对自诉人的人格、名誉产生负面评价的关于其私生活的描述。被害人并在南京脑科医院被诊断为“抑郁状态”。喻某某的侮辱、诽谤行为恶劣，造成严重后果，已构成情节严重。

网络不是法外之地，每位网民应当尊重权利应有的法律界限，网民的言行不能侵犯他人的合法权益。

编写人：湖北省武汉市洪山区人民法院　张雅文

（七）猥亵儿童罪

24

猥亵儿童犯罪中被告人拒不认罪时如何认定犯罪成立

——梁某某猥亵儿童案

【案件基本信息】

1. 裁判书字号

广西壮族自治区高级人民法院（2021）桂刑再6号刑事判决书

2. 案由：猥亵儿童罪

【基本案情】

2014年9月至2020年5月，被告人梁某某利用其担任某小学××班数学教师及班主任的身份，在其所任课的教室或其办公室内，以辅导学生写作业和帮助学生纠正坐姿等为名，采用摸拍胸部、摸拍臀部、抠摸下体等方式多次对女学生覃某某、周某甲、周某乙、黄某某、邓某、陈某某（案发时均不满12周岁）实施猥亵。

另查明，被告人梁某某于2020年5月12日被传唤到案，次日被刑事拘留，羁押时间应从2020年5月12日计起。

【案件焦点】

在被告人拒不认罪的情况下如何认定猥亵儿童的事实成立，是否应对其加重刑罚并适用从业禁止。

【法院裁判要旨】

广西壮族自治区梧州市长洲区人民法院经审理认为：被告人梁某某身为人民教师，负有教书育人的职责，但其为了满足个人的欲望，多次在校园内对多名不满十二周岁的幼女实施猥亵，其行为已触犯刑律，构成猥亵儿童罪。公诉机关指控的罪名成立。被告人梁某某多次在校园公共场所对多名不满十二周岁的幼女当众猥亵，严重危害了未成年人的身心健康，造成其中一个被害人欲自杀的后果，情节十分恶劣，给社会带来严重的危害，依法应当从重处罚；被告人在公共场所当众猥亵儿童或情节恶劣，本案应在有期徒刑五年以上量刑。被告人拒不认罪，酌情从重处罚。

广西壮族自治区梧州市长洲区人民法院依照《中华人民共和国刑法》第二百三十七条作出如下判决：

被告人梁某某犯猥亵儿童罪，判处有期徒刑七年。

上诉人梁某某上诉称：原判认定事实不清，证据不足，其没有猥亵儿童。

广西壮族自治区梧州市中级人民法院经审理认为：本案系因梁某某猥亵行为导致一名被害人欲自杀而案发，案发后各被害人陈述内容稳定自然，梁某某猥亵次数多、时间跨度长，被害人年龄小，前后陈述有些细节上的差异和模糊符合被害人的记忆特征。经查实被告人的供述与被害人陈述、证人证言及QQ聊天记录等证据相互印证，足以形成闭合证据链条，充分证实梁某某所实施的上述犯罪行为构成猥亵儿童罪。原判认定事实清楚，证据确实、充分，定罪准确，适用法律正确，量刑适当，审判程序合法，依法应当予以维持。上诉人梁某某的上诉理由不成立，依法予以驳回。

广西壮族自治区梧州市中级人民法院依照《中华人民共和国刑事诉讼法》第二百三十六条第一款第一项的规定，作出如下裁定：

驳回上诉，维持原判。

广西壮族自治区人民检察院认为原判量刑畸轻，提出抗诉。

广西壮族自治区高级人民法院经审理认为：梁某某利用其教师身份，公然对其所任教班级的多名学生多次实施猥亵，猥亵时间长达数年，导致一名被害人欲自杀、多名学生出现恐惧厌学心理的严重后果、社会影响十分恶劣，且其拒不认罪，毫无认罪悔罪态度，依法应当从严从重惩处。根据本案具体情节，应当判处梁某某十年有期徒刑以上刑罚，并依法适用从业禁止。原审裁判认定梁某某犯猥亵儿童罪的事实清楚，证据确实、充分，定罪准确，审判程序合法。唯适用法律错误，量刑畸轻，未对梁某某适用从业禁止不当，予以纠正。广西壮族自治区人民检察院的抗诉意见成立，予以采纳。原审被告人梁某某的意见不能成立，不予采纳。

广西壮族自治区高级人民法院依照《中华人民共和国刑法》第二百三十七条、第五十六条、第六十一条、六十二条、第三十七条之一，《中华人民共和国刑事诉讼法》第二百五十六条、第二百三十六条第一款第二项的规定，经本院审判委员会讨论决定，作出如下判决：

一、撤销广西壮族自治区梧州市中级人民法院（2020）桂04刑终195号刑事裁定和广西壮族自治区梧州市长洲区人民法院（2020）桂0405刑初155号刑事判决；

二、原审被告人梁某某犯猥亵儿童罪，判处有期徒刑十年，剥夺政治权利二年；

三、禁止原审被告人梁某某自刑罚执行完毕之日起三年内从事与未成年人教育教学相关的工作。

【法官后语】

本案是一起性质恶劣的性侵害未成年人犯罪，被告人利用教师身份对其所任教班级的多名学生多次实施猥亵，再审的关键是在被告人拒不认罪的情况下如何认定其猥亵儿童的事实成立，是否应对其加重刑罚并适用从业禁止。

性侵害未成年人犯罪有其特殊性，特别是猥亵儿童案件，在案证据通常仅有未成年被害人陈述和被告人供述，作案手段隐蔽，一般没有直接物证可供收集；并且被告人大多拒不认罪或翻供，此时不可避免会出现言词证据“一对一”的情况，此时如何采信未成年人证言、查明案件事实是审理此类案件的焦点问题。本案被告人及其辩护人一直否认其猥亵儿童的事实存在，质疑被害人陈述的真实性、合法性。针对被告人及其辩护人的意见，法院在审理过程中对未成年人言词证据的取证过程、证言内容、证明效力等面严格审查，综合全案证据认定梁某某猥亵儿童的事实成立，具体分析如下：

1. 本案未成年被害人陈述和证人证言清晰稳定、取证程序合法，可以作为定案证据

《中华人民共和国刑事诉讼法》第六十二条规定，生理上、精神上有缺陷或者年幼，不能辨别是非、不能正确表达的人，不能作证人。《中华人民共和国刑事诉讼法》并未直接以年龄作为作证资格的分水岭，未成年人只要具备相应的认知、辨别和正确表达的能力，即具备作证或陈述的适格性。并且因未成年人的心智尚未完全成熟，其陈述可能会存在一定的差异性、模糊性，只要能够清晰地陈述事情的大致经过，将案件发生的时间、地点、加害人、猥亵方式等关键信息用自己的语言客观、稳定地表达出来，就应认定该陈述的真实性、合法性，可作为证据采信。实践中，应充分考虑未成年被害人身心发育尚未成熟、易受伤害等特点，贯彻特殊、优先保护原则，在询问未成年被害人时，考虑其身心特点，采取和缓的方式进行。在询问程序上，通知未成年人的法定代理人或其他成年亲属到场；在询问方式上，不能采取诱导性发问，并且以一次询问、全面询问为原则，尽可能避免反复询问对未成年人造成的伤害。

本案中，被告人梁某某在六年间对其班级学生多次实施猥亵，次数多、时间跨度长、行为隐蔽，导致本案证据存在易变性和不易固定的特点，在案证据以未成年被害人陈述、证人证言等言词证据为主。经审查，本案未成年人言词证据内容稳定自然，取证过程合法，询问时通知其法定代理人或其他成年亲属到场，并将有关情况记录在案，在取证程序上符合《公安机关办理刑事案件程序规定》的要求。即使部分陈述前后有些细节上的差异和模糊也符合未成年被害人的记忆特征。被告人的辩解没有证据支持，被害人陈述、证人证言及网络聊天记录等在案证据能够相互印证，形成闭合证据链条，排除合理怀疑，足以证实梁某某所实施的上述犯罪行为构成猥亵儿童罪。

2. 被告人利用教师身份在校园内猥亵其所任教班级学生，造成严重后果

的，应当从重处罚，并对其适用从业禁止

《中华人民共和国刑法修正案（十一）》进一步补充了猥亵儿童罪加重情节的具体类型，本案被告人触犯多项加重情节，包括“猥亵儿童多人或者多次”“在公共场所当众猥亵儿童”“造成儿童伤害或者其他严重后果”等。对未成年人负有特殊职责的人员实施猥亵儿童犯罪的，更要依法从严惩处。梁某某利用其担任梧州市某小学数学教师及班主任的身份，在其所任课的教室或其办公室内，以辅导学生写作业等为名，采用搂抱身体，拍摸胸部、腰臀部和抠摸下体等方式对不满十二周岁的女学生实施猥亵，时间长达六年，贯穿被害学生小学阶段全过程，导致多名学生产生害怕、抑郁、屈辱等负面情绪，一名被害人欲自杀轻生，严重影响未成年人的身心健康，造成极为恶劣的社会影响，依法应对其从严从重惩处。

被告人提出其教师资格证已经被取消，终身不得从事教师职业，不应再对其适用从业禁止。经审查，梁某某虽丧失教师资格，但依然存在通过从事与教育相关职业，而产生再犯罪的可能性，无法达到预防再次犯罪的目的。根据《中华人民共和国刑法》第三十七条之一的规定，通过判处梁某某在一定期限内禁止从事与未成年人教育相关职业，限制职业外延，可以在职业广度上与《中华人民共和国教师法》的从业禁止起到互补的作用，达到预防再次犯罪的目的。

综上，本案系一起性质恶劣的猥亵儿童犯罪，被告人梁某某利用教师身份长期猥亵所任教班级学生，严重侵害了未成年人的身心健康。法院通过再审，纠正原审量刑畸轻错误，并依法对被告人适用从业禁止。本案再审判决生效后，2022 年 11 月，最高人民法院、最高人民检察院、教育部发布《关于落实从业禁止制度的意见》，规定教职员工实施性侵害等犯罪的，法院应当判决禁止其从事密切接触未成年人的工作，即终身不得从事密切接触未成年人的工作。该意见对于准确适用从业禁止制度，依法惩治教职员工实施侵害未成年人权益犯罪，提供了更为细致的规范指引。越来越多的司法裁判对实施侵害未成年人犯罪的被告人适用从业禁止，体现了人民法院对性侵害未成年人犯罪的“零容忍”态度，切实为保护未成年人权益、建设平安清朗校园提供强有力的司法服务保障。

编写人：广西壮族自治区高级人民法院 吴敏滔 赖奕曲

25

在学校教室阳台实施猥亵行为属于在公共场所当众猥亵

——张某猥亵儿童案

【案件基本信息】

1. 裁判书字号

广西壮族自治区柳州市中级人民法院（2022）桂02刑终274号刑事裁定书

2. 案由：猥亵儿童罪

【基本案情】

被告人张某系某小学教师，被害人余某某（时年十二周岁）系该校六年级学生，张某担任余某某所在班级数学老师兼体育老师。2022年3月1日下午，张某上完第一节数学课后留在教室。第二节体育课自由活动期间，张某、余某某、吴某某三人在教室阳台休息。待吴某某进入教室后，张某从背后搂抱并抚摸余某某胸部，余某某反抗。吴某某从教室内透过窗户看见张某猥亵余某某。后韦某某、韦某1从外进入教室，韦某某亦看见张某猥亵余某某。韦某某打开教室与阳台连接的门后余某某进入教室。放学回家后余某某将事情告诉父母，其父母拨打电话报警。次日13时许，被告人张某被公安机关抓获归案。

【案件焦点】

1. 未成年人的陈述、证言证明力的问题；2. 张某的行为是否构成猥亵儿童罪；3. 张某在教室阳台猥亵被害人是否属于在公共场所当众猥亵儿童。

【法院裁判要旨】

广西壮族自治区柳州市鱼峰区人民法院经审理认为：被告人张某在公共场所当众猥亵儿童，情节恶劣，其行为构成猥亵儿童罪。张某系被害人余某某的任课老师，在教学期间对未成年被害人实施猥亵，酌情从重处罚。据此，作出如下判决：

被告人张某犯猥亵儿童罪，判处有期徒刑七年。

张某提出上诉，理由是其没有摸被害人胸部，证人证言相互矛盾，其没有实施猥亵儿童的行为，不构成犯罪。广西壮族自治区柳州市中级人民法院经审理认为：对上诉人张某定罪准确，适用法律正确，量刑适当，依法应予维持。张某在公共场所当众猥亵儿童，情节恶劣，其行为构成猥亵儿童罪。张某作为对未成年人负有教育职责的特殊人员，在教学期间猥亵未成年被害人，应当从重处罚。张某及其辩护人提出行为不构成猥亵儿童罪及不符合在公共场所当众猥亵儿童的意见与查明事实、证据和法律规定不符，不予采纳。据此，裁定：

驳回上诉，维持原判。

【法官后语】

本案争议的焦点在于被害人、证人均是小学生，被害人的陈述以及证人证言对于案发经过的叙述并不完全一致，在此情况下如何认定张某的行为是否构成猥亵儿童罪。以及本案发生时间是在体育课上课期间，学生们未在教室，张某在教室阳台猥亵被害人是否属于在公共场所当众猥亵儿童。

一、未成年人的陈述、证言证明力问题

由于未成年人对事物的认知、辨识能力及表达能力等方面存在一定的局限性，在对案情进行陈述时不能按照成年人思维方式进行完整的表述。在此情况下，可以从各未成年人证言进行综合判断，虽然对于整个案件经过陈述有不同之处，但对于犯罪构成要件的主要犯罪事实陈述一致的，那么能够采信其证言。

本案中，虽然被害人余某某的陈述，证人吴某某、韦某某、韦某1的证言对整个事情经过描述不完全一致，但对于张某从背后搂住并抚摸余某某胸部的基本事实陈述一致，几人均系小学六年级学生，对事物的认知水平和表达能力有限，故对于事情表述存在差异，但几人的笔录均是在其父母或者其他合适成年人在场的情况下所做，证据收集程序合法，证言真实性可以确认。

二、张某的行为构成猥亵儿童罪

1. 证人证言与被害人陈述相互吻合

综合本案的证据，被害人余某某的陈述，证人吴某某、韦某某的证言证实，被告人张某在教室阳台用手搂抱并抚摸余某某胸部，证人韦某1的证言亦证实张某和余某某在教室阳台手臂挨着手臂，证人潘某燕、余某光证言证实，放学回家后余某某哭着告诉他们自己在学校被张某摸了胸部，随后余某光拨打电话报警，本案报案及时，证据之间能够相互印证，证实张某实施了猥亵行为。

2. 被害人与被告人之间不存在诬告、陷害可能性

被告人张某与被害人余某某、证人吴某某、韦某某、韦某1、潘某燕、余某光均证实，双方不存在经济往来和矛盾纠纷，因此可以排除诬告、陷害的可能。

3. 被告人的辩解缺乏证据支撑

被告人张某辩解称只是在被害人余某某的挑衅下搂住余某某小腹的位置将其抱起，并没有以刺激或满足性欲为目的实施猥亵行为。本案中，张某作为一名人民教师，应当与学生之间保持适当的安全距离，但其却对自己的学生实施搂抱行为，其辩解是在余某某的挑衅下实施的，该辩解理由完全不符合常理，也不符合正常师生关系的合理距离，因此，张某的辩解不能成立。综上，张某的行为构成猥亵儿童罪。

三、张某的行为是否属于在公共场所当众猥亵儿童

在校园、游泳馆、儿童游乐场等公共场所对未成年人实施强奸、猥亵犯罪，只要有其他多人在场，不论在场人员是否实际看到，均可以依照《中华人民共和国刑法》第二百三十六条第三款、第二百三十七条的规定，认定为在公共场所当众强奸妇女，强制猥亵、侮辱妇女，猥亵儿童。场所是否具有“涉众性”，

行为是否具有“当众性”是认定的关键。

具体到本案中，教室是供老师教学、学生学习的专门场所，一定时期内使用教室的学生范围相对固定，但学校教室并非私人场所，而是供多数学生使用，具有相对的“涉众性”的公共场所。本案中，案发地点位于教室阳台内，教室前后有两扇铁门通向阳台，案发时系体育课自由活动期间，任何学生可以随时回到教室进入阳台，随时可能发现、可以发现张某对被害人实施猥亵行为。张某猥亵余某某时吴某某、韦某某、韦某1均在场，且吴某某、韦某某看见了张某猥亵余某某的过程。符合“在公共场所当众实施猥亵”的认定条件，张某系在公众场所当众猥亵儿童。

编写人：广西壮族自治区柳州市鱼峰区人民法院　杨青丹

26

负有特殊职责人员采取暴力、胁迫等强制手段，多次奸淫幼女的行为应认定为“情节恶劣”

——黄某猥亵儿童、强奸案

【案件基本信息】

1. 裁判书字号

广西壮族自治区来宾市兴宾区人民法院（2022）桂1302刑初179号刑事判决书

2. 案由：猥亵儿童罪、强奸罪

【基本案情】

被告人黄某与被害人韦某某系继父女关系。2021年4月，黄某利用其监护、教养关系，以暴力、威胁、引诱等手段，强行要求被害人韦某某（女，

2007 年 11 月 10 日出生）与其一起观看淫秽视频，并用手摸弄韦某某的胸部、阴部。2021 年 6 月至 2021 年 11 月 6 日，黄某以相同的手段，分别在某镇某桥附近的一处树林、某村家中以及某旅馆一房间内，先后多次强行与韦某某发生性关系。

黄某归案后如实供述了其猥亵、强奸被害人的主要犯罪事实，但否认其与被害人发生性关系时使用暴力手段及强行要求被害人与其共同观看淫秽视频。

【案件焦点】

负有特殊职责的人员采取暴力、胁迫等强制手段多次奸淫不满十四周岁的幼女能否认定为“情节恶劣”。

【法院裁判要旨】

广西壮族自治区来宾市兴宾区人民法院经审理认为：被告人黄某为满足性欲，利用监护、教养关系先后多次强行与不满十四周岁的幼女发生性关系，情节恶劣，其行为构成强奸罪。为满足性刺激，黄某利用监护、教养关系强迫未满十四周岁的幼女观看淫秽视频，并摸弄被害人的阴部、胸部，情节恶劣，其行为构成猥亵儿童罪。黄某一人犯数罪，应数罪并罚。黄某归案后如实供述自己的主要犯罪事实，依法可以从轻处罚。

广西壮族自治区来宾市兴宾区人民法院依照《中华人民共和国刑法》第二百三十六条第三款第一项、第二百三十七条第三款第四项、第五十五条、第五十六条、第六十七条第三款、第六十九条，作出如下判决：

一、被告人黄某犯强奸罪，判处有期徒刑十一年，剥夺政治权利三年；犯猥亵儿童罪，判处有期徒刑五年；数罪并罚，决定执行有期徒刑十五年，剥夺政治权利三年；

二、扣押在案的手机，由公安机关予以没收，作物证保存。

一审宣判后，黄某未上诉，检察院未抗诉，该案已经生效。

【法官后语】

本案是一起由继父性侵继女引发的涉家庭伦理刑事案件。案件中，被告人黄某与被害人韦某某为共同生活的继父女关系，对被害人负有监护、教育的特殊职责，但其却先后多次对被害人实施奸淫，强迫未满十四周岁的幼女观看淫秽视频，并摸弄被害人的阴部、胸部。被告人黄某的行为已构成强奸罪、猥亵儿童罪，对于定罪问题，各方对此并无争议。

本案的争议焦点在于作为法定刑升格条件的“情节恶劣”的认定，即负有特殊职责的人员采取暴力、胁迫等特别手段多次奸淫不满十四周岁的幼女能否认定为“情节恶劣”的问题。综合本案证据，笔者认为，在强奸案件中，作为法定刑升格条件的“情节恶劣”不能刻板地对照法律条文进行判断，还要综合案件中的主客观情节及法益侵害程度加以认定，在行为人的主观恶性和其实施行为的社会危害性达到与《中华人民共和国刑法》第二百六十三条第三款第二项至第五项规定的情形程度相当时应认定为“情节恶劣”，故负有特殊职责的人员采取暴力、胁迫等强制手段多次奸淫不满十四周岁的幼女应认定为“情节恶劣”。主要理由如下：

1. 首先从分析立法本意出发。强奸罪归在《中华人民共和国刑法》分则第四章的侵犯公民人身权利、民主权利罪中，其所保护的法益对象是公民的人身权利中的性权利，而奸淫幼女型强奸罪中侧重体现保护的是幼女的性权利。《中华人民共和国刑法》第二百三十六条第三款规定，有下列情形之一的，处十年以上有期徒刑、无期徒刑或者死刑：（1）强奸妇女、奸淫幼女情节恶劣的；（2）强奸妇女、奸淫幼女多人的；（3）在公共场所当众强奸妇女、奸淫幼女的；（4）二人以上轮奸的；（5）奸淫不满十周岁的幼女或者造成幼女伤害的；（6）致使被害人重伤、死亡或者造成其他严重后果的。从该规定中可以看出立法者在强奸罪中设立结果加重犯的目的在于以此预防产生法益侵害高度的危险，根据《中华人民共和国刑法》第二百三十六条第三款第二项至第六项的规定，若行为人实施的犯罪行为社会危害性与该条第三款的规定情形相当，则应认定为“情节恶劣”。具体到本案中，被告人黄某基于重组家庭原因在其中扮演继父一角，与被害人在一起共同生活，双方形成事实上的抚养教育关系，对被害人负有监护、教育的职责，但其却利用特殊身份的便利对被害人多次实施奸淫行为并加以威胁，令被害人基于其继父身份或对于长辈的忌惮心理，形成心理强制而不敢告诉家人。黄某犯罪动机卑劣、主观恶性大，严重挑战社会伦理道德底线，犯罪行为的危害性与《中华人民共和国刑法》第二百三十六条第三款第二项至第六项规定的情形相当，社会危害性更大，手段更为恶劣，据此应认定符合奸淫幼女“情节恶劣”的规定，依法应属于法定刑升格量刑情节。

2. 基于强奸罪的犯罪构成分析。强奸罪，是指违背妇女的意志，以暴力、胁迫或者其他手段强行与妇女发生性关系的行为。强奸罪分为普通强奸及奸淫幼女，其中奸淫幼女属于强奸罪的特殊类型。《中华人民共和国刑法》第二百三十六条第二款规定，奸淫不满十四周岁的幼女的，以强奸论，从重处罚。显然，奸淫幼女作为强奸犯罪的特殊类型，其基本构成为：行为对象为不满十四周岁的幼女，不论行为人使用了何种手段，是否取得幼女同意，只要行为人与幼女发生了性关系，行为人即构成强奸罪；主观方面行为人具有奸淫幼女的故意，即要求行为人认识到行为对象的年龄可能不满十四周岁以及自身实施奸淫行为的危害性。回到本案中，被告人黄某与被害人母亲于2017年8月1日登记结婚，婚后被害人与二人共同居住直至案发，也就是说黄某主观上是明知被害人的实际年龄且为幼女。在此种情况下，其仍利用其特殊身份，采取暴力、胁迫等强制手段对被害人实施奸淫，其行为构成强奸罪，应从重处罚。

3. 什么是“相当”？《中华人民共和国刑法》第二百三十六条第三款第一项规定中的“情节恶劣”是一个概括性、兜底性条款，且没有立法解释或司法解释对其内涵进行明确界定，针对司法实践中如何认定行为人实施犯罪行为的社会危害性与该条款后五项规定的情形严重性相当，充分体现罪责刑相适应原则，笔者认为要从以下四个方面进行综合认定：（1）特别犯罪主体。行为人具有的特殊身份往往使被害人对侵害行为无法反抗或难以反抗。本案中，被告人系被害人继父，被害人陈述被告人多次强行与其发生性关系，且威胁其不能告诉他人，否则用刀捅死其，从低龄幼女对父辈等特殊身份的人具有畏惧心理的角度考虑，在这种不平等的身份关系之下，结合幼女的认知能力，可以推定幼女缺乏反抗的心理基础。(2) 特殊作案手段。行为人在实施奸淫的过程中用手机拍摄与被害人发生性关系的视频，其行为使被害人产生恐慌心理，给被害人造成身心创伤。(3) 作案次数和行为持续时间。长期、多次对同一人进行奸淫，在量刑时要根据强奸次数、间断情况、持续时间综合考虑评价，才能体现罪责刑相适应。(4) 危害后果。对于奸淫幼女型的强奸，尤其是负有特殊职责的人员实施的奸淫行为，由于在该时期被害人身体处于发育初期，对性行为完全没有认知，却被身边长辈长期且多次奸淫，该行为严重摧残幼女身心健康，影响极其恶劣，社会危害性大。

综上，本案被告人作为继父，与被害人共同生活，对被害人形成事实上的抚养、教育关系，却长期、多次对继女实施奸淫，严重挑战社会伦理道德底线，社会危害性大，影响恶劣，其行为与《中华人民共和国刑法》第二百三十六条第三款所列的第二项至第六项规定的加重情节的危害程度相当，应当认定为奸淫幼女情节恶劣。

编写人：广西壮族自治区来宾市兴宾区人民法院　韦柳

27

公共场所当众猥亵的认定及从业禁止的适用

——韦某强奸、猥亵儿童案

【案件基本信息】

1. 裁判书字号

广西壮族自治区来宾市中级人民法院（2022）桂13刑终184号刑事判决书

2. 案由：强奸罪、猥亵儿童罪

【基本案情】

一、强奸事实

被告人韦某系某中学的老师，是该学校物理实验员和物理仪器管理员。被害人韦某甲（2008年2月24日出生）系2020级的学生，韦某在校负责韦某甲等班级的物理实验课。2021年5月至2022年3月，韦某以金钱为诱惑与韦某甲发生性关系四次。具体事实如下：

1. 2021年5月的一天下午，被告人韦某开车将韦某甲带至某公路旁，在车上与韦某甲发生性关系一次。

2. 2021年9月的一天17时许，被告人韦某开车将韦某甲带至某沙场，在车上与韦某甲发生性关系一次。

3. 2021年12月7日17时许，被告人韦某开车将韦某甲带至某沙场，在车上与韦某甲发生性关系一次。韦某通过应用程序转给韦某甲200元。

4. 2022年3月的一天17时许，被告人韦某开车将韦某甲带至某公路旁，在车上与韦某甲发生性关系一次。

二、猥亵事实

被害人罗某某（2008年5月1日出生）、韦某乙（2007年9月4日出生）、胡某某（2007年12月4日出生）三人自2020年8月开始就读于某中学，与被害人韦某甲系同班同学。2021年春季学期，被告人韦某多次向罗某某、韦某乙、胡某某发送色情图片和不雅信息，以及到该校物理实验器材室玩耍或整理东西为由对四被害人实施猥亵。具体事实如下：

1. 2021年春季学期的一天，被告人韦某让被害人韦某乙、胡某某、罗某某及同学陈某某到物理实验器材室玩耍，韦某趁机用双手从韦某乙背后搂住韦某乙腰部，韦某乙将韦某的手甩开后才得离开物理实验器材室。

2. 2021年春季学期的一天，被告人韦某以吃泡面为由将被害人罗某某、胡某某、韦某乙及同学陈某某叫到该校物理实验器材室，韦某趁机双手抱住胡某某的腰部，韦某乙看到后上前将韦某的双手拉开才得离开物理实验器材室。

3. 2021年春季学期的一天，被告人韦某以整理东西为由让被害人罗某某、胡某某、韦某乙及同学陈某某到物理实验器材室，韦某趁机用右手摸罗某某乳房，罗某某用手将韦某推开，陈某某上前亦推开韦某的手后罗某某才得离开。

4. 2022 年 1 月的一天 17 时许，被告人韦某在学校物理实验器材室用手搂抱被害人韦某甲的腰部，并摸韦某甲的肚子和乳房一次。

【案件焦点】

1. 校园内的物理实验器材室是否属于公共场所，被告人韦某的行为是否属于在公共场所当众猥亵；2. 从业禁止规定的适用。

【法院裁判要旨】

广西壮族自治区来宾市忻城县人民法院经审理认为：公共场所系社会上多数人从事工作、学习、文化、娱乐、体育、社交、参观、旅游和满足部分生活需求的一切公用建筑物、场所及设施的总称，具备有多数人随意进出、使用的特征。具体到本案，证人樊某某、蓝某某、韦某某等均证实，物理实验器材室平时不使用时均锁上，除非物理老师需要时才拿钥匙去开门，说明物理实验器材室并非多数人随意进出、使用的场所。故对公诉机关指控韦某在公共场所当众猥亵的事实不予认定。

被告人韦某奸淫不满十四周岁的幼女，又以满足性欲为目的对多名儿童实施猥亵，其行为已构成强奸罪和猥亵儿童罪。但公诉机关指控韦某在某中学物理实验室和器材室、某广场附近道路以及在 2020 年秋季学期对韦某甲多次实施奸淫、猥亵，仅有被害人的陈述，没有其他证据予以佐证，不予认定。韦某身为人民教师，理应爱岗敬业、关爱学生，践行社会主义核心价值观，但其却无视国法及伦理道德，利用与被害人的师生从属关系和便利条件，多次对留守的幼女实施奸淫，情节恶劣，依法应处十年以上有期徒刑、无期徒刑或者死刑；韦某对多名儿童实施猥亵，依法应处五年以上有期徒刑。韦某一人犯数罪，应当数罪并罚。

广西壮族自治区来宾市忻城县人民法院依照《中华人民共和国刑法》第二百三十六条、第二百三十七第三款第一项、第六十九条第一款之规定，作出如下判决：

被告人韦某犯强奸罪，判处有期徒刑十年；犯猥亵儿童罪，判处有期徒刑五年；合并刑期有期徒刑十五年，决定执行有期徒刑十三年。

广西壮族自治区来宾市忻城县人民检察院抗诉认为：（1）原判认定猥亵案发地点物理实验器材室不是公共场所属认定错误；（2）未对韦某判决从业禁止与其犯罪情节恶劣程度不符。

广西壮族自治区来宾市人民检察院支持抗诉认为：（1）原判认定韦某利用老师身份及金钱四次诱奸被害人韦某甲及利用管理物理器材实验室的便利对四名被害人进行猥亵的事实清楚，证据确实充分，程序合法，量刑适当，韦某的上诉理由不能成立。（2）忻城县人民检察院第一项抗诉意见不成立，第二项抗诉意见成立：原判没有考虑到韦某系利用忻城县某中学教师的特殊身份针对未成年学生实施犯罪，其服刑完毕回归社会后有再犯可能，没有宣告禁止韦某从事密切接触未成年的工作不当。根据《中华人民共和国刑法》第三十七条之一及《最高人民法院、最高人民检察院、教育部关于落实从业禁止制度的意见》，应宣告禁止韦某从事密切接触未成年工作。

韦某上诉提出：（1）原判认定韦某强奸韦某甲4次错误，二人仅发生关系1次，该次韦某甲已年满十四周岁，二人的聊天记录、网上转账等不能证实存在强奸事实，认定韦某构成强奸罪缺乏证据支持。（2）认定猥亵罗某某、韦某乙、胡某某、韦某甲证据不足，韦某主观上没有猥亵的故意，且事出有因，原判认定猥亵事实不清、时间不清。辩护人还提出韦某无罪不应被宣告从业禁止。综上，请求二审法院改判无罪。

广西壮族自治区来宾市中级人民法院经审理认为：（1）原判认定韦某利用金钱为诱惑强奸韦某甲四次的犯罪事实，有书证、证人证言等证据证实，与被害人韦某甲的陈述能够相互印证，各证据之间已形成完整证据链，足以认定。（2）韦某猥亵罗某某、韦某乙、胡某某的事实，有被害人罗某某、韦某乙、胡某某的陈述、证人证言等证据证实，三名被害人被猥亵时均有旁人在场看见，陈述和证言能够相互印证，足以认定；韦某猥亵韦某甲的事实，韦某的供述与被害人的陈述能够相互印证，足以认定。（3）评价教师队伍素质的第一标准是师风师德，对于侵害学生的行为必须“零容忍”。本案上诉人韦某利用教师职业的便利，不顾师风师德强奸、猥亵多名在校学生，犯罪性质恶劣，给社会、未成年人造成极其恶劣的影响。根据《中华人民共和国刑法》第三十七条之一第三款规定：“其他法律、行政法规对其从事相关职业另有禁止或者限制性规定的，从其规定。”《最高人民法院、最高人民检察院、教育部关于落实从业禁止制度的意见》第三条第一款规定：“教职工实施性侵害、虐待、拐卖、暴力伤害等犯罪的，人民法院应当依照《中华人民共和国未成年人保护法》第六十二条的规定，判决禁止其从事密切接触未成年人的工作。”虽原判判决前该意见未施行，但本案现已处于意见施行的抗诉、上诉阶段，因该意见是对已有法律规定的贯彻落实，结合到本案实际，韦某再犯可能性较大，综合考虑从业禁止制度的性质、最有利于未成年人原则的要求，为未成年人健康成长提供平安清朗的校园环境，需对韦某判决从业禁止。原判未判决从业禁止不当，应予纠正。

韦某奸淫不满十四周岁的幼女，又以满足性欲为目的对多名儿童实施猥亵，其行为已构成强奸罪和猥亵儿童罪。韦某利用教师身份强奸留守女童，情节恶劣，依法应处十年以上有期徒刑、无期徒刑或者死刑；韦某对多名儿童实施猥亵，依法应处五年以上有期徒刑。韦某一人犯数罪，应当数罪并罚。韦某利用职业便利，实施违背教育职业所要求的特定义务的犯罪行为，严重侵犯了未成年人的身心健康，为防范韦某再犯风险，需对其判决从业禁止。综上，原判认定事实清楚，证据确实、充分，量刑适当，审判程序合法，部分适用法律错误。

广西壮族自治区来宾市中级人民法院依照《中华人民共和国刑法》第二百三十六条第二款及第三款第一项、第二百三十七第三款第一项、第六十九条第一款、第三十七条之一第三款，《中华人民共和国未成年人保护法》第六十二条，《中华人民共和国刑事诉讼法》第二百三十六条第一款第一项及第二项、第二百三十七条第二款，《最高人民法院关于适用〈中华人民共和国刑事诉讼法〉的解释》第四百零一条第二款之规定，作出如下判决：

一、维持忻城县人民法院（2022）桂1322刑初159号刑事判决第一项，即被告人韦某犯强奸罪，判处有期徒刑十年；犯猥亵儿童罪，判处有期徒刑五年；合并刑期有期徒刑十五年，决定执行有期徒刑十三年；

二、禁止上诉人（原审被告人）韦某从事密切接触未成年人的工作。

【法官后语】

一、公共场所当众猥亵的认定

（一）何为“公共场所”

《中华人民共和国刑法》（以下简称《刑法》）中规定了聚众扰乱公共场所秩序罪，其中列举了一部分典型的公共场所的范围，即车站、码头、民用航空站、商场、公园、影剧院、展览会、运动场等场所。公共场所是指公众可以去的地方或对公众开放的地方；公众则是指社会上大多数的人或大众。那么，什么是公共场所的本质特征呢？结合《刑法》的描述，公共场所就是指供社会上大多数人从事工作、购物、学习、文化、娱乐、体育、社交、参观、旅游和部分生活需求的一切公用建筑物、场所及其设施的总称。

公共场所具有一定的特征，即空间的开放性和共享性，人们可以自由出入、停留、使用该场所，不受特定人控制或者限制；人员的不特定性和高流动性，其面向的是不特定多数人；在公共场所内进行活动不具有私密性和隐蔽性，具有为不特定众人发现的现实性和可能性。

具体到本案，本案猥亵儿童的案发地点均为学校的物理实验器材室。笔者在上文中总结了公共场所的特征，应当具备一定的开放性和共享性、人员不特定性和高流动性、不具有私密性和隐蔽性等特征。经查，该学校的物理实验器材室只有在教学需要时才会打开，不使用时均会锁上，并非多数人可以随意进出、使用的场所，具有一定的私密性和隐蔽性。且该实验器材室为存放实验器材所用，一般情况下除了老师因教学需求进入，其他人不会进入，不属于对外公开场所，平时只有在做物理实验时会用上，使用频率不高，人员的流动性也不高。故具体到本案该场所不能认定为公共场所。

（二）何为“当众”

笔者认为其他受害人也属于“其他多人”,《刑法》之所以对“在公共场所当众猥亵”的行为加重处罚，是因为该行为对被害人的性自主权和羞耻心伤害更大，对于社会良好风尚的危害更为严重，行为人的主观恶性也更大。那么无论是同是受害人的他人在场或是其他人在场，对当下被实施猥亵的被害人而言侮辱程度是一致的，并没有不同，因此笔者认为其他受害人在场也属于“其他多人”。

具体到本案，2021 年春季学期，被告人韦某先后三次让被害人韦某乙、胡某某、罗某某及同学陈某某到物理实验器材室玩耍，并在该实验器材室猥亵韦某乙、胡某某和罗某某。当时共同在该实验器材室内的还有陈某某。根据上述其他被害人也属于“其他多人”之列的结论，韦某在猥亵某乙、胡某某和罗某某时均有其他多人在场，其当众猥亵儿童可以认定。

（三）公共场所当众猥亵的认定

“在公共场所当众猥亵”必须同时具备“在公共场所”及“当众”两个条件。本案中韦某虽有当众猥亵的情节，但因案发地点——该校的物理实验器材室不对不特定的多数人开放，他人不能随意进出，具有一定的私密性和隐蔽性，不属于公共场所。因此不能对韦某以“在公共场所当众猥亵”加重处罚。

二、从业禁止规定的适用

为了防止犯罪人“重操旧业”、再次犯罪，2015 年，《中华人民共和国刑法修正案（九）》增加第三十七条之一，规定了从业禁止制度。为了强化对未成年人保护，2020 年修订的《中华人民共和国未成年人保护法》又新增了第六十二条，针对密切接触未成年人的工作规定了终身禁业制度，明确密切接触未成年人的单位招聘工作人员时，应当依法向有关机关查询应聘者是否具有性侵害、虐待、拐卖、暴力伤害等违法犯罪记录，发现其具有前述行为记录的，不得录用。同时明确，密切接触未成年人的单位应当每年定期对工作人员是否具有上述违法犯罪记录进行查询。通过查询或者其他方式发现其工作人员具有上述行为的，应当及时解聘。

为严格执行犯罪人员从业禁止制度，净化校园环境，保护未成年人，根据刑法、未成年人保护法、教师法等法律规定，结合执法司法实践反映的情况，《最高人民法院、最高人民检察院、教育部关于落实从业禁止制度的意见》规定，教职员工实施性侵害、虐待、拐卖、暴力伤害等犯罪的，人民法院应当依照《中华人民共和国未成年人保护法》第六十二条的规定，判决禁止其从事密切接触未成年人的工作。

教师的社会主义核心价值观要求教师应当忠诚教育、关爱学生、教书育人、为人师表、严谨治学。韦某身为人民教师，理应爱岗敬业、关爱学生，践行社会主义核心价值观，但其却无视国法及伦理道德，利用职业便利，实施违背教育职业所要求的特定义务的犯罪行为，多次对留守的幼女实施奸淫，严重侵犯了未成年人的身心健康，为防范韦某再犯风险，净化校园环境，保护未成年人，须对其判决从业禁止。

编写人：广西壮族自治区忻城县人民法院　劳莉雅

（八）非法拘禁罪

28

索债型非法拘禁罪与非法催收债务罪的定性与区分

——梁某某、叶某某非法拘禁案

【案件基本信息】

1. 裁判书字号

广西壮族自治区钦州市钦北区人民法院（2021）桂0703刑初198号刑事判决书

2. 案由：非法拘禁罪

【基本案情】

一、被告人梁某某、叶某某非法拘禁的事实

2015 年左右，被告人梁某某与被害人梁某合伙在某村开设赌场赌博，梁某因赌场出现亏损而欠梁某某赌债。梁某某为找梁某追回赌债，让人帮找梁某。2021 年 1 月 28 日 21 时许，梁某某得知梁某下落后就联系被告人叶某某和苏某某（另案处理）来帮忙。当叶某某、苏某某到了以后，梁某某就拿着一把砍刀伙同叶某某、苏某某一起驾驶苏某某的黑色小轿车去到某街找梁某。梁某某见到梁某后，立即抱住梁某，并同时呼叫叶某某、苏某某等帮忙抓梁某，叶某某、苏某某闻声上前帮助控制梁某，梁某某在前拉梁某上车，而叶某某、苏某某则在后推梁某进车里。当将梁某押进黑色小轿车后，梁某某、叶某某在车辆后排控制梁某，然后苏某某就负责将车开往平吉镇方向。

在车里，梁某某威胁梁某，扬言要打残梁某，并动手打了梁某，拿走了梁某身上的手表、车钥匙等物品。为防止梁某逃跑，梁某某让叶某某脱掉了梁某的长裤。由于担心被公安机关追踪，当车辆到某路段时，叶某某将梁某的手机丢放在路边，到了某炮竹厂附近的木厂时，梁某某等将梁某换押到黑色越野车。将梁某押到某糖厂附近的一无人居住的房子后，梁某某时不时持木棍殴打梁某，持剪钳威胁梁某，威逼梁某还钱。直至次日 2 时许，梁某某、叶某某、苏某某三人押梁某上黑色皇冠小轿车后，将梁某带到了梁某某位于某二手车交易市场某铺面二楼办公室。在办公室内，梁某某拿着自制的爆炸物威胁梁某，并拿木棍殴打梁某，苏某某担心梁某出事，自己要负更重的法律责任，就劝阻梁某某让梁某出去筹钱还债。当日 3 时许，苏某某、叶某某带梁某出去筹钱，梁某找到陆某某后，梁某让陆某某扫码 2000 元给叶某某，然后叶某某、苏某某就让梁某离开了。经司法鉴定中心对梁某某的伤情进行鉴定：梁某的损伤程度为轻微伤。

二、被告人梁某某非法制造爆炸物的事实

2020 年 9 月，梁某某出于好奇，加上自己在电影上看到一些爆炸装置，平时也购买有一些打火机充气瓶回来放在自己经营的某二手车交易市场某号铺面内，于是便想制作一个自制爆炸装置。梁某某先把七个装有燃气液的打火机充气瓶捆绑在一起，然后在充气瓶的瓶盖中打孔，再分别把红色、蓝色、白色的电线一端插入瓶孔中，盖回打火机充气瓶，最后用青线将打火机充气瓶捆绑在一起。2020年11月，梁某某因为在某村承包砍伐速生桉树，那里有鱼塘，梁某某就购买水炮来炸鱼，然后将剩下的8个水炮拿回放在车行。梁某某当时为了能把炸弹做得更加逼真，就把8个水炮用电工胶布绑在打火机充气瓶外，再用一个耳机线插在对讲机耳机孔，另一端的两条红、黑线分别插入两个打火机燃气瓶的瓶盖中。在梁某某等人非法拘禁梁某时，梁某某用该爆炸物威胁梁某，过后将该爆炸物放在一辆无牌的白色奔驰小轿车尾箱。2021年2月1日，公安民警在搜查时发现该爆炸物。经鉴定：该疑似爆炸装置具有爆炸功能和爆炸威力，是有效的自制简易爆炸装置。

【案件焦点】

被告人的行为应定性为索债型非法拘禁罪还是催收非法债务罪。

【法院裁判要旨】

广西壮族自治区钦州市钦北区人民法院经审理认为：被告人梁某某为索取非法债务，伙同叶某某非法剥夺他人人身自由，其行为已触犯《中华人民共和国刑法》第二百三十八条的规定，构成非法拘禁罪。被告人梁某某违反法律规定，私自制造爆炸物，其行为已触犯《中华人民共和国刑法》第一百二十五条的规定，构成非法制造爆炸物罪。公诉机关指控被告人梁某某犯非法制造爆炸物罪、非法拘禁罪，被告人叶某某犯非法拘禁罪成立。被告人梁某某一人犯数罪，应当数罪并罚。在非法拘禁共同犯罪中，被告人梁某某起主要作用，是主犯，应按其所参与的全部犯罪处罚；被告人叶某某起次要作用，是从犯，应当从轻或者减轻处罚。在非法拘禁过程中，被告人梁某某有殴打被害人的情节，依法应从重处罚。两被告人归案后，如实供述自己的犯罪事实，当庭自愿认罪认罚，依法可以从轻处罚。据此，判决如下：

一、被告人梁某某犯非法拘禁罪，判处有期徒刑一年；犯非法制造爆炸物罪，判处有期徒刑三年；合并刑期四年，决定执行有期徒刑三年六个月；

二、被告人叶某某犯非法拘禁罪，判处有期徒刑六个月。

一审判决后，被告未提起上诉，检察机关未提起抗诉，该判决已发生法律效力。

【法官后语】

本案的争议焦点在于被告人的行为应定性为索债型非法拘禁罪还是催收非法债务罪。

《中华人民共和国刑法》第二百三十八条规定："非法拘禁他人或者以其他方法非法剥夺他人人身自由的，处三年以下有期徒刑、拘役、管制或者剥夺政治权利。具有殴打、侮辱情节的，从重处罚。犯前款罪，致人重伤的，处三年以上十年以下有期徒刑；致人死亡的，处十年以上有期徒刑。使用暴力致人伤残、死亡的，依照本法第二百三十四条、第二百三十二条的规定定罪处罚。为索取债务非法扣押、拘禁他人的，依照前两款的规定处罚。国家机关工作人员利用职权犯前三款罪的，依照前三款的规定从重处罚。"《中华人民共和国刑法》第二百九十三条之一规定："有下列情形之一，催收高利放贷等产生的非法债务，情节严重的，处三年以下有期徒刑、拘役或者管制，并处或者单处罚金：(一) 使用暴力、胁迫方法的；(二) 限制他人人身自由或者侵入他人住宅的；(三) 恐吓、跟踪、骚扰他人的。"

由此可见，非法拘禁罪客观上也包括非法剥夺他人人身自由，与催收非法债务罪存在相似之处。但二者的区别还是较为明显的：(1) 限制和剥夺他人人身自由的行为存在区别。限制他人人身自由往往不完全剥夺他人人身自由，给予其一定的空间自由，其社会危险性相对较小，只有当限制人身自由行为达到一定程度时，才属于剥夺他人人身自由的行为。(2) 催收非法债务罪的行为方式除了限制他人人身自由以外，还包括"暴力""胁迫""侵入他人住宅""恐吓、跟踪、骚扰"等。(3) 催收非法债务规制的是索取非法债务中的非法行为，而非法拘禁罪并无类似的限制，只要非法拘禁他人或者以其他方法非法剥夺他人人身自由，就可以成立。(4) 两罪对人身自由限制的程度，也存在区别。一般认为，非法拘禁罪是持续犯，成立非法拘禁罪，需要剥夺他人人身自由的行为和状态持续一定的时间，对他人人身自由的剥夺需要达到一定程度，而成立催收非法债务罪没有类似的要求。关于非法拘禁罪的标准，《最高人民法院、最高人民检察院、公安部、司法部关于办理实施“软暴力”的刑事案件若干问题的意见》第六条规定，有组织地多次短时间非法拘禁他人的，应当认定为《中华人民共和国刑法》第二百三十八条规定的“以其他方法非法剥夺他人人身自由”。非法拘禁他人三次以上、每次持续时间在四小时以上，或者非法拘禁他人累计时间在十二小时以上的，应当以非法拘禁罪定罪处罚。

需要注意的是，《最高人民法院关于对为索取法律不予保护的债务非法拘禁他人行为如何定罪问题的解释》规定，行为人为索取高利贷、赌债等法律不予保护的债务，非法扣押、拘禁他人的，依照《中华人民共和国刑法》第二百三十八条的规定定罪处罚。据此，为索取高利贷、赌债等法律不予保护的债务，非法扣押、拘禁他人，同时构成非法拘禁罪和催收非法债务罪的，可以择一重罪处罚。

从本案看，被告人梁某某为索取因赌债产生的非法债务，将被害人强行带至私人轿车、空房间、办公室等地点进行看管和殴打，剥夺其人身自由，具有控制、殴打、威胁被害人等行为，其行为超出了限制人身自由的程度，严重侵害了被害人的人身权利，应当以非法拘禁罪判处相应刑罚。

编写人：广西壮族自治区钦州市钦北区人民法院　黄彦嘉

29

对于因索债而构成非法拘禁罪的民营企业家，如何准确适用缓刑

——高某某等非法拘禁案

【案件基本信息】

1. 裁判书字号

天津市第三中级人民法院（2021）津03刑终108号刑事判决书

2. 案由：非法拘禁罪

【基本案情】

2014年，被害人王某某以其和所任职公司名义向被告人高某某及管件公司（法定代表人为高某某之父）借款，到期后部分款项尚未归还。2015年7月，高某某雇佣被告人吴某向王某某追讨债务，提供王某某的位置、部分资金以及作案地点，并就追讨债务方式提出要求，吴某纠集被告人崔某、蒋某、陶某、刘某某具体实施。

2015年7月7日至7月9日，高某某、吴某、崔某、蒋某等人将王某某从暂住处带走，采用辱骂、恐吓手段逼迫王某某偿还欠款未果，后由吴某、崔某、蒋某等将王某某带至某宾馆、某洗浴中心非法拘禁继续逼迫王某某偿还欠款，王某某在偿还部分欠款后借机逃离。

2015年7月25日，高某某、吴某、崔某、蒋某、陶某、刘某某对王某某驾驶的机动车围追堵截，致王某某的车辆发生事故后将王某某带走，再次逼迫王某某偿还欠款，后由吴某、崔某、蒋某、陶某、刘某某将王某某带至某宾馆、某健身中心非法拘禁十余日，继续逼要欠款，在王某某偿还部分欠款后，吴某

等人才放其离开。

吴某将两次非法拘禁追讨到的欠款自行支配，未给付高某某。2016 年，高某某及管件公司向天津市滨海新区人民法院提起民事诉讼，获得相应胜诉判决。案发后，高某某、吴某、崔某、蒋某、陶某、刘某某被抓获归案；王某某对高某某予以谅解。

【案件焦点】

对于民营企业家因雇佣人员索取债务而构成的侵犯公民人身权利犯罪，在决定是否适用缓刑时，需要考虑哪些因素。

【法院裁判要旨】

天津市滨海新区人民法院经审理认为：被告人高某某、吴某、崔某、蒋某、刘某某、陶某犯非法拘禁罪，分别判处有期徒刑一年六个月、有期徒刑一年三个月、有期徒刑十一个月、有期徒刑十个月、有期徒刑九个月、有期徒刑九个月。被告人高某某不服，以量刑过重为由提起上诉；天津市人民检察院第三分院建议对高某某依法改判缓刑。

天津市第三中级人民法院经审理认为：一审判决认定高某某、吴某、崔某、蒋某、陶某、刘某某为索取债务非法拘禁他人的行为构成非法拘禁罪，事实清楚，证据确实、充分，定罪准确；在充分考虑吴某具有的主犯、累犯、坦白、自愿认罪认罚以及蒋某、陶某、刘某某具有的从犯、累犯、坦白、自愿认罪认罚和崔某具有的从犯、累犯、坦白等情节基础上对吴某、崔某、蒋某、陶某、刘某某的量刑适当。高某某在共同犯罪中虽系主犯，但其具有坦白、被害人谅解等情节，符合宣告缓刑的法定条件，且已与检察机关达成认罪认罚具结，具有悔罪表现，应依法宣告缓刑；一审判决对高某某未依法宣告缓刑，应予改判。综合全案考虑，结合社区矫正调查评估情况等情节，对高某某宣告缓刑，并依法实行社区矫正。经审判委员会讨论决定，依照《中华人民共和国刑法》第二十五条第一款、第二十六条第一款和第四款、第七十二条第一款、第七十三条第二款和第三款、第七十六条、第二百三十八条第一款，《中华人民共和国刑事诉讼法》第十五条、第二百零一条第一款、第二百三十六条第一款第二项之规定，于2021年11月4日作出判决：

以非法拘禁罪改判高某某有期徒刑一年六个月，缓刑一年六个月；维持一审判决对吴某、崔某、蒋某、陶某、刘某某的定罪量刑。

【法官后语】

本案的高某某虽然曾被评为优秀企业家，但是司法机关仍然对其雇佣人员索取债务构成的非法拘禁罪依法追究刑事责任，体现了适用刑法人人平等原则；同时，二审法院对高某某依法宣告缓刑，既明确了此类案件适用缓刑的尺度，也有利于充分发挥企业家在改善营商环境方面的积极作用，实现了法律效果与社会效果的有机统一。

一、准确判定犯罪情节，防止缓刑适用与行为的社会危害性不相适应

在民营企业家因雇佣人员索取债务构成犯罪的案件中，可以从以下方面考察民营企业家是否构成犯罪情节较轻的法定必备要件：一是从索取债务的性质进行考察，看民营企业家索取的债务是否受法律的保护，对于民营企业家索取法律不予保护的债务甚至是催收高利放贷等产生的非法债务的，在认定犯罪情节较轻时就需要特别慎重，而本案的高某某索取的是受法律保护的债务，具备认定犯罪情节较轻的基本前提。二是从雇佣人员的具体情况进行考察，看民营企业家是否有意雇佣黑恶势力实施讨债行为，如果民营企业家有意雇佣黑恶势力实施讨债行为，即使索取的债务本应受到法律的保护，也很难将其有意雇佣黑恶势力的行为认定为犯罪情节较轻，而本案的高某某主观上并非有意雇佣黑恶势力索要债务，其雇人讨债的行为也并未导致黑恶势力犯罪等严重后果，在认定犯罪情节较轻时没有障碍。三是从讨债行为的具体情况进行考察，看民营企业家雇人讨债是否具有从重处罚的情节或者造成严重的危害结果，如果在非法拘禁过程中产生重伤、死亡等严重后果以及具有殴打、侮辱等法定情节，对于被告人犯罪情节较轻的判断将会产生较大障碍，而本案的被害人在被非法拘禁期间并未受到殴打、侮辱等对待，也未出现重伤、死亡等后果，其间还出现过被害人借机逃离的情况，可以在认定犯罪情节是否较轻时作为参考因素。四

是从共同犯罪的地位作用进行考察，看认定民营企业家犯罪情节较轻是否出现全案量刑失衡，如果受雇人员是因为整体犯罪情节较为严重而不予适用缓刑，作为主犯的雇佣者就不宜认定为犯罪情节较轻，而本案的受雇人员被判处实刑的原因是具备累犯情节而不能适用缓刑，作为雇佣者的高某某虽应认定为主犯，却不应对受雇者的犯罪前科承担责任，在此情况下认定高某某犯罪情节较轻不会出现量刑失衡。

二、准确认定悔罪表现与再犯危险，防止缓刑适用与行为人的人身危险性不相适应

在民营企业家因雇佣人员索取债务构成犯罪的案件中，可以从以下方面考察民营企业家是否确有悔罪表现，并且判断是否具有再犯危险：一是从被告人到案情况进行考察，看民营企业家是否存在逃避抓捕等对抗侦查的情节，本案的高某某虽系在家中被侦查人员抓获并传唤到案，但并不存在逃避抓捕等对抗侦查的情节，故不能仅因其被动到案而认定其没有悔罪表现。二是从被告人到案以后的供述情况进行考察，看民营企业家到案后能否如实供述自己罪行。高某某在被传唤到案后即表示认罪认罚并彻底交代自己罪行，其后既没有出现翻供现象，也没有对行为性质进行辩解，可以作为认定是否具有悔罪表现以及再犯危险的重要依据。三是从被告人的一贯表现进行考察，看民营企业家是否具有再犯危险，民营企业家雇人讨债有多种情况，有的仅是临时雇人讨债而具有偶发性；有的将雇人讨债作为惯常行为模式而具有一贯性；还有的雇人讨债涉嫌构成有组织犯罪，具体办案时需要查实查准，避免误判。经二审调查了解，确认高某某仅是临时雇佣人员索取债务，可以作为认定是否具有再犯危险的重要依据。四是从被害人的态度进行考察，看民营企业家能否获得谅解，不一定以取得赔偿为前提，但需要注意审查被害人谅解是否存在依法属于无效或者可撤销的情形，对于被害人出具的谅解书，二审经听取意见，确认被害人对高某某表示谅解。

三、综合评估宣告缓刑产生的影响，通过依法准确适用缓刑实现良好办案效果

在对民营企业家宣告缓刑产生的影响进行综合评估时，除需要具备对所居

住社区没有重大不良影响外，还要根据案件实际情况，将宣告缓刑对所经营企业的影响等纳入考虑范围，确保缓刑适用的良好效果。

在评估宣告缓刑对所居住社区的影响时，需要严格遵守适用刑法人人平等原则，不能因为被告人具有民营企业家的身份而影响判断标准。根据有关规定和司法实践，委托社区矫正机构等进行调查评估并提出意见对于准确适用缓刑的重要性不言而喻。在原审法院对高某某判处实刑以后，本案二审法院的同级检察机关依法委托有关部门对高某某进行了调查评估，反馈的评估意见对于二审法院认定高某某宣告缓刑对所居住社区没有重大不良影响具有重要的参考价值。

对于民营企业家在经营活动中曾经有过的一些不规范甚至涉嫌违法犯罪行为，要以发展的眼光客观看待，既要通过依法追究责任避免无原则的放纵，在选择责任追究方式时也要充分考虑对企业经营的影响，在法律允许的框架范围内积极稳妥适用判处非监禁刑等制度措施，探索实施相关改革举措，尽最大可能让企业家能够卸下思想包袱轻装前进，避免出现办理一个案子搞垮一个企业的现象发生。

本案二审期间，检察机关向有关人员详细了解高某某经营企业的规模以及运转等情况，并且调取了相关的工商登记材料，高某某的亲属也主动来到二审法院表达高某某被羁押后给企业经营带来的影响。二审法院经过慎重研究，最终认定高某某在共同犯罪中虽系主犯，但其具有坦白、被害人谅解等情节，符合宣告缓刑的法定条件，且已与检察机关达成认罪认罚具结，具有悔罪表现，对高某某改判缓刑。二审宣判后，高某某被释放并依法交付社区矫正，实现了良好的办案效果。

编写人：天津市第三中级人民法院　田虎

（九）侮辱、诽谤罪

30

对自诉案件的处理应遵循实质化解纠纷原则

——郑某甲诉郑某乙诽谤案

【案件基本信息】

1. 裁判书字号

福建省厦门市中级人民法院（2022）闽02刑终175号刑事裁定书

2. 案由：诽谤罪

【基本案情】

2018年4月，被告人郑某乙撰写题为《举报信》的举报信，内容涉及自诉人郑某甲向邻居房客借款300元未偿还、强行扣留房客摩托车、侵占邻里土地300平米盖店铺、打伤老人等。2018年9月10日，被告人郑某乙将上述举报信张贴在某社区公示栏，被自诉人发现并撕毁后同日又在该处张贴，自诉人即向新店派出所报警，被告人郑某乙从民警处得知不能张贴该举报信后未再张贴。2020年7月，被告人郑某乙撰写《告知书》张贴在某1社区、某2社区、某中学附近及某村、某1村等地，告知书中再次提及上述举报信中涉及自诉人的内容。2020年11月24日，自诉人郑某甲发现后报警，派出所当日组织双方调解，被告人郑某乙当场向自诉人郑某甲赔礼道歉，书面保证不再张贴告示并积极清除还未清除的告示。

【案件焦点】

1. 刑事自诉案件中对“罪证”如何解释；2. 如何认定被告人捏造事实诽谤他人的行为是否达到情节严重；3. 依法宣告无罪的自诉案件中，对刑事附带民事原告提出的各项附带民事诉讼请求如何处理。

【法院裁判要旨】

福建省厦门市翔安区人民法院经审理认为：（1）依据在案证据认定被告人存在捏造事实诽谤他人的行为。被告人郑某乙以举报涉黑恶线索及寻找被害人为由书写的举报信、告知书，内容涉及自诉人敲诈他人、侵占他人财物、殴打他人等，但未能提供任何证据证明所言属实，应认定为捏造事实；其将举报信、告知书分别于2018年9月、2020年7月张贴在多个村庄进行公开，在一定范围内进行传播，必然使自诉人的人格、名誉受到一定程度的贬损，侵害了自诉人的名誉权，其张贴上述举报信、告知书的行为应认定为捏造事实诽谤他人的行为。（2）在案证据不足以证实被告人的行为达到情节严重的程度。本案中，被告人两次张贴，并非自2018年9月之后持续张贴诽谤信，被告人在2018年9月经民警告知后未再张贴，于2020年11月24日经公安机关批评教育、调处，已向自诉人当场赔礼道歉保证不再张贴，其未因上述行为受过行政处罚，自诉人亦无法举证证明被告人仍继续对其实施诽谤行为。故，被告人主观恶性不大，其诽谤行为未造成严重后果，尚未达到情节严重的程度。

综上，被告人捏造事实诽谤自诉人，但在案证据不足以证实其行为达到情节严重的程度，故自诉人控诉被告人犯诽谤罪不能成立，依法不予支持。郑某甲与郑某乙于2020年11月已就被告人的诽谤行为达成治安调解协议并当场履行完毕，郑某甲未能举证证明此后被告人仍继续对其实施诽谤行为，其提起的各项附带民事诉讼请求缺乏依据，依法均不予支持。据此，判决如下：

一、被告人郑某乙无罪；

二、驳回附带民事诉讼原告人郑某甲的诉讼请求。

郑某甲不服原审提起上诉。福建省厦门市中级人民法院同意一审法院裁判意见，裁定如下：

驳回上诉，维持原判。

【法官后语】

随着群众法律意识的增强，诽谤类自诉案件有增长趋势，但实践中此类案件存在立案难、开庭难等问题，不利于纠纷实质化解，也导致纠纷再次流向其他诉讼程序，增强诉累、浪费司法资源。故，自诉案件的处理应当遵循实质化解纠纷原则，在不同阶段对“罪证”作出不同解释，对附带民事部分作出实质处理。

一、自诉案件中对罪证的解释

对罪证的解释关系到自诉案件能否受理、能否开庭以及能否对被告人定罪等。对此，应根据不同阶段对自诉案件中罪证作出不同解释：一是从立案登记制的改革方向法律对立案材料审查要求来看，立案审查时对“缺乏罪证”的理解应为“缺乏与诉讼请求相关的证据”，避免自诉因苛刻的起诉条件如同虚置，更有效地发挥自诉对公诉的补充作用。二是从庭审实质化、法条解释以及审判目的来看，庭前审查是对“缺乏相应罪证”的理解为“缺乏证明指控事实的证据”更为合理，避免架空庭审。三是在决定是否能对被告定罪时，此时的罪证应不仅仅指的是证明事实的证据，而应一一对应犯罪构成要件，考查各个构成要件的证据是否充分，即定罪时对“缺乏相应罪证”应理解为“缺乏证明犯罪成立的证据”。

二、诽谤罪中“情节严重”的认定

情节严重系诽谤罪构成要件之一，故自诉人对此负有举证责任。《最高人民法院、最高人民检察院关于办理利用信息网络实施诽谤等刑事案件适用法律若干问题的解释》第二条通过列举的方式明确了认定网络诽谤犯罪情节严重的具体标准，规定了较为严格的入罪门槛。本案不属于网络诽谤的情形，但在认定是否达到情节严重可参考上述标准，从被告人行为的现实危害、危害后果以及主观恶性等方面进行综合考量。本案被告人将诽谤信张贴在多个村庄，一定程度损害了自诉人名誉，但内容混乱、文字表达拗口，不易信以为真，损害程度有限；且不存在上述司法解释规定的造成严重后果情形；在案证据仅能证明自诉人发现上述行为后两次报警，第二次在民警组织下达成调解协议，自诉人亦无法举证证明被告人之后仍继续对其实施诽谤行为，故证明被告人的行为达到情节严重的程度的证据不足。

三、自诉案件中刑事附带民事诉讼请求部分的处理

根据《最高人民法院关于适用〈中华人民共和国刑事诉讼法〉的解释》第三百三十三条的规定，自诉案件中对依法宣告无罪的案件，有附带民事诉讼的，其附带民事部分可以依法进行调解或者一并作出判决，也可以告知附带民事诉讼原告人另行提起民事诉讼。笔者认为，基于纠纷实质性化解的目的，应优先选择调解或一并作出判决，也符合衍生案件诉流治理的精神。

具体到本案中，本案虽已依法对被告人宣告无罪，但认定被告人存在捏造事实诽谤他人的行为，若直接裁定驳回起诉则与上述作出的否定性评价矛盾。从证据方面来说，双方已就本案认定的被告人两次诽谤行为在派出所调解下达成治安调解协议，该调解协议是双方真实意思表示，不能就此再进行主张，并无证据证实被告人在此次调解后继续诽谤自诉人的事实。故对本案刑事附带民事部分应当以证据不足，缺乏依据为由判决驳回全部诉讼请求，在判决中告知自诉人可在进一步举证后另行主张。况且，若直接驳回起诉，让当事人另行提起民事诉讼，会进一步增加当事人的诉累，亦会浪费司法资源。

本案的处理充分发挥了法院定分止争功能，法官根据在案证据对被告人行为进行准确评价，虽宣告被告人无罪，但也在裁判文书中对其诽谤他人行为作出否定性评价，对社会有正确引导、教育作用。在宣告无罪可对民事诉讼请求作出驳回起诉的前提下，依法根据在案证据作出实质性处理，避免双方之间纠纷流入其他诉讼程序。该案对“罪证”依据不同诉讼阶段作出不同解释，实质性化解该起纠纷，对后续诽谤罪等自诉案件的处理具有重要参考借鉴意义。

编写人：福建省厦门市翔安区人民法院　邓芳　林思思

（十）侵犯公民个人信息罪

31

包含购房者姓名、联系电话、购房日期、房屋楼栋、房屋建筑面积等内容的公民个人信息属于交易信息

——胡某某侵犯公民个人信息案

【案件基本信息】

1. 裁判书字号

四川省洪雅县人民法院（2022）川1423刑初218号刑事附带民事判决书

2. 案由：侵犯公民个人信息罪

【基本案情】

被告人胡某某系某装修公司负责人。2021年12月，被告人胡某某使用应用程序先后2次以每次600元的价格，非法向周某（另案处理）购买洪雅县某1小区、某2小区、某3小区等住宅小区的业主的购房交易信息9461条，拟用于推广其公司的装修业务。所购信息包含购房人的姓名、联系电话、购房日期、房屋楼栋、房屋建筑面积等内容。案发后，被告人胡某某经公安机关电话通知主动到案，并如实供述了犯罪事实。诉讼中，被告人胡某某自愿向检察机关缴纳了公益损害赔偿金9461元，并自愿认罪认罚。

四川省洪雅县人民检察院向人民法院提起公诉，要求以侵犯公民个人信息罪追究胡某某刑事责任，同时又提起附带民事公益诉讼，要求判令胡某某删除

非法获取的公民个人信息并在市级以上媒体公开赔礼道歉。

【案件焦点】

1. 交易信息如何认定，是属于财产信息还是属于公民个人信息；2. 侵犯公民个人信息是否应当承担相应民事责任。

【法院裁判要旨】

四川省洪雅县人民法院经审理认为：被告人胡某某违反国家有关规定，通过购买的方式获取公民个人信息，属于《中华人民共和国刑法》第二百五十三条之一第三款规定的“以其他方法非法获取公民个人信息”。被告人胡某某非法获取的包含购房者的姓名、联系电话、购房日期、房屋楼栋、房屋建筑面积等 9461 条公民的个人信息属于交易信息。被告人胡某某侵犯公民的个人信息已达“情节特别严重”的标准，鉴于其具有自首、认罪认罚、缴纳公益损害赔偿金等法定酌定从轻、减轻情节，遂对其刑事部分依法作出上述判决。

被告人胡某某侵犯公民个人信息的行为损害了公共利益，其在承担刑事责任的同时，还应依法承担相应的民事责任。附带民事公益诉讼起诉人要求其删除非法获取的公民信息数据并在市级以上媒体公开赔礼道歉，符合法律规定，人民法院应予支持。

四川省洪雅县人民法院于 2022 年 12 月 20 日作出判决：

一、被告人胡某某犯侵犯公民个人信息罪，判处有期徒刑二年十个月，缓刑三年，并处罚金人民币 12000 元；

二、判令附带民事公益诉讼被告胡某某删除非法获取的公民信息数据，并在判决生效后十日内在市级以上媒体向公众公开赔礼道歉。

一审判决后，被告未提起上诉，检察机关未提起抗诉，该判决已发生法律效力。

【法官后语】

以获取“交易”内容为目的的信息应认定为交易信息。公民个人信息是指以电子或者其他方式记录的能够单独或者与其他信息结合识别特定自然人的各种信息，包括自然人的姓名、出生日期、身份证件号码、生物识别信息、住址、电话号码、电子邮箱、健康信息、行踪信息等。本案中，胡某某非法获取的信息中包含自然人的姓名、联系电话、购房日期、房屋楼栋、房屋建筑面积等内容，足以识别特定自然人，属于公民个人信息。但上述信息属于何种类型的公民个人信息存在分歧。有观点认为属于财产信息，理由是胡某某获取的公民个人信息已经能够精准确定特定自然人在何处拥有一处面积为多少的房产，根据上述信息能够大致推断出房产价值进而确定该特定自然人的财产状况；也有观点认为属于一般信息，理由是胡某某系批量获取上述信息，获取难度小、成本低，认定为一般信息更能体现罪责刑相一致的原则。洪雅县人民法院审理认为被告人胡某某获取上述信息在主观上是为了通过获取公民与开发商之间的房产“交易”信息，以知晓何人在新开发的楼盘中具有装修需求，进而拨打电话推销其装修业务，其行为的目的并非获取特定自然人的财产状况；从客观方面来看，公民所购房屋虽然属于公民财产的一部分，但购房情况并不等同于财产状况，公民购买房屋往往需要借贷或处置其他财产，胡某某获取公民的购房信息并不足以掌握公民的财产整体状况，且胡某某也并非为了实施盗窃、诈骗等侵财犯罪而获取上述信息。因此，不宜将上述信息认定为财产信息，也不宜认定为一般信息，认定为交易信息更符合主客观一致的原则。

侵犯公民个人信息应承担相应民事责任。《中华人民共和国个人信息保护法》明确规定，个人对其个人信息的处理享有知情权、决定权，有权限制或者拒绝他人对其个人信息进行处理。本案中，胡某某未经公民同意非法获取公民的交易信息，侵犯了公民对其个人信息的决定权和隐私权，潜在危害了公民的人身安全和财产安全，损害了社会公共利益，故胡某某除应承担刑事责任外，还应承当相应的停止侵害、赔礼道歉等民事责任，若造成实际损害还应承担相应的损害赔偿责任。对于胡某某侵害众多个人权益的行为，人民检察院在公告期届满后依法向人民法院提起公益诉讼，要求胡某某删除获取的公民个人信息并赔礼道歉的诉讼请求，符合法律规定，人民法院依法应予支持。

编写人：四川省洪雅县人民法院　郭玉珠

32

出售公民银行账户冻结信息换取域外加密数字货币构成侵犯公民个人信息罪

——李某某侵犯公民个人信息附带民事公益诉讼案

【案件基本信息】

1. 裁判书字号

重庆市第三中级人民法院（2023）渝03刑终60号刑事裁定书

2. 案由：侵犯公民个人信息罪附带民事公益诉讼

【基本案情】

2022年1月至2022年5月，被告人李某某利用履行工作的便利条件，使用公安数字证书，在重庆市某区公安局某派出所、某区公安局办公室登录公安内部系统，将公民银行卡冻结信息、全户户口信息等出卖给吴某某等，从中非法获利。被告人李某某使用网络账户接收出售信息获利款项，其中，通过某1账户接收转账8840元，通过某2账户接收转账31660.2元。同时，被告人李某某确认其在某应用程序（APP）上注册账户用来接收出售信息获利的域外数字货币。2022年5月17日，被告人李某某的某APP账户内储存有域外数字货币某1币8314个以及某2币91.318867个。2022年5月16日，被告人李某某被抓获归案。2022年5月17日，被告人李某某退还违法所得40500.20元。

另查明，某1币是由某外国公司发行的区块链数字货币，以1∶1的比例锚定美元。按2022年2月20日至2022年5月10日期间美元兑换人民币的最低汇率计算，8314个某1币折算人民币金额为52389.84元。某2币可通过交易转换为人民币，根据2022年2月10日至2022年5月16日期间某2币兑换人民币的最低市场价值计算，91.318867个某2币折算人民币金额为38.35元。

【案件焦点】

1. 公民银行账户冻结信息是否属于公民个人信息；2. 域外加密数字货币能否折算为人民币认定为违法所得。

【法院裁判要旨】

重庆市武隆区人民法院经审理认为：被告人出售的银行卡信息，包括冻结单位、冻结事由及交易明细等内容，这些信息均与特定自然人相关联，能够反映特定自然人的活动情况及财产状况，应当属于公民个人信息的范畴。而某APP账户亦是被告人专门注册用于出售公民个人信息后接收转账的第三方支付平台账户，其归案后该账户内储存的域外数字货币即8314个某1币和91.318867个某2币，应当认定为其实施侵犯公民个人信息犯罪的违法所得。涉案某1币、某2币均系域外加密数字货币，虽未取得中国人民银行的认可，但仍具有公认的市场价值，公诉机关以李某某犯罪期间内美元兑换人民币的最低汇率将某1折算为人民币，以某2币兑换人民币的最低市场价值将某2币折算为人民币，可以作为认定本案违法所得金额的依据。

重庆市武隆区人民法院依照《中华人民共和国刑法》第二百五十三条之一第一款及第二款、第五十二条、第五十三条、第六十四条、第六十七条第三款、第六十八条，《中华人民共和国民法典》第一百一十一条、第一百七十九条、第一千零三十四条，《中华人民共和国刑事诉讼法》第十五条、第二百零一条第一款，《最高人民法院、最高人民检察院关于检察公益诉讼案件适用法律若干问题的解释》第二十条之规定，判决如下：

一、被告人李某某犯侵犯公民个人信息罪，判处有期徒刑二年四个月，并处罚金10万元。追缴李某某违法所得92928.39元，予以没收，上缴国库；

二、附带民事公益诉讼被告李某某于本判决生效之日起立即停止侵害公民个人信息的行为。附带民事公益诉讼被告李某某对侵害众多自然人个人信息的行为于本判决生效之日起三十日内在国家级新闻媒体向社会公众发布赔礼道歉声明。

宣判后，被告人提出上诉。重庆市第三中级人民法院经审理认为：被告人非法获取不同人的银行卡冻结情况等信息并以牟利为目的向网名为“名扬科技”人员、吴某某等出售，并获得域外数字货币某1币、某2币，应当认定为侵犯公民个人信息。前述数字货币可以通过某某APP账户和某APP账户进行购买、收取或出售，并以人民币进行交易，能够与人民币进行折算并以人民币方式提现，具有市场价值，应当在折算为人民币后认定为本案违法所得金额。综上所述被告人违反国家有关规定，将在履行职责过程中获取的公民个人信息出售给他人，非法获利较大，情节特别严重，已构成侵犯公民个人信息罪。

重庆市第三中级人民法院依照《中华人民共和国刑事诉讼法》第二百三十六条第一款第一项、第二百四十四条之规定，裁定如下：

驳回上诉，维持原判。

【法官后语】

鉴于国家机关或者金融、电信、交通、教育、医疗等单位的工作人员依法被赋予保管、查询等职能，若是部分人员违反国家有关规定，将在履行职责或者提供服务过程中获得的公民个人信息，出售或者提供给他人的，可能造成比普通公民信息泄露案件更严重的后果。本案中的公民银行账户冻结信息是否属于公民个人信息和域外加密数字货币是否可折算为人民币进而认定为违法所得，成为本案认定违法犯罪的两个焦点。

一、银行账户冻结信息属于公民个人信息

《中华人民共和国刑法》所保护的公民个人信息的核心构成要件应是具有可识别性，即能够单独或者与其他信息相结合识别特定的自然人。任何可以直接或者间接识别特定自然人的信息都是个人信息。所谓直接识别，即指某个信息本身就可以识别出特定的自然人，如身份证件号码、指纹、虹膜等信息。冻结是有权机关对公民财产采取强制措施方式之一，银行账户冻结信息只有案涉当事人及利害关系人有知情权，案外人无权知晓。其中公民的银行账户冻结信息作为公民财产状况的当然内容之一，是具有直接识别特定自然人财产状况的个人信息。故此《最高人民法院、最高人民检察院关于办理侵犯公民个人信息刑事案件适用法律若干问题的解释》第一条直接以明文列举的形式将财产状况纳入公民个人信息。同时，冻结信息的泄露或被非法获取将会影响被识别的特定自然人地位或评价。因此，非法获取、出售或者提供公民银行账户冻结信息，属于侵犯公民个人信息的行为，达到"情节严重"则构成侵犯公民个人信息罪。

二、域外加密数字货币可折算为人民币进而认定为违法所得

加密数字货币作为一种基于互联网技术的虚拟货币，具有匿名性、分布式、去中心化和全球流通等特征，与受贿、洗钱等违法犯罪活动具有较强的现实关联，成为新型转移犯罪所得的一种特殊路径和载体。"不让犯罪分子获利"是古老的刑法理念，《中华人民共和国刑法》第六十四条规定："犯罪分子违法所得的一切财物，应当予以追缴或者责令退赔……违禁品和供犯罪所用的本人财物，应当予以没收"，此特殊规定是理念的直接表达。在本案中，某1币、某2币虽然不具有国家货币地位，但国家并不禁止私人持有。该币在国外，可以正常交易与兑换，甚至在部分国家可以购买日用品。故而，域外加密数字货币的商品属性不存在规范意义上的障碍。

同时，司法实践中，域外加密数字货币不同于腾讯币、游戏币等虚拟商品不具有可兑换性、金融属性且只能在特定平台适用，域外加密数字货币已具有一定的金融属性且在部分国家具有可兑换性，因此将涉及域外加密数字货币犯罪纳入财产规制范畴，更符合中国国情。域外加密数字货币因其金融属性，可以按照一定的折算比例兑现为外国法定货币，如美元等。故按照犯罪时的可以兑现的外国货币数额，并按照当时汇率折算为人民币，从而认定违法犯罪所得数额，是合理正当的。本案中，某1币、某2币通过某某APP账户和某APP账户进行购买、收取或出售，并以人民币进行交易、折算、提现，因此，域外加密数字货币折算人民币后认定为本案违法所得金额，合理合法。

编写人：重庆市武隆区人民法院　任云　陈颖

33

公民个人信息的根本属性是识别性

——邹某某侵犯公民个人信息案

【案件基本信息】

1. 裁判书字号

江苏省南京市鼓楼区人民法院（2022）苏0106刑初560号刑事判决书

2. 案由：侵犯公民个人信息罪

【基本案情】

被告人邹某某明知马某（另案处理）、谢某某（已判刑）、谢某1等人非法获取他人停车位置信息并从中谋取非法利益，仍与其共谋，负责制作软件程序供上述人员非法获取信息，邹某某非法获利人民币60.9万元（以下币种均为人民币），具体事实如下：

1. 自2020年上半年、2021年9月起，被告人邹某某制作“JTC”等程序分别提供给马某、谢某某等，马某、谢某某等使用其提供的程序通过技术手段绕过“JTC”等停车平台系统安全防护机制，非法获取“JTC”等停车平台系统保存的车辆停车信息，将该信息或对基于该信息对应的车辆安装全球定位系统（GPS），并将GPS存载信息非法提供给他人获利。邹某某向马某、谢某某等收取费用49.5万元。经统计，马某使用“JTC”等程序，非法获取查询、停车时间为同一天的车辆停车信息去重后共计2.6万余条（包括苏A0×××1车辆停放在本市鼓楼区某小区的停车信息）；谢某某等使用“JTC”等程序非法获取查询、停车时间为同一天的车辆停车信息去重后共计1000余条。

2. 被告人邹某某制作“某”应用程序（APP）提供给谢某某使用，谢某某利用该 APP 发布寻找车辆的任务，APP 用户接受任务并上传包含车辆位置信息的照片后可获得奖励，谢某某从而获得车辆位置信息并从中谋取利益。邹某某向谢某某收取费用 11.4 万元。经鉴定，对“某管理系统”提取拍照日志数据，根据位置信息和车牌号码去重后数据为 29282 条。

【案件焦点】

获得的即时车辆位置信息是否属于公民个人信息。

【法院裁判要旨】

江苏省南京市鼓楼区人民法院经审理认为：被告人邹某某违反国家有关规定，伙同他人非法获取并向他人出售公民个人信息，情节特别严重，其行为已构成侵犯公民个人信息罪，依法应予惩处。邹某某在共同犯罪中起主要作用，系主犯，应当按照其所参与的全部犯罪处罚。邹某某归案后如实供述犯罪事实，依法可从轻处罚；其自愿认罪认罚，依法可从宽处理。案发后，邹某某家属代为退还部分违法所得，可酌情从轻处罚。南京市鼓楼区人民检察院指控被告人邹某某犯侵犯公民个人信息罪的事实清楚，证据确实、充分，指控的罪名和适用法律正确，予以采纳。

关于辩护人提出的公民个人停车位置信息不能识别特定自然人身份和活动情况，需要和其他信息如车主姓名、通讯方式等结合才能反映公民个人活动情况；邹某某制作软件获取上述信息的行为系中立技术行为，社会危害性较小的辩护意见，经查，公民个人信息是指以电子或者其他方式记录的能够单独或者与其他信息结合识别特定自然人身份或者反映特定自然人活动情况的各种信息，包括姓名、身份证件号码、通信通讯联系方式、住址等，其最根本的特征在于能够识别个人身份或者体现个人活动，识别性是其根本属性。邹某某伙同他人非法获取、出售公民即时车辆位置信息，能够识别特定自然人活动情况，该信息属于公民个人信息。邹某某通过技术手段绕过“JTC”等停车平台系统安全防护机制，并非中立技术行为，其非法获取、出售公民个人信息高达 5 万余条，非法获利达 60 余万元，社会危险性大，故对该辩护意见不予采纳。关于辩护人提出的邹某某具有坦白、认罪认罚、退还部分赃款的量刑情节，建议对其从轻处罚的辩护意见，予以采纳。

江苏省南京市鼓楼区人民法院依照《中华人民共和国刑法》第二百五十三条之一第一款及第三款、第二十五条第一款、第二十六条第一款及第四款、第六十七条第三款、第五十二条、第五十三条、第六十四条之规定，作出如下判决：

一、被告人邹某某犯侵犯公民个人信息罪，判处有期徒刑四年十个月，并处罚金人民币 80 万元；

二、被告人邹某某退出的违法所得人民币 2 万元，予以没收；责令被告人邹某某继续退还违法所得 58.9 万元，予以没收，上缴国库；

三、扣押在公安机关的作案工具手机 1 部、电脑 1 部予以没收。

一审判决后，被告未提起上诉，检察机关未提起抗诉，该判决已发生法律效力。

【法官后语】

本案争议的焦点是获得的即时车辆位置信息是否属于公民个人信息。辩护人提出了公民个人停车位置信息不能识别特定自然人身份和活动情况，需要和其他信息如车主姓名、通讯方式等结合才能反映公民个人活动情况；邹某某制作软件获取上述信息的行为系中立技术行为，社会危害性较小的辩护意见。本案停车信息分为两种情形：一种是绕过停车平台系统防护机制非法获取的查询、停车时间为同一天的车辆停车信息，通过“某”APP 上传包含车辆位置照片的信息；另一种是依据非法获取的车辆位置信息给指定车辆安装 GPS，并将 GPS 设备信息发送给“委托方”客户。

关于个人信息范畴。《最高人民法院、最高人民检察院关于办理侵犯公民个人信息刑事案件适用法律若干问题的解释》（以下简称《司法解释》）第一条规定：“刑法第二百五十三条之一规定的‘公民个人信息’，是指以电子或者其他方式记录的能够单独或者与其他信息结合识别特定自然人身份或者反映特定自然人活动情况的各种信息，包括姓名、身份证件号码、通信通讯联系方式、住址、账号密码、财产状况、行踪轨迹等。”其最根本的特征在于能够识别个人身份或者体现个人活动，识别性是其根本属性。个人信息和隐私这两个概念有所区别，但是二者之间存在交叉。《中华人民共和国民法典》第一千零三十二条第二款规定，隐私是自然人的私生活安宁和不愿为人所知晓的私密空间、私密活动、私密信息。因此，有的数据信息既属于个人信息，又属于个人私密信息。

《司法解释》规定，只要能够“反映特定自然人活动情况的信息”，即便不属于个人隐私，不涉及私人生活安宁，或者与私密空间、私密活动、私密信息无关，也是个人信息。刑法更多地在与个人行动自由、人身安危及财产安全紧密关联的意义上把握这一概念。公民个人信息最根本的特征在于能够识别个人身份或者体现个人活动，识别性是其根本属性。邹某某伙同他人非法获取、出售公民即时车辆位置信息，能够识别特定自然人活动情况，该信息属于公民个人信息。邹某某通过技术手段绕过“JTC”等停车平台系统安全防护机制，并非中立技术行为，其非法获取、出售公民个人信息高达5万余条，非法获利达60余万元，社会危险性大。依据非法获取车辆位置信息给指定车辆安装GPS，掌握车辆运行轨迹。该车辆运行轨迹突显与个人行动自由的关联性，由于与特定个人的行动自由、生命身体安全有紧密关联，具备广义的可识别性特征即可。

编写人：江苏省南京市鼓楼区人民法院　朱锡平

34

骗取老年人手机号码出售违法所得5000元以上的，构成侵犯公民个人信息罪

——刘某某等侵犯公民个人信息案

【案件基本信息】

1. 裁判书字号

山东省威海市文登区人民法院（2022）鲁1003刑初31号刑事判决书

2. 案由：侵犯公民个人信息罪

【基本案情】

2021年2月起，被告人刘某某冒充相关公司工作人员到乡村中以推广软件赠送礼品的名义骗取老年人手机号后出售获利的犯罪方法，发展被告人冷某某在海阳市乡镇村居、伙同被告人高某、乔某某、王某某等在荣成市、威海市文登区乡镇村居非法获取公民个人手机号信息及验证码出售给被告人林某某、杜某某等注册网络社交平台账号后加价出售牟利，共计侵犯公民个人信息2万余条，非法获利231319元。被告人林某某、杜某某售卖使用非法获取的公民个人信息注册的网络社交平台账号违法所得为138640元、32000元。高某参与共同犯罪期间非法获利共计65000余元。乔某某、王某某参与共同犯罪期间非法获利共计13万余元，韩某某、赵某某参与共同犯罪期间非法获利共计9万余元，张某某、王某1、于某某参与共同犯罪期间非法获利共计8万余元，林某参与共同犯罪期间非法获利共计7万余元。被告人冷某某违法所得共计5663.4元。

上述公民个人信息部分被电信诈骗分子利用实施了诈骗犯罪行为，涉案诈骗金额共计160余万元。

【案件焦点】

1. 被告人刘某某等十三人违反国家有关规定，骗取老年人手机号码后出售或注册网络社交平台账号出售，是否属于侵犯“公民个人信息”的范围；2. 本案是否符合刑事附带民事公益诉讼的适用条件。

【法院裁判要旨】

山东省威海市文登区人民法院经审理认为：被告人刘某某、林某某、乔某某、高某、王某某、韩某某、赵某某、张某某、王某1、于某某、林某违反国家有关规定，非法获取公民个人信息并出售，情节特别严重；被告人杜某某、冷某某违反国家有关规定，非法获取公民个人信息并出售，情节严重，其行为均已构成侵犯公民个人信息罪。山东省威海市文登区人民法院判决：

被告人刘某某、林某某、乔某某、杜某某、韩某某犯侵犯公民个人信息罪，判处一年二个月至三年八个月不等有期徒刑，并处8000元至15万元罚金。被告人高某、王某某、张某某、赵某某、于某某、王某1、林某、冷某某犯侵犯公民个人信息罪，均判处缓刑，并处5000元至4万元罚金。

一审判决后，被告未提起上诉，检察机关未提起抗诉，该判决已发生法律效力。

【法官后语】

本案主要涉及骗取老年人手机号码出售，违法所得5000元以上是否构成侵犯公民个人信息罪问题以及个人信息保护领域刑事附带民事公益诉讼的适用问题。近年来，随着现代信息技术的发展和各种社交软件的推广，公民个人信息越来越容易、频繁地被暴露在网络中，各种侵犯公民个人信息的违法犯罪层出不穷，且犯罪手段不断翻新、隐蔽性强，令人防不胜防，如何保护公民的个人信息安全已成为社会公众关注的焦点。老年人群体普遍缺乏个人信息保护的意识，信息网络知识匮乏，对一些诈骗手段往往甄别能力较弱，很多犯罪分子打着免费体验活动、赠送小礼品、中奖、抢红包等旗号，骗取老年人的信任后，诱使老年人注册、登录各种软件、应用程序（APP），获取老年人的手机号、身份证号等个人信息，进行网络贷款、电信诈骗、非法集资等不法行为。老年人群体已经成为个人信息泄露的重灾区。

司法实践中，骗取老年人的手机号码后出售或注册网络社交平台账号出售，是否属于侵犯“公民个人信息”的范围存在一定争议。关于个人信息保护领域刑事附带民事公益诉讼的实践经验不成熟，案件审理程序、公共利益的认定、损失修复等问题也无统一规定。结合本案所反映的问题，应当根据以下审判思路予以把握：

一是侵犯公民个人信息罪的认定。《中华人民共和国刑法》规定的“公民个人信息”，是指以电子或者其他方式记录的能够单独或者与其他信息结合识别特定自然人身份或者反映特定自然人活动情况的各种信息，包括姓名、身份证件号码、通信通讯联系方式、住址、账号密码、财产状况、行踪轨迹等。根据《中华人民共和国刑法》第二百五十三条之一的规定，违反国家有关规定，向他人出售或者提供公民个人信息，情节严重的，构成侵犯公民个人信息罪。具体到本案，被告人骗取了老年人的手机号码后直接出售给他人注册网络账号或注册网络账号后出售，这些特定账号均需要验证才能注册，直接绑定了老年人的手机号，与老年人相关联，均属于“公民个人信息”的范围，被告人违法所得5000元以上的，构成侵犯公民个人信息罪。

二是侵犯公民个人信息罪刑事附带民事公益诉讼的适用问题。本案中，犯罪分子以推广软件赠送礼品的名义骗取老年人的手机号后出售获利，导致不特定公民个人信息被泄漏，侵害了公民个人的信息安全，所骗取的账号被网络电信诈骗人员利用实施诈骗活动后，诈骗被害人多次向出售手机号码的老年人索要钱款等，扰乱了老年人的生活秩序，既侵害了众多老年人的信息安全，同时损害了社会公共利益，不利于社会的稳定发展，符合刑事附带民事公益诉讼的适用条件。

综上，骗取老年人手机号码出售违法所得5000元以上，构成侵犯公民个人信息罪。对于侵害众多个人合法权益，严重侵害社会公共利益的犯罪行为，公诉机关可在向人民法院提起公诉的同时，提起附带民事公益诉讼。人民法院经审理查明确属侵害社会公共利益的，可判决被告人承担赔偿损失、公开赔礼道歉、删除非法获取的信息等法律责任。

编写人：山东省威海市文登区人民法院　丛荟如　丛源

35

外包货运司机在运输快递过程中获得公民个人信息属于在履行职责过程中获得信息

——张某某等侵犯公民个人信息案

【案件基本信息】

1. 裁判书字号

江苏省无锡市锡山区人民法院（2022）苏0205刑初404号刑事判决书

2. 案由：侵犯公民个人信息罪

【基本案情】

1. 2021年10月至11月，被告人张某1、张某某经过事先合谋，决定利用张某某担任某镇快递外包货运司机的身份，在张某某驾驶快递货车从快递点位收取快递并运输至分拣站的职责过程中，由两人共同拍摄包含购买人姓名、住址、联系电话等信息的快递面单照片，并由张某1通过网络以每张1.1元的价格出售给被告人张某发，共出售面单信息41000余条，非法获利人民币45000元，其中被告人张某1分得32000余元，被告人张某某分得12855元。

2021年11月25日，被告人张某1将其与张某某共同拍摄的655张快递面单照片信息提供给被告人张某发，其中包含居住于无锡市锡山区的被害人陶文超的个人信息。

2. 2021年10月至11月，被告人张某发通过网络从被告人张某1处购买包含购买人的姓名、住址、联系电话等信息的快递面单照片，并通过网络向黄某某共计出售面单信息36000余条，非法获利虚拟货币，折合人民币70000余元。

3. 2021年10月至11月，被告人黄某某通过网络从被告人张某发处非法获取包含购买人的姓名、住址、联系电话等信息的快递面单照片信息共计36000余条，并支付给张某发虚拟货币，折合人民币70000余元。

案发后，被告人张某1经电话通知，主动留在家中向民警投案，归案后如实供述了自己的罪行。被告人张某某经电话通知，至公安机关投案并如实供述了自己的罪行。被告人张某发、黄某某归案后均如实供述了自己的罪行。

【案件焦点】

被告人张某某作为外包货运司机，在运输快递过程中获得公民个人信息，是否属于在履行职责过程中获得信息，进而是否认定侵犯公民个人信息罪“情节特别严重”。

【法院裁判要旨】

江苏省无锡市锡山区人民法院经审理认为：被告人张某1、张某某违反国家有关规定，经合谋，将被告人张某某在履行职责过程中非法获得的公民个人信息出售、提供给他人，情节特别严重，其行为均已构成侵犯公民个人信息罪。被告人张某发违反国家有关规定，出售公民个人信息，情节特别严重，其行为已构成侵犯公民个人信息罪。被告人黄某某非法获取公民个人信息，情节严重，其行为已构成侵犯公民个人信息罪。被告人张某1、张某某均系自首。被告人张某发、黄某某归案后均如实供述自己的罪行。四被告人均认罪认罚。综上，决定对张某1、张某发、黄某某从轻处罚，对张某某减轻处罚。

江苏省无锡市锡山区人民法院依照《中华人民共和国刑法》第二百五十三条之一第一款、第二十五条第一款、第六十七条第一款及第三款、第六十四条，《最高人民法院、最高人民检察院关于办理侵犯公民个人信息刑事案件适用法律若干问题的解释》第五条第一款及《中华人民共和国刑事诉讼法》第十五条之规定，作出如下判决：

一、被告人张某发犯侵犯公民个人信息罪，判处有期徒刑三年，并处罚金人民币 8 万元；

二、被告人张某 1 犯侵犯公民个人信息罪，判处有期徒刑三年，并处罚金人民币 5 万元；

三、被告人张某某犯侵犯公民个人信息罪，判处有期徒刑二年六个月，并处罚金人民币 3 万元；

四、被告人黄某某犯侵犯公民个人信息罪，判处有期徒刑二年，并处罚金人民币 4 万元；

五、公安机关扣缴的作案工具手机由公安机关依法处理。

各被告人的违法所得：张某发人民币 70000 元、张某 1 人民币 32000 元、张某某人民币 12855 元予以追缴没收，上缴国库。

一审判决后，被告未提起上诉，检察机关未提起抗诉，该判决已发生法律效力。

【法官后语】

本案的争议焦点在于被告人张某某作为外包货运司机，在运输快递过程中获得公民个人信息，是否属于在履行职责过程中获得信息，进而是否认定侵犯公民个人信息罪“情节特别严重”。根据《最高人民法院、最高人民检察院关于办理侵犯公民个人信息刑事案件适用法律若干问题的解释》第五条的规定，在履行职责或者提供服务过程中获得的普通公民个人信息出售或者提供给他人的情形中数量、数额标准减半计算，即数量 2500 条以上或者违法所得 2500 元以上的属于侵犯公民个人信息“情节严重”；上述标准十倍以上的属于侵犯公民个人信息“情节特别严重”。本案张某某伙同张某 1 共同拍摄面单信息 41000 余条，非法获利人民 46041. 5 元。在本案审理过程中，一种意见认为，张某某是私人老板雇佣的从事运输快递工作的外包货运司机，其系利用工作之便偷拍快递面单，而非在履行职责过程中依法获得个人信息，不应当认定“情节特别严重”。另一种意见认为，张某某从快递点位集中收取快递并运输至分拣站，属于在履行职责过程中非法获取公民个人信息，应当认定“情节特别严重”。

笔者同意第二种意见。主要理由如下：

履行职责或者提供服务的行为人，应是正当、正常获得的个人信息的自然人。《中华人民共和国刑法修正案（七）》以列举的方式将履行职责或者提供服务的主体范围限定在国家工作人员或者金融、电信、交通、教育、医疗等单位的工作人员。《中华人民共和国刑法修正案（九）》去除了上述职业的限定，扩大犯罪主体的范围，提升法定刑配置水平。司法实践中有两种观点，一种观点认为，在履行职责或者提供服务过程中获得的信息，是利用公权力或者在提供公共服务过程中依法获得的信息[①]。另一种观点认为，这是指作为主体的单位及自然人在履行职责或者提供服务过程中正当、正常获得的公民个人信息。[②]显然，二者是强调合法性与正当性、正常性之间的区别。笔者认同第二种观点。因为《中华人民共和国刑法修正案（九）》修改的立法考虑是公民个人信息泄露案件不少系内部人员作案，诸多公民个人信息买卖案件也可以见到“内鬼”参与的影子。由于上述情形往往发生在公民个人信息交易的最初阶段，涉案信息的数量往往较少、价格相对低廉。[③] 与普通人相比，在履行职责和提供服务过程中的犯罪主体更容易获得数量巨大、范围广泛、精准性高的个人信息，一旦信息泄露容易造成更为严重的危害后果。如果过分强调利用公权力或在提供公共服务过程中获取个人信息的合法性，无法体现立法者对于违反职业规范和职业道德的犯罪行为从严惩处的司法理念。故任何在履行职责和提供服务过程中能够正常获得公民个人信息的主体都可以适用该条款。本案中，张某某是私人老板雇佣的货车司机。由于快递行业内部管理的不规范，快递公司将部分快递业务外包给私人老板，未签订合同；私人老板让张某某从事快递运输工作，亦与张某某未签订劳动合同。故张某某无法利用“公权力”获得公民个人信息，亦缺失提供公共服务的合法性。但实际上张某某相较于普通人，具有侵犯

---

① 王爱立主编：《中华人民共和国刑法释义》，法律出版社2024年版，第539页。

② 张明楷：《刑法学（下）》，法律出版社2021年版，第922页。

③ 周加海、邹涛、喻海松：《〈关于办理侵犯公民个人信息刑事案件适用法律若干问题的解释〉的理解与适用》，载《人民司法（应用）》2017年第19期。

公共个人信息的便利客观条件。正因如此，张某 1 在得知张某发有购买快递面单的需求后联系了好朋友张某某。故认定张某某属于履行职责的犯罪主体，适用更加严格的量刑标准具有合理根据。

此外，“利用工作之便”一般在判断行为人非法占有他人或者单位财物的手段时进行分析，进而认定诈骗罪、挪用公款罪、职务侵占罪等罪名。而侵犯公民个人信息罪与公民个人信息的安全和自由有关，并非非法占有财物，不应在该罪中考虑“利用工作之便”。故张某某的工作内容是从各个快递点集中接收快递后运输至分拣站，其将车辆停至偏僻地点与同伙拍摄快递面单的行为发生在运输快递途中，应属于在履行职责过程中获取公民个人信息。

编写人：江苏省无锡市中级人民法院　杨柳

36

“私家侦探”构成侵犯公民个人信息罪的刑法认定

——向某某等侵犯公民个人信息案

【案件基本信息】

1. 裁判书号

重庆市第一中级人民法院（2021）渝 01 刑终 741 号刑事裁定书

2. 案由：侵犯公民个人信息罪

【基本案情】

2012 年 11 月，被告人向某某出资成立法律咨询公司，向某某任法定代表人。该公司经营范围为法律咨询、婚姻信息咨询、销售摄影器材、安防设备等。

从 2019 年 5 月开始，被告人向某某以其成立的法律咨询公司为依托，通过网络发布广告，招揽到“侦探调查”“婚姻调查”等业务后，安排被告人毕某某、黄某某、郑某某、田某某等人中的一人或数人，采取在被害人驾驶的车辆上安装卫星定位装置、跟踪拍摄、在被害人住处附近安装摄像设备等方式，非法获取被害人的行踪轨迹等个人信息后，出售给委托人，收取委托费、差旅费等费用。向某某收取委托人的费用后，将其中的部分费用分给毕某某、黄某某等参与人。部分事实如下：

1. 2019年5月，被告人向某某接受谢某甲跟踪调查被害人石某的委托后，安排被告人毕某某、黄某某在石某驾驶的车辆上安装卫星定位装置以及跟踪拍摄等，非法获取石某的行踪轨迹等个人信息后，向某某将非法获取的信息发送给谢某甲。至2020年11月，向某某收取谢某甲费用共计2万元，分给毕某某400元，分给黄某某1200元。

2. 2020年5月18日，被告人向某某接受谢某乙跟踪调查被害人杨某甲的委托，安排被告人黄某某在杨某甲驾驶的车辆上安装卫星定位装置以及跟踪拍摄等，非法获取杨某甲的行踪轨迹等个人信息后，向某某将非法获取的信息发送给谢某乙。至2020年11月，向某某收取谢某乙费用共计58800元，分给黄某某4500元。

3. 2020年7月，被告人向某某接受张某跟踪调查被害人朱某某的委托后，安排被告人毕某某、郑某某前往某县进行秘密跟踪等，非法获取朱某某的行踪轨迹等个人信息后，向某某将非法获取的信息发送给张某，收取张某费用10500元，分给毕某某1000余元，分给郑某某8000余元。

【案件焦点】

1. 如何在侵犯个人信息罪语境下评价“私家侦探”行为；2. 如何认定“私家侦探”构成侵犯公民个人信息罪。

【法院裁判要旨】

重庆市江北区人民法院经审理认为：公民行踪轨迹信息是公民人身安全的高度敏感信息，受国家法律严格保护，任何个人或组织未经授权不得侵犯。行为人以“私家侦探”为名，通过安装定位、跟踪拍摄等方式非法获取公民行踪轨迹等个人信息并出售给他人，情节严重的，应当以侵犯公民个人信息罪定罪处罚。

聘请“私家侦探”的委托人达到《中华人民共和国刑法》第二百五十三条之一规定的“情节严重的”，构成共同犯罪。“私家侦探”明知其非法获取提供的信息被委托人用于其他下游犯罪活动的，“私家侦探”构成下游犯罪和侵犯个人信息罪的想象竞合犯。

本案中，向某某、毕某某、黄某某、郑某某为谋取非法利益，违反国家有关规定，非法获取公民个人信息并出售给他人，其中向某某、毕某某、黄某某情节特别严重，郑某某情节严重，其行为均已构成侵犯公民个人信息罪，依法应予惩处。在共同犯罪中，向某某起主要作用，系主犯，应按其参与或组织、指挥的全部犯罪处罚；毕某某、黄某某、郑某某系从犯，依法可从轻或减轻处罚；四人到案后均如实供述了犯罪事实，有坦白情节，依法可从轻处罚。

重庆市江北区人民法院判决如下：

一、被告人向某某犯侵犯公民个人信息罪，判处有期徒刑三年八个月，并处罚金人民币290000元；

（刑期从判决执行之日起计算，判决执行以前先行羁押的，羁押一日折抵刑期一日，即自2020年12月9日起至2024年8月7日止。折抵刑期一日。）

二、被告人毕某某犯侵犯公民个人信息罪，判处有期徒刑一年十个月，并处罚金人民币110000元；

（刑期从判决执行之日起计算，判决执行以前先行羁押的，羁押一日折抵刑期一日，即自2020年12月9日起至2022年10月7日止。折抵刑期一日。）

三、被告人黄某某犯侵犯公民个人信息罪，判处有期徒刑一年八个月，并处罚金人民币30000元；

（刑期从判决执行之日起计算，判决执行以前先行羁押的，羁押一日折抵刑期一日，即自2020年12月9日起至2022年8月7日止。折抵刑期一日。）

四、被告人郑某某犯侵犯公民个人信息罪，判处有期徒刑八个月，并处罚金人民币10000元；

(刑期从判决执行之日起计算，判决执行以前先行羁押的，羁押一日折抵刑期一日，即自2020年12月9日起至2021年8月7日止。折抵刑期一日。)

五、对被告人向某某、毕某某、黄某某、郑某某的违法所得290000元、110000元、20000元、8000元依法予以追缴；

六、公安机关扣押的用于作案的手机、硬盘、摄像机、针孔摄像头等物予以没收。

毕某某不服，提出上诉。重庆市第一中级人民法经审理认为：原判全面考量毕某某犯罪的事实、犯罪的性质、情节和对于社会的危害程度，并充分考虑其量刑情节，在法定量刑幅度内，对其减轻处罚，判处有期徒刑一年十个月，并根据《最高人民法院、最高人民检察院关于办理侵犯公民个人信息刑事案件适用法律若干问题的解释》第十二条“罚金数额一般在违法所得的一倍以上五倍以下”之规定，判处罚金人民币110000元，刑罚裁量适当。故上诉人毕某某提出原判罚金过高的上诉意见不成立。

重庆市第一中级人民法院依照《中华人民共和国刑事诉讼法》第二百三十六条第一款第一项之规定，裁定如下：

驳回上诉，维持原判。

【法官后语】

一、“私家侦探”组织性质和常见行为表现

在司法实践中，“私家侦探”的合法地位难以获得承认，其从业人员权益难以保障，也以婚恋调查、市场调查、统计调查等名义，侵犯公民人身、隐私、财产、个人信息等合法权益。“私家侦探”往往受委托人有偿委托，由委托人提供家庭住址、工作单位、车牌号码等初步信息，然后通过对受害人进行跟踪、偷拍、安装全球定位系统（GPS）或摄像头等方式，以获取被害人的行踪轨迹信息为主，以文字、照片、视频等形式将对方行踪轨迹信息向委托人报告。有时候也非法搜集提供被害人的电话号码、房产信息、身份信息等。本案被告就是对8名被害人进行定位跟踪、偷拍录像，以获取行踪轨迹信息。

二、行踪轨迹信息的刑法界定

（一）踪迹信息的人身安全属性、隐私属性和经济属性

《最高人民法院、最高人民检察院关于办理侵犯公民个人信息刑事案件适用法律若干问题的解释》（以下简称《个人信息罪解释》）首次明确将“行踪轨迹信息”与身份信息并列纳入刑法保护范围。行踪轨迹信息具有人身安全属性、隐私属性和经济属性。第一，行踪轨迹信息与人身安全紧密相关，构成人身安全的高度敏感信息。一旦人们的行踪轨迹随时随地被他人掌握，很容易陷入绑架、伤害、抢劫等恐惧焦虑和现实危险之中，削弱人们的安全预期。第二，行踪轨迹是人们社会生活交往的踪迹，构成了隐私权的高度敏感信息。人们行踪轨迹被他人掌握，社交生活被窥探，导致人人自危不敢参加社会活动交往，掣肘社会活力。第三，位置服务及其产生的踪迹信息在互联网大数据时代具有重要的经济价值属性。互联网平台根据用户踪迹信息，分析用户常见位置和行为偏好，为用户个人精准画像，可以促进优化线下资源对接，提升服务精准度，具有重要的经济属性。

（二）踪迹信息的刑法界定要素

在刑事司法实务中，行踪轨迹信息的特征要素可以从可识别性、强法益性和动态性考量。第一，可识别性是刑法界定行踪轨迹信息的首要特征，是指某些行踪轨迹信息与特定公民具有专属关联性，通过这些踪迹信息可以直接或者与其他信息相结合后识别公民主体。若行踪信息无法直接或结合其他信息识别特定公民主体，则该公民的人身安全、隐私、经济等利益并未陷入危险之中，则不需要刑法保护。第二，行踪轨迹信息除可识别性外，还应当具有强法益性，即较为严重威胁或侵犯法益的情形。我国民法、行政、单行法等诸多法律规范对包括行踪轨迹在内的个人信息予以保护。刑法具有谦抑性和后置性，只有对严重侵犯、威胁公民行踪轨迹信息，关乎公民人身、财产安全，也牵涉公共安全，涉及范围较广，其他部门法无法有效规制的强法益性的踪迹信息。《个人信息罪解释》第五条将行踪轨迹信息作为法益侵害、危险程度高的第一层次信息，只需要达到50条就可认定为“情节严重”纳入刑事处罚。第三，动态性。

行踪轨迹信息区别于姓名、用人单位、车牌号、联系方式等其他身份信息，其标志特征在于动态性，包括时空动态变化，也包括信息实时变化。例如，获取他人的航班信息、车票信息等，由于这些信息属于静态，不具有动态变化性，不属于刑法保护的行踪轨迹信息，而属于民法保护的隐私信息。

（三）网络活动踪迹属于行踪轨迹信息的谨慎认定

随着网络技术的发展，网络已经从犯罪手段演化为犯罪空间，人们进入了现实社会和网络社会“双层社会”。与现实社会类似，人们在网络空间也会留下轨迹信息，如浏览网页记录、使用应用程序（APP）的时间时长、访问其他个人页面、购物、聊天、游戏、观看视频等网络活动轨迹信息。这种网络活动轨迹信息，是否属于侵犯公民个人信息罪中的行踪轨迹信息，应当谨慎认定。因为网络活动轨迹信息一般不具有识别性，不能据此识别特定公民主体，从而威胁该特定主体的人身安全，此时一般只认定为隐私信息。但是，如果根据使用移动网络基站网络地址动态变化，可以认定其在现实生活中的行踪轨迹，则可以认定为公民个人信息罪中的行踪轨迹信息。当然，如果是固定化环境的网络地址，相当于某房屋信息一样，不具有行踪轨迹信息的动态化特点，因而仍不属于行踪轨迹信息，而只属于隐私信息。

三、“私家侦探”犯个人信息罪的司法认定

（一）聘请“私家侦探”的委托人是否构成共同犯罪

聘请“私家侦探”的委托人，是否构成侵犯个人信息罪的共同犯罪，可以从共同犯罪的构成要件分析。委托人和“私家侦探”具有共同的犯罪故意，二者相互之间存在意思联络，都认识自己并非单独窃取个人信息，而是与其他人相互配合实施，也都认识或应当认识该行为是犯罪行为。此种情形类似雇凶杀人，委托人与直接作案人构成故意杀人的共同犯罪。因此，“私家侦探”及其委托人构成侵犯个人信息罪的共同犯罪。同时，还需根据“情节严重”入罪的“分级保护结构”、踪迹、通信内容、征信、财产等第一类敏感信息50条以上，住宿信息、通信记录、健康生理信息、交易信息等其他可能影响人身、财产安全的第二类敏感信息500条以上的，其他信息5000条以上，综合判定委托人是否达到入罪标准。

（二）“私家侦探”信息被用于下游犯罪时的处理

《个人信息罪解释》第五条规定，出售或者提供行踪轨迹信息被他人用于犯罪的，以及知道或者应当知道他人利用公民个人信息实施犯罪向其出售或者提供的，均属于情节严重构成侵犯个人信息罪。此处“用于犯罪”“实施犯罪”语焉不详，是需要罪名实际成立，还是指该行为违法即可？根据罪责刑相适应原则，此处的犯罪并不要求实际罪名成立，只需要行为在违法层面构成犯罪。例如，基于委托人便于实施盗窃而向其出售行踪信息，即使因数额不够、主体未满十六周岁或临时起意抢劫等，盗窃罪未实际成立时，“私家侦探”也构成侵犯个人信息罪。当信息提供人知道该个人信息被对方用于从事犯罪活动时，提供人是构成下游犯罪的共同犯罪，还是构成侵犯个人信息罪，抑或构成数罪？此时应当根据提供者主观认识的可能性认定。如果明知对方用于某犯罪活动，则属于有意思联络的片面帮助犯，构成侵犯个人信息罪与下游犯罪的帮助共犯的想象竞合。如果仅认识到对方可能用于犯罪活动，则只构成侵犯个人信息罪。

（三）“私家侦探”是否构成非法经营罪

“私家侦探”未经许可或者超过许可范围从事相关活动，是否构成非法经营罪？《中华人民共和国刑法》第二百二十五条规定“其他严重扰乱市场秩序的非法经营行为”兜底条款，非法经营罪成为一个口袋罪名。非法经营罪侵犯的客体是市场秩序，是对国家正常市场经济秩序的扰乱。“私家侦探”行为主要不是对市场秩序的冲击，而是对个人信息安全、公民生活安宁的一种冲击。再加上《中华人民共和国刑法》已经规定了侵犯公民个人信息罪，并不需要适用非法经营罪这一口袋。当然，但“私家侦探”并未达到构成侵犯个人信息罪所需要的“情节严重”入罪标准时，如果此时已经达到非法经营罪的入罪标准，仍可适用非法经营罪予以规制。

四、本案的参考适用

网络技术发展日新月异，大数据时代已经到来，公民个人行踪轨迹信息被大量频繁收集、分析和利用，这就要求刑事司法紧跟时代，切实平衡大数据信息利用和公民个人信息保护之间的复合法益。对于“私家侦探”，是否赋予其有限度的合法地位，通过合理使用社会力量和民间力量，补充我国司法机关调查取证资源能力的不足，是我们需要尽快讨论并解决的一个重要问题。“私家侦探”在执行财产线索追查、民事诉讼证据调查、刑事自诉案件调查等方面，客观上能帮助司法机关了解认定案件事实。应当借鉴域外“私家侦探”的有益经验，对“私家侦探”的注册管理、从事范围、调查方式、证据能力、责任后果等进行科学合理规范，让现实社会灰色的地带清晰明了、有法可依。

编写人：重庆市第一中级人民法院　代英勋　李遵礼

二、侵犯财产罪

（一）抢劫罪

37

盗窃未遂返回现场使用暴力解救共犯的行为如何定性

——马某某等抢劫案

【案件基本信息】

1. 裁判书字号

广西壮族自治区扶绥县人民法院（2021）桂1421刑初152号刑事附带民事判决书

2. 案由：抢劫罪

【基本案情】

2020年5月7日晚，被告人马某某、黄某某、陆某某、马某1伙同陈某某等去到扶绥县柳桥镇某水库偷鱼，承包水库养鱼的老板唐某某、余某某及工人余某1、余某2等发现后将陈某某抓获，并打电话报警。马某某、黄某某、陆某某、马某1等逃离水库后，发现陈某某被抓，随即蒙着面、戴着口罩、手持木棍光着膀子回到水库解救被抓获的陈某某。后陈某某趁机挣脱逃跑，余某某、唐某某上前追逐被马某某、黄某某、马某1等人手持木棍殴打致伤，而马某某在逃脱过程中被余某某抓获，并被唐某某、余某某等人打伤。马某某被赶到现场的公安人员带走后，唐某某、余某某也离开现场，而留在现场的余某2被赶来的案外人马俊聪等人殴打致伤。经鉴定，唐某某的人体损伤程度构成轻微伤，余某某的人体损伤程度构成轻伤一级，马某某的人体损伤程度构成轻伤二级。经扶绥县价格认证中心对被盗的罗非鱼进行价格鉴定，认定损失价格为人民币122元。

案发后，被告人马某某、黄某某被依法传唤到案，陆某某主动投案，三人到案后均对到某水库盗鱼、打人、解救同伙等事实进行了供认。

【案件焦点】

行为人返回盗窃现场使用暴力解救同伙是否构成转化型抢劫。

【法院裁判要旨】

广西壮族自治区扶绥县人民法院经审理认为：被告人马某某、黄某某、陆某某、马某1与同伙共同实施盗窃行为过程中，为解救在盗窃现场被抓获的同伙，而抗拒抓捕当场使用暴力，情节严重，其行为已转化为抢劫，构成抢劫罪。在共同犯罪中，四被告人共同实施盗窃，在抗拒抓捕中均积极参与，均起主要作用，都是主犯，依法应当按照其所参与的全部犯罪进行处罚，但陆某某所起的作用相对较小，在量刑时应有所体现。案发后，马某某、黄某某被传唤到案，陆某某主动投案，三人到案后虽然均对盗鱼、打人、解救同伙等事实进行了供认，但在庭审中却对公诉机关指控的主要事实予以否认，不能认定为坦白或自首。马某1具有犯罪前科，在量刑时可酌情从严考虑。

四被告人的共同犯罪行为给原告人余某某、唐某某造成了人身损害，除应承担刑事责任外，还应连带承担相应的民事赔偿责任。原告人余某2遭受的人身损害不是被告人马某某、黄某某、陆某某、马某1一伙殴打造成的，故余某2向四被告人主张赔偿经济损失，无法律依据，不予支持。反诉原告人马某某因实施盗窃及解救同伙的行为被打伤，造成了相应的经济损失，但其被打伤之前先实施了盗窃并使用暴力解救同伙、抗拒抓捕才遭致反诉被告人一方的反击致伤。马某某与同伙所实施的行为本身就是违法犯罪行为，本应受到法律的惩处，而反诉被告人一方为了抓捕偷盗者进行反击属正当防卫，造成马某某轻伤二级，反击行为结果并没有超过必要的限度，且马某某无证据证实其被余某某抓获后，在失去反抗能力的情况下被余某某、唐某某、余某 2 等人故意殴打致伤。故对马某某所主张的反诉请求，不予支持。

广西壮族自治区扶绥县人民法院依照《中华人民共和国刑法》第二十五条第一款、第二十六条第一款和第四款、第三十六条第一款、第六十一条、第六十四条、第二百六十三条、第二百六十九条，《最高人民法院关于审理抢劫、抢夺刑事案件适用法律若干问题的意见》第五条第三项和第四项，《中华人民共和国刑事诉讼法》第一百零一条第一款、第一百零三条，《最高人民法院关于适用〈中华人民共和国刑事诉讼法〉的解释》第一百七十五条、第一百九十二条第一款和第二款，《最高人民法院关于适用〈中华人民共和国民法典〉时间效力的若干规定》第一条第二款、第二条，《最高人民法院关于审理人身损害赔偿案件适用法律若干问题的解释》第十七条第一款、第十九条、第二十条、第二十一条、第二十二条、第二十三条之规定，作出如下判决：

一、被告人马某某犯抢劫罪，判处有期徒刑三年六个月，并处罚金人民币 5000 元；

二、被告人马某 1 犯抢劫罪，判处有期徒刑三年三个月，并处罚金人民币 5000 元；

三、被告人黄某某犯抢劫罪，判处有期徒刑三年三个月，并处罚金人民币 5000 元；

四、被告人陆某某犯抢劫罪，判处有期徒刑三年，并处罚金人民币 5000 元；

五、责令被告人马某某、黄某某、陆某某、马某 1 共同退赔被害人余某某、唐某某的经济损失 122 元；

六、被告人马某某、黄某某、陆某某、马某 1 连带赔偿附带民事诉讼原告人余某某的经济损失121888.22元，连带赔偿附带民事诉讼原告人唐某某的经济损失881.06元；

七、驳回附带民事诉讼原告人余某某、唐某某的其他诉讼请求；

八、驳回附带民事诉讼原告人余某2的诉讼请求；

九、驳回反诉原告人马某某的反诉请求。

一审判决后，被告未提起上诉，检察机关未提起抗诉，该判决已发生法律效力。

【法官后语】

本案难点主要在于被告人马某某等盗窃未遂后返回盗窃现场使用暴力解救同伙的行为是否符合转化型抢劫的"当场"这一时间要件，从而认定是否构成转化型抢劫罪。

根据《中华人民共和国刑法》第二百六十九条的规定，构成转化型抢劫罪需要具备以下三个条件：(1) 前提条件。行为人实施的是盗窃、诈骗或者抢夺的行为。(2) 目的条件。为了窝藏赃物、抗拒抓捕或者毁灭证据。(3) 手段条件。当场使用暴力或者以暴力相威胁。审判实务中，比较好把握的是前提条件和目的条件，手段条件较难把握，而手段条件中的"当场"这一时空要件是难点，也容易引发争议。对此，结合本案，笔者对转化型抢劫中的"当场"进行分析。

转化型抢劫罪的"当场"，包括行为人实施盗窃的作案现场，也包括行为人逃离作案现场即刻被人发现后的整个被抓捕的过程。把握"当场"这一时间要件，需要从时空的连续性、前行为与后行为的关联性、抓捕事态的延续性这三个因素来分析。

1. 时空的连续性。时空包括时间和空间，即盗窃行为与抗拒抓捕行为在时间和空间上须紧密相连。所谓的紧密相连并非机械地认为前后行为必须保持同一时间、同一地点的重合性，点与点之间即使发生短暂的间隔，但只要事态没有间断，都属于时空的连续性。本案四被告人与陈某某等共同实施盗窃，陈某某被被害人在现场抓获并报警等待移交公安民警，而四被告人在逃离水库后发现同伙陈某某被抓，随即共同返回陈某某被抓获的现场使用暴力帮助陈某某逃脱，符合时间上的继续性和空间上的连续性。

2. 前行为与后行为的关联性。盗窃行为与使用暴力相威胁或使用暴力抗拒抓捕、窝藏赃物、毁灭罪证之间密切相连。即行为人使用暴力或使用暴力相威胁是为了窝藏盗窃所得、抗拒抓捕或者毁灭盗窃的罪证。本案中，四被告人盗窃未遂逃离水库后发现同伙被被害人抓获，为了抗拒被害人的抓捕，蒙面、戴口罩、手持木棍共同返回现场解救同伙，再次与被害人发生暴力冲突，四被告人的盗窃行为与暴力解救同伙的行为系引起和被引起的关系，具有紧密关联性。

3. 追捕事态的延续性。即对行为人的追捕处于持续不间断的过程。本案中，陈某某被抓获后处于追捕人力所能及的控制范围之内，但在极短的时间内，陈某某因盗窃同伙返回现场使用暴力促使其逃脱，虽然抓获现场位置随着陈某某的逃脱和被害人追捕四被告人等情况发生了距离上的变化，但仍属于抓捕事态的延伸，具有延续性。

综上，本案被告人的行为符合转化型抢劫的构成要件，构成抢劫罪。

另外，在司法实践中还需要注意的是，盗窃是否既遂不影响转化型抢劫罪的成立，只要行为人在实施盗窃行为过程中，为窝藏赃物、抗拒抓捕或者毁灭罪证而当场使用暴力或者以暴力相威胁的，就应当以抢劫罪定罪处罚。如果要求成立转化型抢劫罪必须以行为人构成盗窃罪、诈骗罪、抢夺罪为前提条件，必然会使大量具有严重社会危害性的行为逃离法律的制裁。

编写人：广西壮族自治区扶绥县人民法院　石莉娟　黄忠信

38

胁迫程度不足以压制对方反抗的不宜认定为转化型抢劫

——杨某盗窃、抢劫案

【案件基本信息】

1. 裁判书字号

辽宁省大连市中级人民法院（2022）辽02刑终338号刑事判决书

2. 案由：盗窃罪、抢劫罪

【基本案情】

被告人杨某因犯盗窃罪于2013年8月16日被判处有期徒刑一年，并处罚金人民币1万元，2014年1月19日刑满释放。主要犯罪事实如下：

1. 盗窃事实

2021年4月至12月，被告人杨某在某街道采取翻墙入户方式实施盗窃8起，所得赃款、赃物中能够确认价值的合计20448元。(具体事实略)

2. 抢劫事实

2021年10月12日，被告人杨某在徐某某家中实施盗窃后从侧墙上搭的爬梯进入被害人郝某某家大院后，从房屋窗户进入屋内，盗得现金60元，银项链4条，其间郝某某回家在大院中发现被告人的盗窃行为，被告人即在屋内将房屋前门反锁，欲将盗窃的钱还给在房屋外面的郝某某后让郝某某放其逃走，后见郝某某继续招呼他人来抓捕被告人，被告人又从屋内拿起一把菜刀吓唬郝某某，后见郝某某仍在呼喊他人来抓捕被告人，被告人遂开启房屋后门逃走。现金被被告人花掉，银项链被被告人丢弃。银项链无法估价。

【案件焦点】

被告人杨某的行为是否构成转化型抢劫。

【法院裁判要旨】

辽宁省大连市金州区人民法院经审理认为：被告人杨某以非法占有为目的，在入户盗窃被发现后，其欲将盗窃的钱还给在户外的被害人后让被害人放其逃走，后为抗拒抓捕，其本人在户内将户门反锁，又对被阻隔在户外的人采取暴力手段相威胁，威胁户外的人放其逃走，其行为构成抢劫罪。被告人杨某以非法占有为目的，采取秘密手段多次入户窃取他人财产，其行为构成盗窃罪。被告人杨某一人犯数罪，应当数罪并罚。辽宁省大连市金州区人民法院对杨某以抢劫罪判处有期徒刑三年七个月，并处罚金 5000 元，以盗窃罪判处有期徒刑一年十个月，并处罚金 20000 元，两罪并罚，决定执行有期徒刑五年，并处罚金 25000 元。

辽宁省大连市金州区人民检察院的抗诉意见是原判未认定入户抢劫属于适用法律错误；一审判处被告人有期徒刑五年，属于量刑畸轻。

辽宁省大连市中级人民法院经审理认为：被告人杨某以非法占有为目的，采取秘密手段多次入户窃取他人财产，数额较大，其行为构成盗窃罪。原判认定被告人构成转化抢劫，但被告人的行为不符合转化抢劫罪中“为抗拒抓捕而当场使用暴力或者以暴力相威胁的”，不宜认定为抢劫罪，故原判认定其构成抢劫罪不当。大连市中级人民法院据此依法改判，对被告人杨某以盗窃罪判处有期徒刑二年八个月，并处罚金人民币 20000 元。

【法官后语】

抢劫罪的入罪标准要求暴力手段达到一定程度，即是否“足以使被害人不能反抗、不敢反抗、不知反抗”。不管是普通抢劫还是转化型抢劫，这两种抢劫形式的暴力程度都应当达到“三不”的标准。

本案中，被告人的行为不符合转化抢劫的条件，不成立抢劫罪，可以盗窃罪定罪处罚。主要理由如下：

1. 被告人的胁迫行为不足以压制被害人反抗，没有实质侵害他人人身法益，不符合转化抢劫的成立条件。根据《中华人民共和国刑法》第二百六十九条规定，犯盗窃、诈骗、抢夺罪，为窝藏赃物、抗拒抓捕或者毁灭罪证而当场使用暴力或者以暴力相威胁的，依照本法第二百六十三条的抢劫罪定罪处罚，这是转化抢劫的成立条件。所谓抗拒抓捕行为，即行为人对抓捕人故意实施殴打、伤害等危及人身健康或生命安全的行为，或者以实施上述暴力行为相威胁，从而压制他人反抗或使他人不敢反抗，从根本上看抗拒抓捕系侵害他人意思活动自由的行为。抗拒抓捕行为具有两个特点：一是被告人暴力行为的主动性。在抗拒抓捕中，被告人使用暴力是积极主动的，这一特征使得抗拒抓捕与以摆脱方式逃脱抓捕相区别，在后者中，被告人使用暴力是被动的，是为满足逃跑所需，如实施盗窃行为后为翻墙逃跑的顺势蹬踹行为等。二是被告人暴力行为的压制性。转化抢劫与普通抢劫在本质上具有同一性，且社会危害性相当，根本原因在于被告人都是通过采取足以压制对方反抗的行为而取得财物，因此，对转化抢劫也应从其行为是否具备暴力程度的压制性入手，判定被告人的行为是否达到足以压制对方反抗的程度。

结合本案，杨某的行为不宜认定“为抗拒抓捕而当场使用暴力或者以暴力相威胁”，因为，盗窃行为被发现后，杨某即在屋内将屋门锁上，此时被害人在院子里，二人虽可透过玻璃相互看见，但仍有墙壁阻隔。二人对峙期间，杨某虽在屋内持刀威胁放其离开，但不具备当场使用暴力的条件和现实危险，更不足以压制被害人反抗或者使其不敢反抗，杨某的行为没有实质侵害被害人的人身法益，因此，杨某的上述行为不宜认定“为抗拒抓捕而当场使用暴力或者以暴力相威胁”，其行为不符合转化抢劫的成立条件。

2. 与摆脱抓捕行为相比较，杨某的行为无论是社会危害性还是人身危险性均相对较低，对于以摆脱方式脱逃抓捕行为只有造成轻伤以上后果才可能构成抢劫罪，根据举重以明轻的原则，本案被告人的行为不宜认定构成抢劫罪。具体理由如下。

首先，根据《最高人民法院关于审理抢劫刑事案件适用法律若干问题的指导意见》的规定，对于以摆脱的方式逃脱抓捕，暴力强度较小，未造成轻伤以上后果的，可不认定为“使用暴力”，不以抢劫罪论处。该意见将暴力强度较小的摆脱抓捕与强度较大的抗拒抓捕明显区别开来，并对摆脱抓捕行为提高了入罪门槛，即造成轻伤以上后果，才可能构成抢劫罪。

其次，如果从社会危害性、人身危险性的角度将抗拒抓捕、摆脱抓捕与本案被告人的行为进行排序，从高到低依次为抗拒抓捕、摆脱抓捕、本案被告人行为。因为不论是抗拒抓捕还是摆脱抓捕，一般均要求被告人与被害人在案发现场有肢体冲突或者有肢体冲突的现实危险，这也是法律规定抢劫罪既侵犯人身，又侵犯财产的双重法益的内在要求，而本案被告人与被害人之间以墙壁阻隔，不可能发生肢体冲突，这也使本案被告人行为与抗拒抓捕、摆脱抓捕有显著区别。

结合本案，当被告人的行为被发现后，其主动将房屋前门反锁，说明其不具备与被害人发生肢体冲突的意愿，又因为二人以墙壁阻隔，也不可能发生肢体冲突。其间，被告人表示还钱并让被害人放其离开，虽持刀威胁，但未主动攻击，后自行从后门逃离，上述事实说明被告人不具备当场使用暴力的条件和现实危险。因此，本案被告人行为的社会危害性和人身危险性明显低于以摆脱方式脱逃抓捕行为，也没有实质上侵犯到被害人的人身权益，亦未发生轻伤以上后果，根据举重以明轻的原则，被告人的行为不宜认定为抢劫罪。

3. 基于罪责刑相适应的原则，被告人的行为不宜认定构成抢劫罪。根据罪责刑相适应原则，犯多大的罪，就应承担多大的刑事责任，法院也应判处其相应轻重的刑罚，做到重罪重罚，轻罪轻罚，罚当其罪，罪刑相称；在分析罪重罪轻和刑事责任大小时，不仅要看犯罪的社会危害性，还要考虑行为人的主观恶性和人身危险性，把握罪行和罪犯各方面因素综合体现的社会危害性程度，从而确定其刑事责任程度，适用相应轻重的刑罚。结合本案，被告人入户盗窃60元现金和四条银项链，暴力程度较轻，社会危害性和人身危险性相对较低，如果构成转化抢劫，也属于入户抢劫，有可能判处十年以上有期徒刑，量刑明显不平衡、不匹配、不适应，有悖罪责刑相适应原则，因此，从罪责刑相适应的角度也不宜认定被告人的行为构成抢劫罪。

编写人：辽宁省大连市中级人民法院　裴宇　李晓萃　杨筱宸

39

抢劫罪与强拿硬要型寻衅滋事罪的界分

——李某某抢劫案

【案件基本信息】

1. 裁判书字号

北京市第二中级人民法院（2022）京02刑终318号刑事裁定书

2. 案由：抢劫罪

【基本案情】

被告人李某某与被害人苑某某于2021年10月25日20时许通过聊天软件“A”相识，并相约于当晚22时许在本市酒吧喝酒。次日凌晨1时许，二人共乘李某某的电动车离开酒吧，路途中李某某提出向苑某某借款，苑某某表示同意。约凌晨2时许，二人到达本市某公园后停车下车继续商谈，商谈过程中苑某某表示不同意借款给李某某，并趁李某某不备向旁边逃跑，李某某见状在后追赶，追逐约40秒后李某某追上苑某某，并用手拉拽住苑某某的头发，致苑某某顶部头皮擦伤2处，右颞顶部头皮挫伤1处。苑某某遂使用手机向李某某转账共计人民币550元。经鉴定，被害人苑某某的身体所受损伤程度符合轻微伤。

【案件焦点】

被告人的行为构成抢劫罪还是强拿硬要的寻衅滋事行为。

【法院裁判要旨】

北京市西城区人民法院经审理认为：被告人李某某以非法占有为目的，以暴力方法抢劫他人财物，其行为侵犯了公民的人身权利和财产权利，已构成抢劫罪，应依法惩处。鉴于被告人李某某曾因违法行为被行政处罚，可酌情从重处罚；其家属已代为退赔被害人损失并取得被害人谅解，可酌情从轻处罚。关于李某某的行为是否构成抢劫罪的问题。经查，根据现有证据可以认定的事实是，虽然苑某某在二人骑车去案发地的途中同意了李某某的借款要求，但在到达案发地后双方再次商议此事时，苑某某已经明确表示了不同意借款，在此之后也无证据证明苑某某又同意了借款。而在苑某某表示不同意借款后，李某某仍然强行提出要求借款，苑某某趁李某某不备逃跑的行为可以证实苑某某当时确实不愿意给李某某钱的真实意愿。而李某某看到苑某某逃跑后在后追赶，追上苑某某后用手拉拽苑某某的头发，导致苑某某的头皮受伤，已经构成使用暴力手段。李某某提出其系碰到苑某某的头发，二人摔倒导致苑某某的头皮受伤的辩解不符合常理，也与苑某某所受伤情不符。此时李某某已经使用暴力手段迫使苑某某顺从于其，并按照其要求转账款项，李某某收款后已经构成抢劫罪既遂。之后二人又共同回到电动车旁并一同骑车离开，李某某将苑某某送到某超市门口打车的行为均发生在苑某某已经迫于李某某的暴力而顺从于其之后，不影响抢劫既遂的成立。事后苑某某与张某某的网络社交平台聊天记录、李某某与陈某某的网络社交平台聊天记录均证实苑某某、李某某陈述事情经过是李某某说要借钱，苑某某不给就打他，均可对抢劫事实予以佐证。李某某及其辩护人辩称李某某对陈某某说的话是吹牛的意见，不足以推翻该证据。综上可以认定被告人李某某构成抢劫罪。故判决：

一、被告人李某某犯抢劫罪，判处有期徒刑三年六个月，并处罚金人民币 6 万元；

二、在案扣押被告人李某某所持手机一部予以变卖，变卖款冲抵罚金。

北京市第二中级人民法院经审理认为：上诉人（原审被告人）李某某以非法占有为目的，以暴力方法抢劫他人财物，其行为已构成抢劫罪，依法应予惩处。经查，被害人苑某某的陈述、证人张某某的证言、司法鉴定意见书、监控录像等证据能够证实，2021 年 10 月 26 日凌晨 1 时许，被害人苑某某与被告人李某某在酒吧喝酒后，苑某某乘坐李某某的电动自行车离开酒吧，途中李某某向苑某某提出借款；凌晨 2 时许，二人到达某公园停车商谈；苑某某不愿意借钱给李某某，并趁机逃跑，李某某追上苑某某，对苑某某使用暴力，当场要求苑某某给其网络社交平台转款 550 元，并致苑某某的顶部头皮擦伤 2 处，右颞顶部头皮挫伤 1 处，李某某行为不应评价为强拿硬要少量财物的寻衅滋事行为。被告人李某某以非法占有为目的，以暴力手段抢劫苑某某的财物，其行为符合抢劫罪的构成要件；原判认定其犯抢劫罪定罪准确，量刑适当。北京市第二中级人民法院依照《中华人民共和国刑事诉讼法》第二百三十六条第一款第一项之规定，裁定：

驳回上诉，维持原判。

【法官后语】

本案的争议焦点在于被告人的行为构成抢劫罪还是强拿硬要的寻衅滋事行为。

寻衅滋事罪是严重扰乱社会秩序的犯罪，在行为人实施寻衅滋事的行为时，客观上也可能表现为强拿硬要公私财物的特征，这种强拿硬要的行为与抢劫罪的区别在于：前者行为人主观上还具有逞强好胜和通过强拿硬要来填补其精神空虚等目的，后者行为人一般只具有非法占有他人财物的目的；前者行为人客观上一般不以严重侵犯他人人身权利的方法强拿硬要财物，而后者行为人则以暴力、胁迫等方式作为劫取他人财物的手段。也有观点认为，强拿硬要型寻衅滋事罪与抢劫罪的区分在于有因还是无因。抢劫罪的目的在于非法占有他人财物，在客观上表现为直接以暴力或者胁迫方法取得他人财物，一般来说都是没有动机的行为。强拿硬要型寻衅滋事基于流氓动机，行为人虽然具有取得财物的意思，主要还是意图通过取得财物满足其流氓动机①。本案认定被告人构成

---

① 陈兴良主编：《刑法各论精释》，人民法院出版社 2015 年版，第 1002 页。

抢劫罪有以下三点理由。

第一，在主观方面，行为人具有非法占有他人财物的目的。被害人苑某某与被告人李某某在酒吧喝酒，后李某某要求搭乘苑某某的电动自行车，途中李某某即向苑某某提出借款。苑某某因手机还在李某某手里，所以其只好被迫答应。二人将电动自行车停到某花园后，苑某某要回手机，并表示不愿借钱，后趁机逃跑，能够反映苑某某不愿给李某某钱的主观意愿。李某某追上苑某某后殴打苑某某，并继续索要钱款，可见李某某具有非法占有他人财物的目的，而非强拿硬要的寻衅滋事行为中“为寻求精神刺激，获取某种精神满足的流氓动机”。

第二，在客观方面，行为人以暴力手段劫取他人财物。苑某某不愿给李某某钱，而趁机逃跑，李某某追上并殴打苑某某，后苑某某被迫通过网络社交平台转给李某某550元。酒吧老板向李某某询问情况时，李某某网络社交平台回复称“不给我钱我就打他”“我要的是钱，他要的是命”。李某某以实施殴打的直接暴力方式，压制被害人试图逃跑等反抗行为，对被害人精神产生巨大强制作用，迫使对方当场交付财物，符合抢劫罪的客观要件。

第三，在客体上，行为人不仅侵犯了被害人的财产所有权，还侵犯了被害人的人身权利。抢劫罪侵犯的是财产所有权和人身权利双重客体，这也是抢劫罪区别于其他犯罪的重要标志。寻衅滋事罪侵犯的客体是社会公共秩序，侧重于评价对社会公共秩序造成严重影响的犯罪行为。本案中，李某某为劫取被害人财物，而追赶并殴打苑某某。经鉴定，被害人苑某某的身体所受损伤程度为轻微伤。李某某以暴力方式劫取财物的行为，不仅侵害了被害人的财产所有权，还造成了被害人身体损伤的结果，侵犯了被害人的财产权利和人身权利双重客体。此外，本案发生于凌晨2时一处街边公园，案发时并无其他人员，从时空特点来看，并未对社会公共秩序造成严重影响，不宜评价为寻衅滋事行为。

综上，被告人以非法占有为目的，以暴力手段抢劫被害人财物，符合抢劫罪的构成要件，不应评价为强拿硬要少量财物的寻衅滋事行为。

编写人：北京市第二中级人民法院　丛卓义　邵泓斐

40

被告人辩解无当场取财目的时，敲诈勒索罪与抢劫罪的界分

——刘某某抢劫、盗窃案

【案件基本信息】

1. 裁判书字号

北京市第二中级人民法院（2022）京02刑终141号刑事裁定书

2. 案由：抢劫罪、盗窃罪

【基本案情】

1. 被告人刘某某于2021年8月1日18时许，在某商场一期地下三层停车场内，趁被害人华某打开车门进入车内之机，持刀相威胁，后二人在车外僵持过程中，被害人华某趁机逃脱，被告人刘某某随即将被害人华某放在车内的挎包拿走并逃跑，后其在逃跑过程中将挎包连同包内物品丢弃在地下车库，包内有手机1部、镶嵌翡翠吊坠1件、K金项链1条。经鉴定，上述物品共计价值人民币14435元。涉案赃物已起获并发还。被告人刘某某于8月2日被市公安局某分局刑侦支队民警抓获到案，当场从其身上起获菜刀1把及其他物品。

2. 被告人刘某某于2021年7月22日9时许，在某大厦门前，将快递员石某的电动三轮快递车开走，车内有尚未派送的快递商品以及被害人石某的个人物品，后被害人石某根据车上定位将车辆找回，经清点，丢失快递商品50余件。经鉴定，上述被盗电动三轮车价值人民币3300元。民警从被告人刘某某身上起获了锤子1个、银色金属质项链1条。被告人刘某某于7月25日11时许，在某商场地下一层饮品店的操作间内，盗窃被害人袁某的挎包1个，内有身份证1张、银行卡、口红等物品。民警从被告人刘某某身上起获了袁某的身份证

1张，其他涉案赃物未起获。被告人刘某某于7月29日8时许，在某胡同×号门前，从被害人唐某的车内盗窃挎包2个，其中绿色挎包内有无线耳机、卡包、化妆品、身份证、银行卡等物品，黑色挎包内有深棕色卡包、化妆品、驾驶证、银行卡等物品。经鉴定，上述被盗物品共计价值人民币11131元。涉案赃物已起获并发还。

【案件焦点】

如何准确判断和认定被告人的行为性质。

【法院裁判要旨】

北京市东城区人民法院经审理认为：被告人刘某某无视国法，曾因盗窃、冒用他人身份证及犯盗窃罪、抢劫罪多次被行政处罚及判处刑罚，仍不思悔改，又以非法占有为目的，以暴力、胁迫方法劫取他人财物并多次秘密窃取他人财物，其行为侵犯了公民的财产权利和人身权利，已构成抢劫罪、盗窃罪，依法应予刑罚处罚。依照《中华人民共和国刑法》第五十二条、第五十三条、第六十四条、第六十五条第一款、第六十九条、第二百六十三条、第二百六十四条之规定，判决如下：

一、被告人刘某某犯抢劫罪，判处有期徒刑六年，并处罚金人民币12万元；犯盗窃罪，判处有期徒刑二年六个月，并处罚金人民币2万元，决定执行有期徒刑八年，并处罚金人民币14万元；

二、责令被告人刘某某退赔被害人石某人民币5193.14元；

三、未随案移送的扣押物品由扣押机关依法处理。

刘某某不服一审判决，以其不具有抢劫故意、仅具有敲诈勒索之故意且系犯罪中止为由提起上诉。北京市第二中级人民法院经审理认为：上诉人刘某某以非法占有为目的，以暴力、胁迫方法劫取他人财物，其行为已构成抢劫罪，依法应予惩处；以非法占有为目的，多次秘密窃取他人财物，数额较大，其行为构成盗窃罪，依法亦应予惩处，并数罪并罚。鉴于上诉人曾因故意犯罪被判处有期徒刑，刑罚执行完毕以后，五年内再犯应当判处有期徒刑以上刑罚之罪，系累犯，依法从重处罚。一审法院根据刘某某犯罪的事实、犯罪的性质、情节及对于社会的危害程度所作的判决，定罪及适用法律正确，量刑适当，责令退赔被害人损失及对在案扣押物品的处理亦无不当，审判程序合法，应予维持。依照《中华人民共和国刑事诉讼法》第二百三十六条第一款第一项之规定，裁定：

驳回上诉，维持原判。

【法官后语】

本案中，被告人持刀威胁致被害人逃跑后，将被害人车内的财物取出，最后将该财物置留在作案现场附近。被告人辩解称仅想威胁被害人拍摄裸照以日后实施敲诈，并无当场取财的目的，事后系临时起意取走被害人的财物。案件如何定性存在两种意见，一种意见认为被告人的行为构成敲诈勒索罪的犯罪预备和盗窃罪的既遂，另一种意见认为被告人的行为构成抢劫罪既遂。法院最后采纳了第二种观点。

两种观点的本质区别在于对被告人的威胁行为与取财行为应当分割评价还是整体评价，这涉及抢劫罪与敲诈勒索罪的区分。传统理论通说认为二罪的区别在于是否符合"两个当场"，即满足当场使用暴力或以暴力相威胁，并且当场获取财物的，构成抢劫罪；虽当场使用暴力或以当场使用暴力相威胁但事后获财，或者虽当场获得财物，但仅以事后使用暴力相威胁的，构成敲诈勒索罪。实际上，"两个当场"更多是从经验性、形式化的角度区分二罪，二罪的实质区别在于客观手段的特征。二罪的客观构成要素虽都包含威胁的手段，但在威胁的内容、方式、程度和时限上都有所区别。抢劫罪是当面使用暴力胁迫，当场劫财，遇有抵抗时立即施加暴力致使被害人无法反抗；而敲诈勒索罪则是以暴力加害被害人，或者以揭发被害人的隐私、毁坏其财产等相威胁、要挟，逼迫被害人当场交出财物，或者限期送交财物。二者比较而言，敲诈勒索罪较抢劫罪虽然威胁的内容要广，但程度稍轻，时限稍缓，使被害人有回旋的余地。故抢劫罪与敲诈勒索罪的本质区别在于被告人的威胁行为是否足以压制被害人的反抗使其交付财物，如果足以压制被害人的反抗，则构成抢劫罪，取财的时限限于当场；如果并未压制被害人反抗，即使当场使用暴力、当场取财也未必构成抢劫罪，而应构成敲诈勒索罪。

本案中，被告人虽辩解称仅想威胁被害人拍摄裸照以日后实施敲诈，事后取财系临时起意，但综合考虑案发的过程、被告人的主观动机及被告人辩解的合理性，仍应将被告人的暴力威胁行为与事后取财行为进行整体评价。

其一，就客观行为而言，被告人实施了持刀对被害人暴力威胁并控制被害人人身自由的行为，虽然被害人逃脱前被告人尚未明确提出索财要求，但结合案发在傍晚的地下停车场、周围无他人在场及二人的年龄、性别、力量对比情况，无论是从该行为在当前治安环境下对社会公众造成的畏惧感，还是从被害人逃脱时呼救“有人杀人了”的实际反应分析，均可认定被告人的行为对被害人的人身安全造成了现实、紧迫的威胁，达到了使被害人不敢反抗、不能反抗从而不得已逃脱的程度。

其二，就客观结果而言，被害人为逃脱控制被迫将汽车等财物留在现场，被告人随即将被害人车内的财物取出，时间关系紧密，足以认定被告人占有被害人财物与压制被害人反抗的行为之间具有刑法上的因果关系。

其三，就主观故意而言，被告人虽辩称其仅想通过拍摄单身女性照片的方式实施敲诈勒索犯罪，但在案证据证明被告人客观上实施了持刀对被害人暴力威胁，并在被害人被迫逃离现场失去对涉案财物控制的情况下，立即占有涉案财物的行为。该行为足以证明被告人在非法取财目的支配下对自己的行为手段并未克制在敲诈勒索犯罪的程度内，以暴力威胁压制被害人反抗后取得他人财物的行为实际上并未超出其意志范围。况且，被告人供称自己因手头已无生活费，在案发地点蹲守被害人较长时间后选择作案，更能印证其主观动机是迫切取得财物，其所提为了日后实施敲诈勒索的辩解不具有可信性。故应当认为被告人的行为构成抢劫罪。

此外，被告人虽最终将取得的财物置留在作案现场附近，但不成立犯罪中止。被害人挣脱被告人控制后逃离现场，被告人从被害人的车辆中将涉案挎包取出，该包原本处于被害人支配的空间，由被害人占有，被告人将挎包取出车外便打破了原有的占有状态，从而取得了对挎包的实际控制，导致被害人失去了对该财物的实际控制，该抢劫行为已然既遂。被告人事后将财物丢弃于作案现场附近系犯罪既遂后对赃物的处置行为，不影响对犯罪形态的认定。

编写人：北京市第二中级人民法院　常燕　何朕

41

转化型抢劫既未遂形态及一个减轻处罚情节量刑幅度的司法认定

——潘某某抢劫案

【案件基本信息】

1. 裁判书字号

江西省玉山县人民法院（2021）赣1123刑初28号刑事判决书

2. 案由：抢劫罪

【基本案情】

被告人潘某某的妻子与被害人童某某系亲姐妹关系。2020年10月13日凌晨，被告人潘某某驾驶一辆银灰色小货车从上饶市广信区出发前往玉山，将车停在某酒店边，将事先准备好的“蜘蛛侠”黑白相间连体衣、手电筒、水果刀、黑色绷带和扎带等作案工具，装进一个安慕希的牛奶箱里，之后提着牛奶箱徒步进入某小区的2栋3单元，在该单元的二楼和三楼之间楼梯处，被告人潘某某拿出作案工具，穿上蜘蛛侠黑白相间连体衣，戴上头套，并拿上其他作案工具，从二楼和三楼之间楼梯处的小窗户，攀爬至被害人童某某家（某小区×栋×单元×室）的阳台，并进入客厅，未找到值钱的财物后，进入童某某的主卧房间后，被躺在床上睡觉的童某某发现，被告人潘某某怕童某某大声呼叫随即扑向童某某，用左手捂住童某某的嘴巴，另外一只手控制住反抗的童某某，童某某争夺潘某某右手的水果刀，在争夺的过程中，童某某的左手被水果刀划伤，潘某某的右手也有不同程度的划伤，在双方发生撕扯的几分钟之后，被告人潘某某跑出主卧，从童某某家大门逃出，随后将作案工具遗留在该单元的一楼和二楼之间的管道井内，并驾驶银灰色小货车逃离。被告人赔偿了被害人的经济损失并取得其谅解。

【案件焦点】

转化型抢劫罪是否存在未遂形态。

【法院裁判要旨】

江西省玉山县人民法院经审理认为：转化型抢劫罪作为法律拟制的犯罪行为，虽然在犯意的形成及行为模式上与一般抢劫罪有一定差异，但两者是罪质相同的犯罪，在犯罪构成上并无实质区别，侵害的都是复杂客体，既侵犯财产权利又侵犯人身权利。转化型抢劫罪与一般抢劫罪一样，均存在未遂形态。一个减轻处罚情节只能在法定刑下一个量刑幅度内确定刑期，不能连跨两档。关于转化抢劫的认定，行为人实施盗窃、诈骗、抢夺行为未达到数额较大，为窝藏赃物抗拒抓捕或者毁灭罪证，当场使用暴力或者以暴力相威胁，情节较轻的，危害不大的，一般不以犯罪论处；但具有下列情节之一的，可依照《中华人民共和国刑法》第二百六十九条的规定以抢劫罪定罪处罚：（1）盗窃、诈骗、抢夺接近“数额较大”标准的；（2）入户或在公共交通工具上盗窃、诈骗、抢夺后在户外或交通工具外实施上述行为的；（3）使用暴力致人轻微伤以上后果的；（4）使用凶器或以凶器相威胁的；（5）具有其他严重情节的。根据《最高人民法院关于审理抢劫刑事案件适用法律若干问题的指导意见》的规定，入户或者在公共交通工具上盗窃、诈骗、抢夺后，为了窝藏赃物、抗拒抓捕或者毁灭罪证，在户内或者公共交通工具上当场使用暴力或者以暴力相威胁的，构成“入户抢劫”或者“在公共交通工具上抢劫”。本案中，被告人潘某某进入被害人童某某家中实施盗窃，在被被害人发现后，其怕童某某大声呼叫随即扑向童某某，用左手捂住童某某的嘴巴，另外一只手控制住反抗的童某某，童某某争夺潘某某右手的水果刀，在争夺的过程中，童某某的左手被水果刀划伤，后被告人潘某某驾车逃离现场。故此，被告人潘某某构成转化型抢劫罪，且系入户抢劫。抢劫罪侵犯的是复杂客体，既侵犯财产权利又侵犯人身权利，具备劫取财物或者造成他人轻伤以上后果两者之一的，均属抢劫既遂；既未劫取财物，又未造成他人人身伤害后果的，属抢劫未遂。据此，《中华人民共和国刑法》第二百六十三条规定的八种处罚情节中除“抢劫致人重伤、死亡的”这一结果加重情节外，其余七种处罚情节同样存在既遂、未遂问题，其中属抢劫未遂的，应当根据《中华人民共和国刑法》关于加重情节的法定刑规定，结合未遂犯的处理原则量刑。本案中，被告人潘某某既未取得财物，又未造成被害人轻伤以上后果，系抢劫未遂，依法予以减轻处罚。

根据《中华人民共和国刑法》第六十三条的规定，犯罪分子具有本法规定的减轻处罚情节的，应当在法定刑以下判处刑罚；本法规定有数个量刑幅度的，应当在法定量刑幅度的下一个量刑幅度内判处刑罚。犯罪分子虽然不具有本法规定的减轻处罚情节，但是根据案件的特殊情况，经最高人民法院核准，也可以在法定刑以下判处刑罚。被告人潘某某只有一个减轻处罚情节，公诉机关原量刑建议即有期徒刑二年六个月，并处罚金明显不当，其调整后的量刑建议即有期徒刑三年，并处罚金适当，予以采纳。判决：

被告人潘某某犯抢劫罪，判处有期徒刑三年，并处罚金人民币 1 万元。

【法官后语】

一、关于转化型抢劫罪是否存在未遂形态司法实务中存在争议

一种观点认为，转化型抢劫存在既遂、未遂形态，认定转化型抢劫既遂未遂的标准应当与一般抢劫既遂未遂的标准一致。

具体理由如下：

1. 从刑法理上分析，除过失犯罪外，所有故意犯罪均存在未遂形态，转化型抢劫与一般抢劫行为一样，罪质均为抢劫罪，既然一般抢劫罪存在未遂形态，那么转化抢劫也应存在既遂未遂形态。《中华人民共和国刑法》第二百六十九

条只是规定了转化为抢劫罪的条件，即定罪标准，未规定转化即既遂，“当场使用暴力或者以暴力相威胁”仅仅是转化型抢劫罪的成立标志，不能据此否认转化型抢劫不存在既遂未遂形态，对该条款不应随意扩大解释。

2. 从主客观构成要件分析，转化型抢劫与一般抢劫并无实质性区别。从主观方面来看，二者都是直接故意；从犯罪客体来看，转化型抢劫罪与一般抢劫罪都侵犯了财产权利和人身权利。虽然一般抢劫是手段行为在先，主观目的是通过暴力、胁迫或者其他方法非法占有公私财物，因此一般抢劫罪被归入《中华人民共和国刑法》第五章侵犯财产罪章节中。根据《中华人民共和国刑法》第二百六十九条的规定，转化型抢劫罪的目的是窝藏赃物、抗拒抓捕或者毁灭罪证。二者上述差异并未使其在犯罪构成上存在实质区别。

另外，犯罪构成不仅有定性因素的要求，还应有定量因素的要求。判断某一行为是否已具备某种犯罪构成的全部要件，不仅要看行为人是否已实施了相应的行为，还要看该行为对有关刑法所保护的客体的侵害是否已达到了法定程度。根据“构成要件齐备说”之犯罪既遂理论，应当以是否实际取得财物或者有无造成他人轻伤以上伤害结果。抢劫罪的既遂、未遂的认定：抢劫罪侵犯的是复杂客体，既侵犯财产权利又侵犯人身权利，具备劫取财物或者造成他人轻伤以上后果两者之一的，均属抢劫既遂；既未劫取财物，又未造成他人人身伤害结果的，属抢劫未遂。据此，依照《中华人民共和国刑法》第二百六十三条规定的八种处罚情节中除“抢劫致人重伤、死亡”这一结果加重情节外，其余七种处罚情节同样存在既遂、未遂问题。其中属于抢劫未遂的，应当根据刑法关于加重情节的法定刑规定，结合未遂犯的处理原则量刑。关于转化抢劫的认定：行为人实施盗窃、诈骗、抢夺行为，未达到“数额较大”，未窝藏赃物、抗拒抓捕或者毁灭罪证当场使用暴力或者暴力相威胁，情节较轻、危害不大的，一般不以犯罪论处；但具有下列情形之一的，可依照《中华人民共和国刑法》第二百六十九条的规定，以抢劫罪定罪处罚：（1）盗窃、诈骗、抢夺接近“数额较大”标准的；（2）入户或者在公共交通工具上盗窃、诈骗、抢夺后在户外或交通工具外实施上述行为的；（3）使用暴力致人轻微伤以上后果的；（4）使用凶器或以凶器相威胁的；（5）具有其他严重情节的。该条明确具备上述五种情节之一的，可依照《中华人民共和国刑法》第二百六十九条的规定，以抢劫罪定罪处罚，《中华人民共和国刑法》第二百六十九条关于抢劫罪是存在未遂状态的。因此，转化型抢劫在一定条件下是存在未遂状态的。

3. 根据罪责刑相适应原则。转化型抢劫罪起初只有盗窃、诈骗、抢夺的犯罪故意，转化型抢劫罪的行为人在犯罪性质转化前只具有盗窃、诈骗、抢夺的故意，较一般抢劫罪的主观恶性和人身危险程度较低。若转化既遂，其处罚比一般抢劫罪还重，明显违背《中华人民共和国刑法》罪责刑相适应原则。

另一种观点认为，转化型抢劫罪是一种独立的犯罪形态，作为法律拟制的转化犯，其犯罪构成不同于一般抢劫罪，并不存在因犯罪分子意志以外的原因而未得逞的情形，只要发生转化即应为既遂，并不存在未遂形态。

具体理由如下：

1. 从犯罪未遂形态的构成理论分析，转化型抢劫罪不存在未遂形态。《中华人民共和国刑法》第二十三条第一款规定："已经着手实行犯罪，由于犯罪分子意志以外的原因而未得逞的，是犯罪未遂。"这里的"未得逞"应理解为犯罪行为没有具备刑法分则条文规定的全部构成要件。《中华人民共和国刑法》对抢劫罪既遂的构成要件规定为：抢劫罪的客体为复杂客体，既侵犯了公私财产的所有权，同时也侵犯了被害人的人身权。转化型抢劫罪作为法律拟制的犯罪行为与抢劫罪是一般与特殊的关系，法律及司法解释均没有规定转化型抢劫罪存在未遂状态。作为抢劫罪的特殊形式，法律只是对行为的性质作出规定，并没有对行为的结果作出要求，我们不能将第十条针对普通抢劫罪的未遂规定延伸适用转化型抢劫罪，也不能以此得出转化型抢劫存在未遂的结论。

2. 从犯罪构成分析，转化后的抢劫不存在未遂。根据《中华人民共和国刑法》第二百六十九条的规定，认定转化的抢劫罪必须具备三个条件：第一，前提条件是必须实行盗窃、诈骗、抢夺行为，不论取得财物数额的大小，都存在转化为抢劫罪的可能；第二，行为人在实行盗窃、诈骗、抢夺行为后，还必须当场使用暴力或者以暴力威胁的，强调"当场"性；第三，行为人使用暴力或以暴力相威胁的目的是为窝藏赃物、抗拒抓捕或者毁灭罪证。同时转化的抢劫亦存在例外情形，即盗窃、诈骗、抢夺行为虽然未达到财物“数额较大”的标准，但情节严重的，如盗窃、诈骗、抢夺接近“数额较大”的标准的，入户或者在公共交通工具上盗窃、诈骗、抢夺后在户外或交通工具外实施上述行为的，使用暴力致人轻微伤以上后果的，使用凶器相威胁的等情形，也以抢劫罪论处。这说明即使行为人的“暴力”程度未达到足以抑制他人反抗，也没有造成轻伤以上的伤害后果，也不论是否实际控制财物，并且这种暴力或暴力相威胁的行为具有当场性，在转化动作完成的一瞬间即完成了转化型抢劫的构成要件，达到了既遂形态。行为的转化过程，只要求行为人具备前三罪的故意，着手实行了为窝藏赃物、抗拒抓捕、毁灭罪证使用暴力或以暴力相威胁的行为，即应视为其转化行为试行完毕，并不存在未遂状态。

3. 不能从量刑的角度考虑认为转化型抢劫罪存在未遂形态。转化型抢劫罪是一种法律拟制化的罪名，是抢劫罪的一种特殊形式，应与一般抢劫罪有所区别。

笔者同意第一种观点，即转化型抢劫存在未遂形态。首先，构成转化型抢劫罪并不以其盗窃、诈骗、抢夺行为构成犯罪为必要条件，只要其行为的社会危害性足以纳入刑法评价的范围，即可构成犯罪。转化型抢劫从基本犯罪行为（盗窃等）到实施新行为（当场使用暴力或者以暴力相威胁），再到新行为完成需要一定的时间和空间，也就使犯罪中止或者未遂的存在具有现实可能性。本案中，被告人潘某某在入户盗窃过程中，被被害人发现，为抗拒抓捕，遂使用凶器相威胁，并与被害人发生撕扯，后驾车逃离现场。若按照第二种观点，转化既遂，本案中，被告人潘某某无其他减轻处罚情节亦无“特殊情况”，其刑期将在十年以上有期徒刑，这显然违背《中华人民共和国刑法》罪责行相适应原则。[①] 转化型抢劫区分既遂未遂形态也是对其行为危害性大小的客观评价，刑法的轻重，应当与犯罪分子所犯罪行和承担的刑事责任相适应。其次，转化

① 顾保华：《〈关于审理抢劫、抢夺刑事案件适用法律若干问题的意见〉的理解与适用》，载《中国刑事审判指导案例4》，法律出版社2021年版。

型抢劫虽然是一般抢劫罪的特殊形态，但两者侵犯的客体都是复杂客体。《中华人民共和国刑法》第二百六十九条规定的行为人当场使用暴力或者暴力相威胁的，仅仅是评价其构成转化型抢劫的要素，不能据此认定其犯罪状态已达到既遂状态。再次，转化型抢劫罪与一般性抢劫罪虽然在犯意的形成及行为模式上有一定差异，但是二者是罪质相同的犯罪，在犯罪构成上并无实际区别，认定转化型抢劫罪既遂未遂的标准应当与一般抢劫罪既遂未遂的标准一致。转化型抢劫属于事后抢劫，属于侵犯财产罪，而且属于取得罪，在行为人没有取得财物的情形下，不能认定为犯罪既遂。[①] 最后，本案中，犯罪行为发生在双方亲戚之间，且关系较为亲密，被害人对被告人的行为亦予以谅解。若转化既遂，被告人潘某某的刑期将在有期徒刑十年以上，明显违背老百姓的朴素司法观念，亦不能取得良好的法律效果和社会效果。

二、一个减轻处罚情节只能在法定量刑幅度的下一个量刑幅度内判处刑罚，不能连跨两档处罚

根据《中华人民共和国刑法》第六十三条的规定："犯罪分子具有本法规定的减轻处罚情节的，应当在法定刑以下判处刑罚；本法规定有数个量刑幅度的，应当在法定量刑幅度的下一个量刑幅度内判处刑罚。犯罪分子虽然不具有本法规定的减轻处罚情节，但是根据案件的特殊情况，经最高人民法院核准，也可以在法定刑以下判处刑罚。"法定刑以下判处刑罚，是指在法定量刑幅度的最低刑以下判处刑罚。上述所说的"法定刑"，是指根据被告人所犯罪行的轻重，应当分别适用的刑法规定的不同条款或者相应的量刑幅度。该条第二款规定的"犯罪分子虽然不具有本法规定的减轻处罚情节，但是根据案件的特殊情况，经最高人民法院核准，也可以在法定刑以下判处刑罚。"主要指案件本身的特殊性，如涉及政治、国防、外交等特殊情况，目的是政治、国防、外交等国家利益以及实现极特殊个案的公正的需要。

笔者认为，在刑事司法中，要正确适用罪刑法定原则，某种解释是否被罪刑法定原则所禁止，要通过权衡刑法条文的目的、行为的处罚必要性、国民的

---

① 张明楷：《刑法学》（下），法律出版社 2016 年版，第 988 页。

预测可能性、刑法条文的协调性、解释结论与用语核心含义的距离等诸多方面得出结论。在许多情况下，不是如何确定刑法用语含义的问题，而是怎样考量法条目的与案件事实，怎样平衡刑法的法益保护机能与人权保障机能的问题。罪刑法定原则的实质的侧面包括两个方面的内容：一是刑罚法规的明确性原则；二是刑罚法规内容的适正的原则。刑罚法规的内容的适正实际上包含两个方面的要求：其一是禁止处罚不当罚的行为；其二是禁止残虐的、不均衡的刑罚。[①]刑法解释应严格遵循条文用语本身可能具有的含义范围，既然现行刑法关于“减轻处罚”明确了“应当在法定刑幅度的下一个幅度内判处刑罚”，就不应连跨两档在“下下一个幅度”减刑，否则属于法外用刑。本案中，被告人潘某某属于抢劫未遂，依法对其减轻处罚。入户抢劫的下一档量刑幅度为三年以上十年以下有期徒刑，并处罚金。本案在审理过程中，公诉机关的原量刑建议为有期徒刑二年六个月，并处罚金。被告人潘某某只有一个减轻处罚情节，公诉机关原先的量刑建议明显不当，建议公诉机关调整量刑建议，后公诉机关调整量刑建议为有期徒刑三年，并处罚金。综合本案的具体情节，认为公诉机关调整后的量刑建议适当，予以采纳。

编写人：江西省上饶市玉山县人民法院　马丹

① 张明楷：《罪刑法定与刑法解释》，北京大学出版社2009年第1版，第2页、第46页、第47页。

（二）盗窃罪

42

实施犯罪行为时所用交通工具只有符合犯罪性、关联性、比例性才能作为作案工具予以没收

——邱某甲等盗窃案

【案件基本信息】

1. 裁判书字号

南昌铁路运输法院（2019）赣7101刑初49号刑事判决书

2. 案由：盗窃罪

【基本案情】

2018年8月29日，被告人邱某甲、邱某乙等人伺机盗窃铜精矿。当天19时许，邱某甲驾驶车牌为赣L85×××轿车从江西省贵溪市开车送被告人邱某乙等到达某某火车站。22时许，466××次铁路货物列车至某某火车站时，邱某乙等从邱某甲轿车后备厢拿出事先准备好的编织袋，邱某甲驾车返回贵溪某某村接应邱某乙等掀盗下车的铜精矿。运输铜精矿的货物列车停靠在某某火车站后，邱某乙攀爬上该货物列车，用手将车厢内的铜精矿装进编织袋。当列车运行至某某村火车站前的小树林时，邱某乙等人先将部分装好的铜精矿扔下车厢。列车停靠在某某村火车站后，邱某乙等人将其余装好的铜精矿扔下车厢。邱某甲与邱某乙等一同搬运盗窃的铜精矿，并进行称重及数量清点，后予以销售。邱

某甲、邱某乙等共计盗窃铜精矿 6.172 吨，价值人民币 60424 元。

【案件焦点】

对于邱某甲的涉案车辆能否认定为作案工具予以没收。

【法院裁判要旨】

南昌铁路运输法院经审理认为：被告人邱某甲、邱某乙伙同他人以非法占有为目的，秘密窃取铁路运输物资，盗窃数额巨大，其行为均已构成盗窃罪，依法应予处罚。

邱某甲在盗窃共同犯罪中，不仅盗窃前开车送同案人到盗窃现场，事中参与了接赃，事后还参与了转移赃物和销赃，其行为属于盗窃共犯。

2019 年 2 月 22 日，邱某乙在亲属陪同下投案，但到案时未如实供述自己的犯罪事实，直至一个多月以后的 3 月 28 日才开始交代自己的犯罪事实，该情节不符合《最高人民法院关于处理自首和立功具体应用法律若干问题的解释》第一条第二项的规定，而其 9 月 6 日的《认罪认罚具结书》，亦不符合认定自首情节的规定。但鉴于邱某乙自愿认罪认罚，依法可以从宽处罚。

本案虽然未区分主从犯，但根据已查明的事实和证据，邱某甲、邱某乙在共同犯罪中所起作用相对较小，酌情予以罪刑相适应的从轻处罚。

综上，为维护铁路站车秩序，保护公共财产不受侵犯，依照《中华人民共和国刑法》第二百六十四条、第二十五条第一款以及《中华人民共和国刑事诉讼法》第十五条之规定，判决如下：

一、被告人邱某甲犯盗窃罪，判处有期徒刑三年八个月，并处罚金人民币 6000 元；

二、被告人邱某乙犯盗窃罪，判处有期徒刑三年，并处罚金人民币 6000 元。

宣判后，二被告人未提出上诉，南昌铁路运输检察院未提出抗诉，判决已生效。

【法官后语】

在司法实践中，犯罪人作案过程中广泛使用交通工具。涉案交通工具的认定和处理，与犯罪人的经济利益密切相关，以至于具体案件中，犯罪人对涉案交通工具处理的关注甚至超出了对其判处自由刑或罚金刑的关注。《中华人民共和国刑法》第六十四条规定，供犯罪所用的本人财物，应当予以没收。从物品和犯罪行为的关系角度去定义，作案工具是指犯罪人为实施犯罪而准备且对犯罪的成立发挥实质性作用的本人所拥有的财物。本案生效判决未将涉案车辆认定为作案工具，未予没收。主要理由就是本案体现的裁判要旨：交通工具作为客观存在，本身并无善恶之分，能否认定为作案工具，是法官根据法律规定进行的法律属性的价值判断。行为人之所以应受到刑事处罚，犯罪行为之所以应当被禁止，就在于行为人实施的犯罪行为侵害了刑法所保护的法益，而对法益的侵害是由行为人的实行行为来实现的。由此可见，作案工具作为本人财物应当作限制解释，不能类推或扩大为一般与行为人本人有关的财物，更不能将非实行行为带入案件的财物作为对象定位为犯罪分子个人所有的财产。作案工具的认定和没收，应坚持犯罪性、关联性、比例性的判断标准。

结合本案，对以上裁判要旨可理解为，犯罪人本人所有的交通工具认定为作案工具必须同时符合以下条件：一是犯罪性。即交通工具是专门或者主要为实施犯罪而准备的；交通工具在犯罪过程中被使用；交通工具的使用本身具有社会危害性。二是关联性。即交通工具在犯罪过程中被行为人所掌控，如果交通工具是由行为人之外的人控制，行为人仅仅是借机利用，该工具并不在行为人的实际控制范围之内，则不能认定为作案工具；交通工具在行为人实施犯罪行为过程中与犯罪的进展紧密相连，且交通工具的使用使得法益受到严重的侵害，是关联性判断的实质内容，如行为人驾驶汽车前往位于犯罪地的被害人家，后持菜刀入户杀死被害人，菜刀作为实施杀人的重要工具，直接导致被害人被砍杀致死，应认定为作案工具予以没收，但行为人所驾驶的车辆只是作为日常使用的交通工具，偶尔被行为人代步至犯罪地点，则不宜认定为作案工具。三是比例性。没收作案工具作为独立的对物的实体制裁措施，也应贯彻罪刑相适应原则。作出裁判时，应当综合考虑交通工具价值的大小，交通工具对完成犯罪行为所起的作用，被害人的经济损失情况，以及消除行为人再犯因素等，以达到没收的作案工具的价值与犯罪行为造成社会危害性之间的平衡。如行为人饮酒后驾驶汽车，因危险驾驶罪入刑，所驾驶车辆的价值较大，若作为作案工具直接予以没收，显然有失平衡。

本案中，邱某甲所驾轿车的登记车主为其本人，主要用于家庭日常生活及经营“滴滴打车”，邱某甲将其作为代步工具偶尔在实施盗窃行为过程中使用，从关联性和功能性分析，该车不应认定为作案工具。此外，涉案车辆价值远高于犯罪数额，就比例性而言，如对涉案轿车作为作案工具予以没收，则比例不当，过于严苛，有悖于罪刑相适应原则。

编写人：南昌铁路运输中级法院　周莉

南昌铁路运输法院　石春芳

43

帮助偷电者将电表从偷电状态改为正常状态以逃避侦查的行为定性

——尹某某等盗窃、王某某帮助毁灭证据案

【案件基本信息】

1. 裁判书字号

上海市金山区人民法院（2021）沪0116刑初858号刑事判决书

2. 案由：盗窃、帮助毁灭证据

【基本案情】

2018年6月，被告人尹某某、岳某某、艾某、张某以非法占有为目的，雇

用他人私自将位于本区某路×弄×号×室等二十余处房屋的供电所计数电表进行非法改装盗窃国家电力，通过改装供电所计数电表盗窃国家电力共计价值人民币8万余元。2021年4月24日，被告人王某某为谋取非法利益，明知被告人尹某某盗窃国家电力被公安机关查获的情况下，仍在他人雇用下约定以改装每个电表200元的价格帮助尹某某将电表从偷电状态改装为正常状态以逃避公安机关侦查。当日，王某某先后至尹某某控制的10处房屋进行电表改装，因9个窃电电表已被电力公司发现并恢复，实际仅改装1处电表，王某某隐瞒上述事实，仍收取10个电表的改装费用2000元。

【案件焦点】

1. 王某某将电表从偷电状态改为正常状态以逃避侦查的行为如何定性，是盗窃罪的共犯，还是构成其他犯罪；2. 帮助毁灭证据罪的“主观明知”如何认定；3. 帮助毁灭证据罪的“情节严重”在司法实践中如何具体把握。

【法院裁判要旨】

上海市金山区人民法院经审理认为：被告人尹某某、岳某某、艾某、张某以非法占有为目的，通过改装电能表的方式秘密窃取国家电力，系数额较大，其行为分别构成盗窃罪。被告人王某某明知他人窃电行为被公安机关发现并在侦查过程中，仍帮助当事人改装电表毁灭证据，其行为已构成帮助毁灭证据罪。被告人王某某曾因犯罪被判处有期徒刑，在刑罚执行完毕后五年内再犯应当判处有期徒刑以上刑罚之罪，是累犯，应当从重处罚。被告人尹某某、岳某某、艾某、张某、王某某到案后如实供述自己的罪行，可以从轻处罚。被告人尹某某、岳某某、艾某、张某积极退赃，可酌情从轻处罚。被告人尹某某、岳某某、艾某、张某、王某某认罪认罚，可以从宽处理。依据《中华人民共和国刑法》第二百六十四条、第三百零七条第二款、第六十五条第一款、第六十七条第三款、第六十四条及《中华人民共和国刑事诉讼法》第十五条之规定，判决如下：

一、被告人尹某某犯盗窃罪，判处有期徒刑一年四个月，并处罚金人民币

8000 元；

二、被告人岳某某犯盗窃罪，判处有期徒刑十个月，缓刑一年，并处罚金人民币 5000 元；

三、被告人艾某犯盗窃罪，判处有期徒刑七个月，缓刑一年，并处罚金人民币 2000 元；

四、被告人张某犯盗窃罪，判处有期徒刑七个月，缓刑一年，并处罚金人民币 2000 元；

五、被告人王某某犯帮助毁灭证据罪，判处有期徒刑八个月；

六、被告人王某某的违法所得 2000 元予以追缴并没收。

一审判决后，被告未提起上诉，检察机关未提起抗诉，该判决已发生法律效力。

【法官后语】

电能是一种商品，是重要的战略性资源，国家严厉打击各种形式的窃取电力行为，重点打击非法改装、故意毁损、破坏用电计量装置的行为，对于“窃电者”，司法机关必将其绳之以法，保护电能不受侵犯。本案中，尹某某等窃电者的行为定性较为明确，但是，王某某的行为定性较为困难，如何评价其在本案中的行为成为本案的难点，下文将详细分析。

一、被告人的行为符合帮助毁灭证据罪的行为特征

行为人将电表从偷电状态改为正常状态以逃避侦查的行为，有观点认为行为人的行为构成盗窃罪的共犯，但是，本案中，行为人实施该行为发生在 2021 年 4 月，偷电者实施盗窃行为发生于 2018 年 6 月，盗窃行为已经既遂，且行为人没有帮助他人偷电的故意，故不构成盗窃罪。也有观点认为，行为人的行为构成掩饰、隐瞒犯罪所得罪，该罪客观方面表现为对犯罪所得及收益进行窝藏、转移、收购、代为销售或者以其他方法掩饰、隐瞒，但是，行为人明知电表处于偷电状态而帮助改回正常状态，犯罪所得系偷电所得，已为偷电者占有并使用，其行为不是对犯罪所得的掩饰、隐瞒，故行为人也不构成掩饰、隐瞒犯罪所得罪；也有观点认为，行为人的行为构成包庇罪，包庇罪表现为向司法机关

作假证明，但是，行为人改动电表的行为也不是向司法机关作假证明，故也不构成包庇罪。我们认为行为人将电表从偷电状态改为正常状态，毁灭了证明当事人构成盗窃罪的重要证据，严重影响了公安机关的侦查行为，其行为符合帮助毁灭证据罪的行为特征。

二、帮助毁灭证据罪“主观明知”的认定

帮助毁灭证据罪是指帮助当事人毁灭证据，“情节严重”的行为。本罪客观方面是行为人帮助当事人毁灭证据的行为，本案中行为人将电表从偷电状态改为正常状态，毁灭了证明当事人构成盗窃罪的重要证据，严重影响了公安机关的侦查行为。但被告人主观上是否具有帮助他人毁灭证据的故意存在争议，有观点认为，行为人主观上不具有帮助他人毁灭证据的故意，其对偷电行为是不明知的，因而不构成该罪。但结合本案的事实及证据，行为人主观上具有帮助他人毁灭证据的故意，理由如下，第一，从行为人的职业经历来看，行为人长期从事电工行业，知晓电表的安装、维修等，当其接受委托将电表改为正常状态，基于其长期的经验，认识到对方存在偷电的违法犯罪行为并逃避处罚的可能性，依然帮助对方将电表改为正常状态；第二，从受托事项的异常性上看，对方实施了偷电行为，正处于公安机关的侦查中，委托行为人将十处房产的电表均改为正常状态，具有极大的异常性，电表是用电计量装置，应取得计量检定机构的认可，涉及计量的权威性，一般而言，使用者是不能随意进行改动的，需要改动也应通过供电公司的专业人员进行操作。对方委托的事项涉及十处房产的电表，并要求行为人将电表状态从非正常状态改为正常状态，具有异常性。因此，结合行为人职业经历、受托事项的异常、认知能力等情况，综合认定行为人具备帮助他人毁灭证据的主观明知。

三、帮助毁灭证据罪“情节严重”的认定

《中华人民共和国刑法》第三百零七条规定构成帮助毁灭证据罪，在客观方面不仅要有帮助毁灭证据的行为，还必须具备“情节严重”的特征。但是，对如何认定作为本罪构成要件的“情节严重”尚无明文规定，应结合本罪的规范目的及具体情况作出认定。本罪属于妨害司法罪的类型，行为人帮助毁灭证据的行为妨害了司法活动的客观公正性，可能会使应当承当责任的当事人逃避或减轻法律责任，因而，“情节严重”应该是指行为严重干扰了司法机关的诉讼活动，所帮助毁灭的证据是涉及案件的重要证据。有观点认为，本案所涉的偷电行为，系数额犯，行为人最终成功改装了一只电表，涉及金额仅数千元，同时，行为人将电表改为正常状态，恢复了电表的功能，危害性也不大，达不到《中华人民共和国刑法》所要求的“情节严重”。但是，上述观点过于片面，本罪“情节严重”的认定应综合本案具体事实来认定，理由如下：第一，从行为对象看，虽然行为人最终查实的金额仅为数千元，这是事后观察的结果，从事发当时来观察，公安机关正在侦查一起严重的偷电刑事案件，该起偷电违法犯罪行为时间跨度长，涉案地点多，偷电者被判处有期徒刑的可能性很大，电力资源是一项重要的资源，是国家和人民的重要财产，对于偷电行为应予以严厉打击，行为人帮助毁灭证据系帮助偷电者逃避处罚的行为；第二，从妨害司法的角度看，电表记录的是使用电量的情况，依据电表的计量来确定电费情况，从而判断偷电者偷取的财产数额，最终确定偷电者刑事责任的大小，电表显示的计量情况是重要的客观证据，行为人将偷电状态改为正常状态，偷电者的偷电量将无法计算，最终可能使得偷电者逃避处罚，虽然行为人仅成功改装了一处电表，但其行为对司法的妨害程度是很大的；第三，从实施的具体行为看，行为人前往10处房屋进行电表改装，并收取2000元的改装费用，行为人改装的电表数量及违法获利较多，说明其行为危害性也较大。综上，认定行为人帮助毁灭证据行为属于“情节严重”。

编写人：上海市金山区人民法院　梁振海

44

出租人在银行卡解冻后转走卡内赃款的行为可认定为盗窃罪

——牟某某盗窃案

【案件基本信息】

1. 裁判书字号

江苏省无锡市锡山区人民法院（2022）苏0205刑初66号刑事判决书

2. 案由：盗窃罪

【基本案情】

2021年10月18日，被告人牟某某通过手机银行应用程序（APP）绑定银行卡的方式，将自己名下尾号为“2276”的某银行卡出租给他人用于接收犯罪所得，后因银行卡被冻结，卡内10.3万余元（其中被害人张某某转入10万元）未被转出，牟某某明知其银行卡内冻结的资金系他人实施犯罪所得款项，在银行卡解冻后，于10月22日至23日将卡内10万元的赃款转至自己账户，其中5万元被转至其母亲账户、3万余元用于个人消费、其他钱款存于个人账户。

【案件焦点】

行为人牟某某提供的银行卡因频繁转账被冻结，在银行卡解冻后通过网上银行取款方式侵吞银行卡内诈骗资金的行为如何定性。

【法院裁判要旨】

江苏省无锡市锡山区人民法院经审理认为：被告人牟某某的行为依法构成盗窃罪。在案证据能够共同证实，被告人牟某某将自己名下尾号为“2276”的某银行卡出租给他人用于接收赃款，被害人张某某因网络诈骗向牟某某银行卡内转入10万元，在上游犯罪分子频繁转账操作过程中，牟某某的银行卡被冻结，卡内尚有余额10万余元，上游犯罪分子遂要求同案人员安排专人看守牟某某，在银行卡解冻后，牟某某明知其卡内的赃款并非自己所有，在上游犯罪分子不知情的情况下，违背上游犯罪分子意志将10万元赃款转移据为己有，具有非法占有的目的。被告人牟某某转移赃款并非用以帮助上游犯罪分子掩饰、隐瞒犯罪所得，而是部分用于个人消费，部分转至其母亲账户，其非法占有的目的明确，侵犯的客体是他人财产权，并非司法机关的正常活动，其行为符合盗窃罪的构成要件。无锡市锡山区人民检察院指控被告人牟某某的行为构成掩饰、隐瞒犯罪所得罪，未对其非法占有的目的进行评价，该定性不予采纳。被告人牟某某归案后如实供述自己的犯罪事实，自愿认罪认罚，部分赃款被追退，予以从轻处罚。判决如下：

被告人牟某某犯盗窃罪，判处有期徒刑三年，并处罚金人民币1万元。

一审判决后，被告未提起上诉，检察机关未提起抗诉，该判决已发生法律效力。

【法官后语】

自“断卡”专项行动开展以来，帮助信息网络犯罪活动罪案件数量呈现井喷式增长，随着打击力度的加大，帮助信息网络犯罪活动案件中不断衍生出案中案，本案就是如此。关于牟某某在银行卡解冻后通过网上银行取款方式转移银行卡内赃款的行为定性，存在不同观点。

第一种观点认为，牟某某的行为构成掩饰、隐瞒犯罪所得罪。本罪侵犯的法益是司法机关对犯罪行为的正常追诉，上游犯罪行为人将银行卡交还给牟某某，视为许可或默认牟某某处置银行卡内的钱款，牟某某通过将钱款转移给自己使用的行为系犯罪既遂后的帮助行为，符合掩饰、隐瞒犯罪所得罪的构成要件。

第二种观点认为，牟某某的行为构成侵占罪。银行卡由牟某某实名登记并使用，赃款转入其银行卡时，钱款就处于牟某某持有状态，形成事实上的委托保管关系，牟某某以非法占有为目的，侵占代为保管的他人财物，数额巨大，其行为构成侵占罪。

第三种观点认为，牟某某的行为构成盗窃罪。牟某某转走卡内10万元并不是出于掩饰、隐瞒上游犯罪人犯罪所得的目的，而是想将10万元占为己有，主观上以非法占有为目的，具有侵犯他人财产的故意，而且牟某某明知钱款系上游犯罪行为人所有，在上游行为人不知情的情况下秘密转走，数额巨大，其行为构成盗窃罪。

笔者认为，行为人牟某某的行为应认定为盗窃罪，在认定行为人性质时，应重点审查行为人的主观心态。首先，掩饰、隐瞒犯罪所得罪客观上要求行为人实施了窝藏、转移、收购、代为销售等掩饰、隐瞒赃物的行为，其中窝藏、转移行为必须为了上游犯罪人的利益帮助掩饰、隐瞒犯罪所得，使司法机关难以发现赃物。而本案中，牟某某转账的真实目的不是掩饰、隐瞒，而是非法占有，其行为不构成掩饰、隐瞒犯罪所得罪。其次，侵占罪的本质除了侵犯财产所有权以外，还侵犯了委托信任关系，而接受电信网络诈骗犯罪分子代为保管或销售赃物之委托，这是刑法所明文禁止的。非法的委托关系不受法律保护。根据《中华人民共和国刑法》第二百七十条的规定，侵占罪的对象只能是“代为保管的他人财物”，委托者须对财物拥有所有权，如果没有所有权，就不可能成为被害人，且侵占罪还规定“拒不退还”的构成要件。本案上游犯罪属于电信网络诈骗，牟某某与被害人素不相识，不可能存在委托关系，且上游诈骗分子也没有权利委托其接收赃款。最后，牟某某提供的银行卡在上游犯罪分子频繁转账操作过程中被冻结，上游犯罪分子要求同案人员安排专人看守牟某某证明上游犯罪分子并不想放弃对卡内钱款的占有，而且上游犯罪分子将牟某某放走时也未明示放弃对卡内钱款的占有，在银行卡解冻后，牟某某明知其卡内的赃款并非自己所有，在上游犯罪分子不知情的情况下，违背上游犯罪行为人意志将诈骗资金转移据为己有，其行为属于“秘密窃取”行为，牟某某转移的赃款部分用于个人消费，部分转至其亲属账户，非法占有的目的明确，侵犯的客体是他人财产权，其行为符合盗窃罪的构成要件，应以盗窃罪追究刑事责任。

编写人：江苏省无锡市锡山区人民法院　王万钰　王闻

45

盗窃案件中被告人“零口供”，间接证据达到确实、充分的，可以认定被告人有罪

——陈某某盗窃案

【案件基本信息】

1. 裁判书字号

安徽省滁州市中级人民法院（2022）皖11刑终14号刑事判决书

2. 案由：盗窃罪

【基本案情】

2021年7月25日晚，被告人陈某某驾驶所有的车牌号码为苏A6××××的银色海马牌轿车，从滁州往汉河方向行驶。在进入汉河明发建设工地前，将该车牌摘下，于当晚22时30分许进入明发工地，并将车辆停靠在某小区1期与2期之间的道路上。当晚22时47分，陈某某下车走向明发工地，进入5号楼盗窃电缆，将三层楼所盗电缆削去绝缘皮，准备盗走。7月26日凌晨，因该工地工人张某某等巡查，正在削电缆线绝缘皮的陈某某发觉后躲藏。张某某等人至5号楼三层楼时发现陈某某的暗绿色夹克衫挂在三层楼的楼梯护栏上，过道上放置着一把长约60公分的钳子，地上散落被剪断的电缆黑色绝缘皮和紫铜电缆线，三楼电梯竖井内的电缆线已经被剪断。后张某某拿着钳子来到路边的银色海马车旁报警，并联系其工友韩某某。派出所民警到达现场后，民警陈某、王某与张某某至该工地5号楼搜寻，民警李某、张某与韩某某守在车旁，防止作案人驾车逃离。民警陈某一行人在查看过程中，发现声响，即跟踪巡查，约三分钟后，民警张某发现身穿暗绿色外套的陈某某从小区走出，欲驾驶银色轿车

离开。民警李某、张某遂叫住陈某某，陈某某拔腿就跑，在跑出20米左右后，被民警李某、张某控制。

工人张某某与韩某某随即到5号楼继续查看，在该幢三楼发现被剪掉的电缆线、楼下花园位置发现了一捆扎好的电缆，二人收集后由民警依法扣押。后陈某某被民警带至派出所。

2021年10月1日，经价格认证中心认定，案发时被盗电缆线价值23892元。

【案件焦点】

盗窃案件中被告人“零口供”，仅有间接证据能否达到确实、充分，认定被告人有罪。

【法院裁判要旨】

安徽省来安县人民法院经审理认为：被告人陈某某以非法占有为目的，秘密窃取他人财物价值23892元，数额较大，其行为构成盗窃罪。公诉机关指控成立，本院予以支持。经查，公诉机关提供的相关证据：（1）陈某某有隐匿其行踪的情况。其驾驶的苏A6××××银色海马轿车，只有在临近案发时间才将车辆牌照摘除，其他时间均正常悬挂车牌行使。（2）案发时间段内，监控视频中显示只有陈某某进入了案发工地，无其他人员进入，案发时只有陈某某有作案时间。（3）陈某某称其在案发时间段是去找一个叫秦守卫的人要钱。根据案发工地作息时间，案发时工地上工人均已下班，工地内已经漆黑一片，且经公安机关调查该工地无姓秦的员工，与陈某某自称的情况存在矛盾。（4）经工地保安张某某辨认其在5号楼三楼楼梯扶手上看到的暗绿色夹克外套与陈某某被抓获时穿着的外套一样；案发现场公安机关依法提取的钳子，与陈某某曾在网上购买的钳子型号一致；在三楼楼道护栏下放置的“凉白水”与在陈某某车内提取的“凉白水”，系同一厂家同一批次生产。上述事实均能锁定被告人在案发时间在案发地点实施了盗窃行为。（5）陈某某被抓获后，在其身上提取了手套一副、美工刀一把、手电筒一个，能够与作案环境（漆黑一片，能见度很低）、作案方式（其刀具与电缆外层绝缘皮被锐器划开）相吻合。（6）陈某某抓获前，被警察叫住后快速逃离现场，说明其见到警察害怕盗窃行为被发现的心理。上述证据能够形成完整的证据链反映陈某某从着手实施盗窃行为到被抓获的全过程。对陈某某的无罪辩解，不予支持。陈某某有犯罪前科，依法应从重处罚。

依照《中华人民共和国刑法》第二百六十四条之规定，作出判决如下：

一、被告人陈某某犯盗窃罪，判处有期徒刑二年三个月，并处罚金 2 万元；

二、对公安机关依法扣押的作案工具，由扣押机关依法予以没收、销毁。

陈某某就原审辩解提起上诉。二审确认一审认定的事实和证据。

安徽省滁州市中级人民法院经审理认为：上诉人陈某某以非法占有为目的，秘密窃取他人财物价值 23892 元，数额较大，其行为构成盗窃罪。陈某某着手实施盗窃，因意志以外的原因而未得逞，是犯罪未遂，原判未予认定错误，对出庭检察人员、陈某某及其辩护人提出系犯罪未遂的意见依法予以支持，并对陈某某比照既遂犯从轻处罚。陈某某有犯罪前科，依法从重处罚。

依照《中华人民共和国刑法》第二百六十四条、第二十三条、第五十二条、第五十三条、第六十一条、第六十四条，《中华人民共和国刑事诉讼法》第二百三十六条第一款，《最高人民法院、最高人民检察院关于办理盗窃刑事案件适用法律若干问题的解释》第一条、第十四条之规定，判决如下：

一、维持安徽省来安县人民法院（2021）皖 1122 刑初 241 号刑事判决第二项，即对公安机关依法扣押的作案工具，由扣押机关依法予以没收、销毁；

二、撤销安徽省来安县人民法院（2021）皖 1122 刑初 241 号刑事判决第一项，即被告人陈某某犯盗窃罪，判处有期徒刑二年三个月，并处罚金 2 万元；

三、上诉人陈某某犯盗窃罪，判处有期徒刑二年，并处罚金 2 万元。

【法官后语】

本案争议焦点是：盗窃案件中被告人“零口供”，没有任何直接证明被告人实施盗窃的证据，仅有的间接证据是否达到确实、充分的证明标准，足以认定被告人的犯罪事实。本案在审理中有两种意见：一是公诉机关提供的相关证据不能达到确实、充分，本着疑罪从无原则，宣告陈某某无罪；二是在卷间接证据经查证属实，能够形成完整的证据链，且排除合理怀疑，足以认定陈某某盗窃的事实。

笔者同意第二种意见。

认定案件的事实，必须以证据为根据，据以定案的证据必须达到确实、充分的证明标准。按照诉讼证据与证明对象的关系划分，证据可以分为直接证据和间接证据。对间接证据应着重审查是否符合《最高人民法院关于适用〈中华人民共和国刑事诉讼法〉的解释》第一百四十条规定，没有直接证据，但间接证据同时符合下列条件的，可以认定被告人有罪：（1）证据已经查证属实；（2）证据之间互相印证，不存在无法排除的矛盾和无法解释的疑问；（3）全案证据形成完整的证据链；（4）根据证据认定案件事实足以排除合理怀疑，结论具有唯一性；（5）运用证据进行的推理符合逻辑和经验。经审慎判断间接证据符合上述裁判规则的，依法认定被告人有罪。就本案而言具体分析如下。

1. 抓获经过客观、自然

抓获经过是侦查机关出具的重要案卷材料，客观翔实的抓获经过材料，有助于审查判断证据并增强内心确信，进而确认案件事实。认真审查抓获经过是否客观、自然，对“零口供”案件尤为突出和重要。本案抓获经过详细记录并证实由张某某报警而案发，民警到达现场后安排人员分别在无号牌银色轿车、被盗楼栋前及楼栋里面蹲守、查看，整个过程不到几分钟，民警发现陈某某朝银色轿车走来欲驾车离开，遂喊陈某某停下，陈某某拔腿就跑，跑了二十米远才被警察控制抓获归案。

2. 间接证据应当具有“三性”，且经查证属实才能据以定案

证据的“三性”是指证据的合法性、客观性和关联性，间接证据应当具有三大特性，才能作为认定案件事实的基础。合法性是指证据形式合法，侦查机关在收集固定证据的方法要符合法律要求，证据材料转化为证据必须经过法律规定的程序，才能有证据资格。客观性是指证据的真实性，表达内容及本身不是虚构伪造或者想象的。受到主观因素影响越少的证据，证明内容越为客观、真实、稳定，因而具有较高的证明力。关联性是指证据与待证事实必须密切相

关，具有证明犯罪事实的属性。此外，据以定案的证据必须查证属实，这既是对刑事证据真实性、合法性的要求，也是认定案件事实的前提。对于“零口供”案件，应当着重审查间接证据的“三性”，特别是在客观性较强的证据中充分挖掘其中所蕴含的关键性及关联性案件事实信息，进而确定待证事实。本案中现场依法固定、收集、扣押的物证、视听资料、书证等间接证据，其客观性、证明力、稳定性较强，在以庭审为中心的刑事诉讼制度下，对上述证据“抽丝剥茧”，以此为中心构建陈某某实施盗窃的证明体系。

3. 间接证据能够相互印证，形成完整的证据锁链，且排除合理怀疑，结论具有唯一性

间接证据只能证明刑事案件事实的某一个侧面或者片段，需把查证属实的间接证据串联起来审查是否能相互印证，是否不存在无法排除的矛盾和无法解释的疑问，形成完整的证据锁链，环环相扣，不断档不断线，排除合理怀疑，还原案件真相，结论指向唯一的待证事实。上述所说的排除合理怀疑并非排除一切怀疑，重点把握“合理”二字，刑事案件中“合理怀疑”应当是一般的普通理性人凭借自己的基本经验对所认定的犯罪事实通过审慎判断后产生的怀疑。这些推理和猜测必须合乎逻辑，并且是建立在证据基础之上的，不能凭借想象或草率的怀疑，更不能带有私人情感的怀疑，这种“合理怀疑”应当具有足以动摇法官对案件事实认定的效力。对“合理怀疑”排除，则能增强认定案件事实的内心确信。本案的间接证据证实，案发前被盗电缆是完好无损的，案发时间段只有陈某某一人驾车进入案发工地直到被警察抓获归案，排除他人作案的可能性。结合陈某某的辩称其在案发时间段驾车进入工地是找一个叫秦守卫的巢湖人要账的，经公安机关核实调查及证人证言证实案发工地没有此人，故陈某某的辩解存在矛盾。另外，陈某某在深夜且工地上一片漆黑的环境、工人都已经下班的情况下，找人要账明显不符合常理，不能自圆其说。

综上，在案间接证据还原了陈某某实施盗窃的整个犯罪过程，间接证据之间能相互印证，形成完整的证据锁链，排除合理怀疑，结论具有唯一性。

编写人：安徽省滁州市来安县人民法院　郭娟娟

46

盗用他人手机并从绑定信用卡的应用程序套现的行为构成盗窃罪

——王某盗窃案

【案件基本信息】

1. 裁判书字号

江苏省南京市中级人民法院（2021）苏01刑终866号刑事裁定书

2. 案由：盗窃罪

【基本案情】

2020年6月22日至6月30日，被告人王某在某保安宿舍等处多次将其同事张某某的手机私自拿走，并使用事先窥得的手机锁屏密码和支付密码，通过手机应用程序盗取张某某合计人民币7400元。具体事实如下：

1. 2020年6月22日21时53分，被告人王某趁被害人张某某睡觉时，私自用张某某手机应用程序“××”申请人民币1000元的借款至张某某应用程序余额，后将该1000元转至其本人应用程序账户。

2. 2020年6月25日24时01分，被告人王某趁被害人张某某睡觉时，私自用张某某手机应用程序“×”扫描其本人应用程序收款码支付人民币800元。

3. 2020年6月25日01时32分，被告人王某趁被害人张某某睡觉时，私自用张某某手机应用程序备用金借款人民币100元至张某某应用程序余额，后将该100元转至其本人应用程序账户。

4. 2020年6月30日12时39分，被告人王某趁被害人张某某不注意，私自用张某某手机应用程序余额转账人民币300元至其本人应用程序账户。

5. 2020年6月25日24时06分，被告人王某趁被害人张某某睡觉时，私自用张某某手机应用程序扫描“某店铺”店铺收款码，用张某某应用程序绑定的交通银行信用卡付款人民币1000元，后套现人民币990元。

6. 2020年6月26日20时15分，被告人王某趁被害人张某某洗澡时，私自用张某某手机应用程序扫描“某店铺”店铺收款码，用张某某应用程序绑定的广发银行信用卡付款人民币4000元，后套现人民币3960元。

7. 2020年6月29日22时59分，被告人王某趁被害人张某某睡觉时，私自用张某某手机应用程序扫描“某店铺”店铺收款码，用张某某应用程序绑定的交通银行信用卡付款人民币200元，后套现人民币200元。

2020年7月3日，被告人王某在某物业办公室被抓获，后如实供述上述犯罪事实。2021年7月2日，被告人王某退赔被害人张某某7500元。

【案件焦点】

上述第5笔、第6笔、第7笔事实中盗用他人手机并从绑定信用卡的应用程序套现行为构成盗窃罪，还是信用卡诈骗罪。

【法院裁判要旨】

江苏省南京市建邺区人民法院经审理认为：被告人王某以非法占有为目的，采用秘密手段，多次盗窃他人财物，数额较大，其行为已构成盗窃罪。公诉机关指控被告人王某犯盗窃罪的事实清楚，证据确实、充分，指控罪名成立；公诉机关指控被告人王某犯信用卡诈骗罪的定性不当，王某采用秘密手段盗用他人手机及应用程序账户，并秘密窥得支付密码，相关应用程序账户事先绑定了银行信用卡，银行系统根据支付协议凭支付密码即付，银行并未被骗，综合本案的犯罪对象、手段特征，以及财产关系的正常恢复，以盗窃罪评价更为客观、全面。被告人王某归案后如实供述自己的罪行，且认罪认罚，依法从轻处罚；案发后积极退赔被害人全部损失，酌情从轻处罚。据此，以盗窃罪，判决：

被告人王某犯盗窃罪，判处拘役六个月，缓刑七个月，并处罚金人民币1万元。

江苏省南京市建邺区人民检察院提出抗诉。江苏省南京市中级人民法院经审理认为：判断盗窃还是信用卡诈骗，应从行为人主观、客观方面综合分析，判断行为人取得钱款是否基于银行的错误处分。本案被害人在应用程序账户中事先绑定个人信用卡，银行按照信用卡管理的相关规定对被害人的身份、信用卡、信用卡密码等信息进行识别、验证并绑定于被害人的应用程序账户，绑定成功后只需输入应用程序支付密码即可通过应用程序账户支取信用卡内资金，并不需要再输入信用卡账户密码，因此在应用程序已成功绑定信用卡的情况下掌控应用程序的支付权限即能掌控信用卡内资金，原审被告人王某偷拿被害人手机后利用事先偷窥的手机锁屏密码和支付密码秘密转移被害人的信用卡内资金，其行为与银行之间并无直接关联；应用程序成功绑定信用卡后，银行仅根据支付协议凭支付密码即可支付资金，而支付密码不是信用卡账户密码，因此，银行并非陷入错误认识支付资金。

综上，王某的行为符合盗窃罪特征，应当以盗窃罪定罪处罚。相关抗诉意见不能成立，不予采纳。裁定：

驳回抗诉，维持原判。

【法官后语】

本案中，王某采用秘密手段盗刷他人应用程序绑定的信用卡套现的行为该如何定性？一种观点认为，王某是采用秘密手段，盗窃他人占有的财物，侵犯的是个人财产利益而非经济秩序，应定盗窃罪；另一种观点认为，王某冒用他人信用卡进行信用卡诈骗，数额较大，应定信用卡诈骗罪。

就本案而言，承办人采信了第一种观点。王某的行为不符合信用卡诈骗罪构成要件，应定盗窃罪。

其一，本案侵害的是法律保护的个人财产安全而非经济秩序。盗窃罪的对象是他人占有的财物，包括有体物、无体物以及财产性利益。本案中，王某通过事先窥得的手机锁屏密码和支付密码，从而能转移、盗刷他人应用程序账号内的钱和所绑定信用卡内的财产，在形式外观上好似冒用他人信用卡，但与信用卡诈骗罪有实质上的区别。本案中第三方支付平台与银行之间存有区别，属非金融机构，冒用他人第三方平台账户信息转移信用卡内财产的行为不属于冒用他人信用卡信息的行为，其不应当定性为信用卡诈骗罪。通过应用程序平台盗用被害人钱款更多的是对被害人个人财产权益的损害，而不是对信用卡管理制度和秩序的破坏。

其二，本案中王某主观具有非法占有的目的，但无信用卡诈骗的故意。定性信用卡诈骗罪一般都有行为人的“关联”行为或“绑定”行为，而本案是从已由被害人绑定的信用卡中刷卡套现，王某并没有“绑定”等先行行为，不符合“冒用”的行为特征。王某通过秘密手段盗用他人手机并盗刷应用程序绑定的信用卡窃取公私财物数额较大，王某是在缺乏转移财产之法律依据的情况下，将他人财物非法占为己有，所侵犯的法益是应用程序账户所有人的财产所有权。

其三，被害人不存在被骗的问题。根据刑法理论，诈骗的核心要义是被害人陷于错误认识，自愿处分财产，本案被害人没有因王某的举动陷于错误认识，更不可能将财产拱手让人。但该行为属于违反了被害人的意志，实施了秘密窃取被害人财物的行为。根据《中华人民共和国刑法》关于盗窃罪的规定，窃取是违反被害人意志的秘密行为。该案被告人是在被害人不知晓的情况下，擅自使用其手机，利用事先秘密窃取到的手机登录密码及支付密码，通过盗刷套现将他人应用程序绑定的信用卡内资金占为已有，成立盗窃罪。与此同时，手机作为现代人重要的生活工具，深度捆绑了通讯、支付、娱乐、办公等大量的功能，盗用他人手机好比未经许可秘密进入他人的“住宅”，给公民个人信息安全、财产安全、隐私安全都带来极大的威胁，使用窥得的密码进入他人手机账户好比打开了他人家里的“保险箱”，该行为主要表现形式均为“盗”，而非“骗”。

因此，笔者认为，采用秘密手段盗刷他人应用程序所绑定的信用卡套现的行为与传统盗窃罪的实行行为具有一致性，应当定性为盗窃罪。

编写人：江苏省南京市建邺区人民法院　杨浩

47

非法获取虚拟币行为的定性与价值认定

——武某某、周某某盗窃案

【案件基本信息】

1. 裁判书字号

上海市第二中级人民法院（2023）沪02刑终65号刑事裁定书

2. 案由：盗窃罪

【基本案情】

2021年1月底，被告人武某某与杨某某、周某某共谋，欲以利用系统漏洞、不支付对价的方式，盗刷文化公司虚拟币后打赏给主播被告人周某某，由被告人周某某提现后予以分赃。后被告人周某某注册文化公司账号为8730××××（昵称“共享单车人”）的账户交由被告人武某某等使用。2021年2月2日，被告人武某某等使用上述账户盗刷虚拟币2215486个，对应价值为人民币（以下币种均为人民币）221548.6元。同时，被告人周某某注册文化公司账号为8727××××（昵称“风云二”）的主播账号并召集他人注册、提供账号为8741××××（昵称“朵姐姐”）、账号为8745××××（昵称“爱暖”）、账号为8746××××（昵称“搞笑郭哥”）的主播账号。同年2月2日至2月5日，被告人武某某等将2210105个虚拟币打赏给被告人周某某名下“风云二”及周某某提供的“朵姐姐”“爱暖”“搞笑郭哥”主播账号。后被告人周某某等对“风云二”“朵姐姐”两个主播账号提现，共计结算虚拟币111571个，提现3313元。2021年2月6日，文化公司及时发现异常，对涉案账户内的虚拟币予以冻结。

【案件焦点】

1. 虚拟币是否具有财物属性；2. 非法获取虚拟币能否构成侵财类犯罪；3. 若构成侵财类犯罪，构成何种侵财类犯罪以及虚拟货币的价值如何认定。

【法院裁判要旨】

上海市虹口区人民法院经审理认为：

（1）关于虚拟币的性质。虚拟币可以由用户独占管理，在文化网及合作游戏公司多用途使用，与人民币能按一定比例双向互换，具有一定的独占可支配性、流通性及经济价值，应认定为刑法意义上的财物，可以成为侵财类案件的客体。

（2）关于本案犯罪行为的定性。本案犯罪行为的关键是黑客利用系统漏洞，将充值失败的凭据替换为伪造的支付成功的凭据，使文化网作出给账户充值虚拟币的判断，而该行为亦系确定本案罪名的关键。本案中，服务器接口获得正确的接口返回状态码，即认为用户充值成功，作出充值虚拟币的决定，并不需要识别“支付成功”是否真实、有效、钱款是否到账等，该“支付成功即充值”的程序有别于自然人基于被告人虚构支付事实而作出瑕疵的意思表示，且被害单位在未收到支付对价的前提下，其电脑程序作出的充值决定并非系其自愿处分虚拟币的意思表示，故本案不符合诈骗罪的构成要件。被告人武某某等用其自认为不会被发现的秘密手段，即替换支付凭证的方式获得虚拟币，符合盗窃罪的犯罪构成，应以盗窃罪定罪处罚。被告人周某某在实施主播套现行为之前已与被告人武某某同谋，虽未直接实施盗刷虚拟币的行为，但仍应以盗窃罪的共犯予以论处。且被告人武某某的行为贯穿整个盗窃全过程，共同主导、指挥、落实盗窃行为，系共同犯罪中的主犯；被告人周某某事前与武某某等同谋，事后对虚拟币予以提现、分赃，在盗窃共同犯罪中起次要、辅助作用，应认定为从犯。

（3）关于犯罪金额即虚拟币价值认定。本案中虚拟币存在固定的交易对价，不因用户的交易行为而产生价值变化，故应以涉案虚拟币的充值对价认定本案的犯罪金额。

上海市虹口区人民法院依照《中华人民共和国刑法》第二百六十四条、第二十五条第一款、第二十六条第一款和第四款、第二十七条、第六十七条第三款及第六十四条，作出如下判决：

一、被告人武某某犯盗窃罪，判处有期徒刑四年，并处罚金人民币 1 万元；

二、被告人周某某犯盗窃罪，判处有期徒刑一年九个月，并处罚金人民币 5000 元；

三、追缴赃款发还被害单位；缴获的犯罪工具予以没收。

一审判决后，被告人武某某、周某某不服判决，提起上诉。

上海市第二中级人民法院经审理认为：原判决就罪名适用、犯罪金额、犯罪形态等问题的认定，已经作了详细的论证，观点明确、说理透彻，且根据两名上诉人的犯罪事实、性质、社会危害性以及在共同犯罪中的地位作用、认罪态度等，所作的定罪量刑均无不当，且审判程序合法。

上海市第二中级人民法院依照《中华人民共和国刑事诉讼法》第二百三十六条第一款第一项的规定，作出如下裁定：

驳回上诉，维持原判。

【法官后语】

本案在审理过程中，就被告人武某某、周某某的行为应认定何种罪名，存在几种不同的意见：

第一种意见认为，被告人武某某等的行为构成破坏计算机信息系统罪，理由是法律未明确规定虚拟币等为财物，本案不具有财产犯罪要求的对象属性，而盗窃虚拟财产更多地影响个人计算机信息系统的正常运转，侵害了计算机信息系统功能的安全，故应以破坏计算机信息系统罪论处。

第二种意见认为，被告人武某某等的行为构成诈骗罪，理由是武某某等通过虚构支付事实，骗取文化网作出充值的错误决定，并将该部分虚拟币非法占为己有，符合诈骗罪的犯罪构成。

第三种意见认为，被告人武某某等的行为构成盗窃罪，理由是本案中被害单位电脑程序作出的充值决定并非其自愿处分虚拟币的意思表示，武某某等人实际采取自认为不会被发现的秘密窃取手段获得涉案虚拟币，应以盗窃罪论处。

笔者同意第三种意见，即被告人武某某等的行为不构成破坏计算机信息系统罪或诈骗罪，应构成盗窃罪，理由如下：

一、对象属性认定——虚拟币属于《中华人民共和国刑法》中的“财物”范畴

本案中，武某某等系利用计算机系统漏洞非法获取虚拟币，从该行为的实施过程看，存在对计算机信息系统功能安全性的侵害，同时客观上亦造成被害单位经济损失的后果，因此对其行为如何定罪，争议焦点归结为：作为虚拟财产的涉案虚拟币，能否按照传统财产的刑事法律规定予以保护，也即虚拟币是否属于刑法意义上的财物。

笔者认为，虽然与通常财物相比，类似虚拟币这样的虚拟财产表现为以电磁数据为载体、以互联网为空间，但针对虚拟财产是否属于财物，主要从管理可能性、转移可能性和价值性维度判断，应认定虚拟币具备《中华人民共和国刑法》要求的财物属性。

第一，虚拟币具有财物所要求的价值属性。虚拟币作为存在于文化网应用程序（APP）中的一种虚拟货币，用户一般通过人民币充值后获得，可以用于文化网全部付费业务、合作游戏公司购买会员和装备，以及购买文化网明码标价的礼物后打赏主播（主播可按礼物价值以一定比例提现）。从以上虚拟币的获取、使用以及提现等过程看，虚拟币具有明确的经济价值，并体现在使用价值和交换价值两个层面。具体而言，一方面，使用价值体现为虚拟币能够满足用户需要，如提高玩家的游戏体验、满足玩家在虚拟世界的精神需求等；另一方面，交换价值体现在虚拟币能够与他人进行交换，并且与现实财产之间亦存在着一定的换算途径和交易机制，即可以通过一定方式转换为传统意义上的财产。因此，虽然虚拟币存在方式具有虚拟性，但其价值具有真实性，这一点与通常财物并无不同。

第二，虚拟币对网络的依附性不能否定其财物属性。与一般的现实财物不同，虚拟币不为用户直接占有，而是以数据的形式储存在特定账号或网络钱包

之中，对网络环境具有相当高的依附性，但这种依附关系更多只是表明，虚拟币不能脱离网络空间而存在，其价值也主要体现在网络空间中。但是正如前文所述，因为虚拟币所具有的独立使用价值、能够成为独立的交易对象以及交易部分价值明确量化，用户完全可以通过计算机系统或其他方式对虚拟币进行管理、支配，还可以通过交易平台甚至私下与他人达成交易从而进行转移，这充分表明虚拟币只不过是财产的一种特殊存在形态，完全具备作为财物所具有的管理可能性和转移可能性。

第三，认定虚拟币属于财物不违背罪刑法定原则。对刑法上财物概念的解释，必须符合罪刑法定原则，即不得超出财物用语可能具有的含义，亦不得超出社会普通公众的预测可能性。一方面，《中华人民共和国刑法》仅简单使用财物这一概念，概念越抽象则外延越宽泛，因此对财物狭义的理解仅指有体物，广义理解包含有体物和无体物，而最广义的理解还包含财产性利益，因此将虚拟财产纳入财物范畴并无含义上的障碍。另一方面，如果严格坚持立法原意，认为立法者在制定1979年《中华人民共和国刑法》和1997年修订《中华人民共和国刑法》时，并未将虚拟财产纳入刑法中财物的范畴，会简单认为将虚拟财产解释为财物缺乏法律依据。但是必须看到，互联网目前在我国普及程度已经很高，民众对虚拟财产的认识、接受和使用程度越来越深，虚拟财产已然成为互联网时代人们财产和精神生活的一部分。因此，将“财物”一词的外延覆盖至具有财产属性的虚拟财产，不仅能够被一般人所接受，更符合对法律条文进行与时俱进的解释要求，并且可以充分地实现刑法保护法益的目标。

二、行为构造认定——“转移占有”和“秘密窃取”的成立

既然将虚拟币认定为刑法中的财物，意味着对武某某等的行为可以按照传统财产涉及的刑事法律规定予以惩处，即对待非法占有虚拟财产的犯罪行为，可以被认定为盗窃罪、诈骗罪或者其他财产犯罪，因此基于上述对象的双重属性，对涉案行为适用涉计算机犯罪还是财产犯罪相关罪名值得探讨。

笔者认为，基于罪责刑相适应原则，对武某某等的行为以盗窃罪追究刑事责任，能更全面和准确实现刑法的评判和惩治效果。

第一，本案行为应当纳入财产犯罪评价范畴。根据前面的分析，涉案虚拟币具有计算机信息系统数据和财物的多重属性，但不能以涉计算机犯罪属于特别规定为由，对非法获取虚拟币的行为简单以涉计算机犯罪论处。这是因为，一方面，《中华人民共和国刑法》对此情形有明确处理规定，其中第二百八十七条明文规定："利用计算机实施金融诈骗、盗窃、贪污、挪用公款、窃取国家秘密或者其他犯罪的，依照本法有关规定定罪处罚。"另一方面，纳入财产犯罪范畴能够解决现实中存在的犯罪漏洞和罪刑不相适应等问题：其一，《中华人民共和国刑法》涉计算机相关犯罪不但入罪标准较高，在涉案金额特别巨大的情形下，认定涉计算机相关犯罪会导致量刑畸轻；其二，如果一味囿于涉计算机犯罪的范畴，就无法对未侵入计算机系统或未使用其他技术手段获取虚拟财产的行为定罪处罚；其三，从法益侵害角度看，虚拟财产所有者的受损属于个人法益受侵害，适用涉计算机犯罪条文无法实现足够法益保护。

第二，涉案虚拟币发生转移占有符合财产犯罪的认定基础。财产犯罪认定的核心在于财物的转移占有，而对于占有的理解，刑法上通常是指对物所具有的事实上的支配力，突出强调占有的事实性和物理性作用，这也是传统财产犯罪认定的基础。但是，随着社会生活和网络迅猛发展，如果一味固守物理要素来界定占有概念，将无法有效地回应类似虚拟财产等新型财物形态层出不穷，而保护力度无法同步的现状。因此，占有不必过分局限于物理性支配，应当扩张至支配与控制的可能性。具体到本案，一方面，虚拟币是通过计算机等电子媒介实现占有的支配性，虽然并不实际进行物理接触，但实际上是一种间接地占有支配；另一方面，用户可以通过各种设置，如密码等实现占有的排他性，并充分表现禁止他人干涉的意愿，从而产生与传统物理接触占有相同的效果，实现对虚拟币这样的虚拟财产的控制。因此，涉案虚拟币不仅可以发生占有转移，这种转移的重要意义在于数据背后所象征的价值的转移。本案中，文化网每一个单位的虚拟币都具有独立的交换价值，武某某等通过犯罪手段取得自己账号数额以及背后象征经济财产的增加，这种增加直接导致被害单位相应财产的减少，这种增减符合财产犯罪成立所要求的占有转移。也正是基于此，涉案虚拟币由武某某等盗刷到所控制账户后，即能实现虚拟币的设定用途，本案犯罪已经既遂，而前述账户将相关虚拟币用于打赏主播等系使用虚拟币的一种方式，不影响前述犯罪行为的既遂状态。

第三，被害单位处分涉案虚拟币并非基于刑法上的错误认识。本案犯罪行为的关键是黑客利用系统漏洞，将充值失败的凭据替换为伪造的支付成功的凭据，使文化网作出给账户充值虚拟币的判断，因此罪名认定的关键在于，文化网是否知晓行为人虚假的意思表示，并基于虚假的意思表示作出了交付行为。不可否认，本案中武某某等采取了虚构事实的手段，使得被害单位服务器接口获得正确的接口返回状态码，从而系统作出"用户充值成功并给付虚拟币"的判断，但是这种判断并不涉及审查武某某等是否存在真实、有效的支付。换言之，充值系统的拨付只是单纯的针对凭据显示"支付成功"即反应通过，并不是文化网有意识的交付。相反，本案属于武某某等人采用自认为不会被发现的秘密手段，即替换支付凭证的方式获得虚拟币，因此符合盗窃的犯罪构成。

三、量刑均衡考量——以虚拟币充值对价认定盗窃金额

按照前文分析，本案应以盗窃罪追究武某某等的刑事责任，那么刑事责任的合理性同样体现在确定盗窃犯罪金额以及相应的量刑上，这就不可避免涉及到虚拟币价值的确定。虚拟币作为虚拟财产，由于其形态及存在的特殊性，与现实中的通常财物相比，没有被普遍接受的价值计算方式，其价值存在不确定及不稳定性的问题。从实践看，由于虚拟财产通常分为三种：一是网络运营商已经对其有明确定价的虚拟财产；二是网络运营商无直接定价的虚拟财产；三是积分类虚拟财产。因此刑事司法中关于虚拟财产的金额计算标准，主要存在市场价格、损失数额、销赃数额、获利数额等。

笔者认为，本案盗窃犯罪金额应以涉案虚拟币的充值对价认定，而不应以销售价值认定。

这是因为，涉案虚拟币属于文化网确定价格，并有大量的用户购买，已形成稳定的交易市场。换言之，虚拟币具有两个明显的特征：一是服务商出售时有明确的价格，且其价格相对稳定，交易规则也很明确和固定；二是其由用户

通过购买方式获得，并非凭借用户的劳动或者游戏活动获得。因此，可以将虚拟币理解为，文化网在网上发行的虚拟货币和票证，用户通过支付真实货币购买后，可以得到文化网提供的等值网上服务，从这个角度看，与用户在现实生活中享有的实际财产已经没有差别。既然虚拟币存在固定的交易对价，且这种对价也能得到服务商出具官方的价格证明的印证，对于武某某等窃取虚拟币这类虚拟财产的，应当按照服务商的官方充值价格计算盗窃金额。进一步说，虚拟币这类虚拟财产的价值计算方法与普通商品价值的计算方法不应当存在区别，当然普通商品可能存在折旧因素，但虚拟币作为虚拟财产不存在折旧因素，所以，直接按照官方充值价格计算也不会产生传统财产犯罪金额认定中的难题。

综上，本案以虚拟币充值对价认定武某某等的盗窃犯罪金额，符合盗窃罪等财产犯罪的一般认定规则，也能最大程度地实现对被害单位法益的保护。

编写人：上海市虹口区人民法院　施月玲　孙琳娜

48

行刑交叉视域下多次犯之司法审查

——何某盗窃案

【案件基本信息】

1. 裁判书字号

江西省宜春市中级人民法院（2021）赣 09 刑终 210 号刑事裁定书

2. 案由：盗窃罪

【基本案情】

2021 年 7 月 4 日凌晨，被告人何某窜至江西省上饶市广信区皂头镇付家村，将被害人姚某某停放于家门口的一辆越野车副驾驶室的车窗玻璃砸碎，窃得车内硬中华香烟4包、金圣香烟（滕王阁紫光细支）3包、长城香烟（醇雅陈皮薄荷细支）4包，经价格认证中心价格认定结论书认定：被盗物品价值人民币273元。市公安局某分局于2021年7月5日对何某的该行为作出行政拘留十五日的行政处罚。

2021年8月5日晚至8月6日凌晨，被告人何某窜至某村某组，将被害人陈某某停放在家门口的一辆小汽车副驾驶室车窗玻璃砸碎，企图盗窃未遂。

2021年8月8日晚8月9日凌晨，被告人何某窜至某村某组将被害人徐某某停放在家门口的一辆小汽车副驾驶室车窗玻璃砸碎，盗得车内硬中华、宽窄（好运细支）香烟各一条。经价格认证中心价格认定结论书认定：被窃硬中华香烟一条和宽窄（好运细支）香烟一条价格分别为420元、260元，共计价值682元，车窗玻璃经济损失318.30元。案发后，公安机关追缴硬中华香烟一条归还失主。

【案件焦点】

何某已受行政处罚的盗窃行为，能否作为成立多次盗窃犯罪的事实依据。

【法院裁判要旨】

江西省丰城市人民法院经审理认为：被告人何某以非法占有为目的，秘密窃取他人财物，其行为已构成盗窃罪。何某具有多次盗窃犯罪前科，且在刑罚执行完毕后，五年内再犯应判处有期徒刑以上刑罚之罪，系累犯，依法从重处罚。何某采取破坏性手段行窃，并造成他人财物损毁；多次盗窃他人财物，且数额较大；到案后，认罪态度不好，酌情从重处罚。

江西省丰城市人民法院依照《中华人民共和国刑法》第二百六十四条、第六十五条的规定，作出如下判决：

被告人何某犯盗窃罪，判处有期徒刑一年八个月，并处罚金人民币2000元。

宣判后，何某不服，提起上诉。

江西省宜春市中级人民法院经审理认为：何某的一个行为同时违反行政法

规范和刑法的，应由有权机关依据各自的法律规定实行多重性质不同的法律制裁，且原审法院对其先前行政羁押十五日亦已折抵刑期，故原判对何某第一起犯罪事实的认定符合事实和法律规定。原判认定事实清楚，证据确实、充分，定罪准确，量刑适当，适用法律正确，审判程序合法。

江西省宜春市中级人民法院依照《中华人民共和国刑事诉讼法》第二百三十六条第一款第一项的规定，作出如下裁定：

驳回上诉，维持原判。

【法官后语】

本案争议焦点在于：被告人何某已经受到行政处罚的盗窃行为能否继续计入多次盗窃犯罪的次数中。鉴于我国行政处罚与刑罚制裁的二元结构，司法实务中对于同一行为受行政和刑事的双重评价是否违背禁止重复评价原则尚未形成共识，遂进一步检视受过行政处罚的刑事多次犯之司法审查势在必行。

一、部分已受行政处罚的行为能够计入多次犯的次数

通过在中国裁判文书网锁定关键词“禁止重复评价”“行政处罚”“刑事案件”检索发现，针对行政处罚行为能否计入多次犯的刑事案件，基本相同的案情出现了三种司法认定：明确计入多次犯的次数中；明确不计入多次犯的次数中；以数额或其他情节定罪处罚。受过行政处罚的行为能否计入多次犯次数中，探讨的核心问题是禁止重复评价原则的适用场域，本文即从禁止重复评价原则的适用展开。

1. 禁止重复评价原则的适用范围

禁止重复评价原则，又称“一事不再理”原则，指的是行为人的同一个违反行政法义务的行为不应受到国家两次否定性评价，不承受两次相同性质的法律制裁。禁止重复评价也是刑法不成文的体现，是“一事不再理”原则在刑事实体法的展现。[①] 禁止重复评价原则的适用范围主要包括三个方面：禁止基本

---

① 孙万怀、刘环宇：《论禁止重复评价的判断标准及其适用争议问题》，载《法治研究》2022年第2期。

犯罪构成事实在定罪中的重复评价，即当同一行为符合数个犯罪构成时，有可能构成多个罪名或者产生罪名交叉，但只能择一罪名进行评价；禁止定罪情节在量刑中重复评价，即行为人的行为评价为构罪的要件时，不能再在量刑阶段重复评价该行为；禁止多种量刑情节在刑罚裁量中重复评价，指的就是同一行为在量刑情节过程中，只能评价一次，不能作为多个量刑情节重复评价。

2. 行刑交叉时不违反禁止重复评价原则

行政处罚和刑事处罚是不同性质的法律制裁体系，其处罚目的与功能各不相同，刑罚的目的、功能与行政处罚的制裁的目的、功能不是包容关系与交叉重叠关系，而是互补关系或并列关系，其不属于禁止重复评价原则的适用范围，故行政处罚的事实再次在刑事不法中予以评价，并不违反禁止重复评价原则。行政处罚不是阻却刑事违法的事由，《中华人民共和国行政处罚法》第八条第二款规定："违法行为构成犯罪，应当依法追究刑事责任的，不得以行政处罚代替刑事处罚。"由此可见，行政处罚与刑事处罚的性质截然不同，刑罚不能被替代，故受到行政处罚的行为，如果触犯刑法仍要受到刑罚处罚，这是不违反禁止重复评价原则的，即已受行政处罚的行为应当计入多次犯的次数中。

具体到本案中，何某于2021年7月4日实施的盗窃行为已经被市公安局某分局处以行政拘留十五日的行政处罚，但因其在2021年8月又连续实施了两次盗窃行为，符合盗窃罪中"二年内实施三次"的多次盗窃的标准，何某应构成多次盗窃。

二、行刑交叉下行为的定性应坚持实质解释论

社会危害性理论是整个刑法体系的基石，我国现存的刑法学体系可以成为"社会危害性中心论"的刑罚体系。[①] 行为的社会危害性程度是区分罪与非罪、轻罪与重罪的核心考量，行刑交叉的情形下，以何种手段进行处罚，势必要从社会危害性理论进行实质解释。

1. 客观方面实质解释。实质解释应当坚持主客观相统一的原则，从客观和主观两个层次对"多次盗窃"的行为进行实质解释。客观方面是以行政还是刑

---

① 陈兴良：《刑法哲学》，中国人民大学出版社2015年版，第866页。

事处罚的关键在于其呈现出的是否达到严重的客观危害性，具体可以从行为属性、危害结果、实施情节综合考量。多次的盗窃行为是对同一法益的重复侵犯，其侵害程度不断累积，相对于单次违法或犯罪行为，明显多次行为的客观危害性更大，如果仅以行政处罚该类行为，其与未受到行政处罚但也是盗窃多次的同类行为来比，其危害程度更大，理应受到刑法规制。

2. 主观方面实质解释。主观方面主要从行为人实施状态与其造成的危害结果所持的心理态度实质一致，罪过的表现形式表现为故意，故意的罪过形式是行为人反社会的思想意识的自己表现，表面行为本身所具有的社会危害性程度要大于过失实施的行为。反映行为人的反社会意识在其主观活动中具有一定程度的倾向性与自觉性，其多次行为突破规范意识，反映出行为人的反社会意识也呈现出严重的主观恶性，多次行为中的每次行为包括既遂、未遂、中止等状态。

3. 行为人受到的行政拘留、罚款等行政处罚应当折抵

行政处罚是指国家行政机关和其他行政主体依法对违反法律法规尚未构成犯罪的行政管理相对人所给予的特定的法律制裁，包括人身自由罚、财产罚、资格罚、申诫罚等种类。鉴于行政处罚和刑罚的目标都是维护公共利益和社会秩序，在规制行为不法内容的作用上两者相辅相成，互为补充，但同一行为如果被吸收为刑罚的范围，其行政处罚的结果也应当一并吸收，即行为人受到行政处罚应当折抵刑期或罚金等刑罚。

具体到本案中，何某一共实施了三次盗窃行为，其中，第一次盗窃行为被处以行政处罚后，第二次盗窃未遂。未遂的盗窃行为表明了行为人产生了盗窃犯意，也实施了盗窃行为，主观恶性与盗窃既遂没有实质差别。何某因盗窃行为受到行政处罚后，仍然继续实施盗窃行为，在第二次盗窃未遂的情况下，继续实施了第三次盗窃行为。从客观危害上来看，其行为的不断累积，也造成了社会危害的不断增加，盗窃金额不断增加。从主观罪过来看，在行政处罚之后仍然实施同类行为，表明行为人在明知行为违法的前提下，仍然没有放弃违法行为的主观意愿，其对法律规定的漠视与否认，表明其人身危险性随着其实施

同类行为的次数呈现递增的状态。故生效法院依法认定受到行政处罚的盗窃行为应当算到盗窃犯罪中是合理的，也考虑到行为人因同一行为受到了行政处罚在刑罚中予以吸收，作出行为人构成盗窃罪刑期予以折抵的判决是正确的。

编写人：江西省宜春市中级人民法院　刘晓慧

（三）诈骗罪

49

"吸粉引流"案件中帮助信息网络犯罪活动罪与诈骗罪共犯的界分

——王某等诈骗案

【案件基本信息】

1. 裁判书字号

山东省威海市中级人民法院（2022）鲁10刑终34号刑事裁定书

2. 案由：诈骗罪

【基本案情】

2020年11月以来，被告人王某租赁某大厦××室成立工作室，招募被告人黄某某等9人为话务员；被告人黄某1租赁某广场××室成立工作室，招募被告人姜某某等7人为话务员，为牟取非法利益，通过冒充公司客服拨打电话，诱骗被害人添加指定联系方式、进入上家指定的网络聊天群等方式（"吸粉引流"），为上家对被害人实施诈骗行为提供帮助。其中被告人王某负责从上家获取“料”（电话号码），分发给其工作室话务员，及被告人黄某1等下家。被告人刘某某等人按照被告人王某、黄某1的指示，利用上家提供的“料”和“话术”，冒充证券等投资类公司客服拨打电话，被告人黄某某等按照被告人王某的指示，利用上家提供的“料”和“话术”，冒充贷款类公司客服拨打电话。除拨打电话外，被告人丛某还协助王某管理工作室，被告人黄某某、丛某协助王某、黄某1招募话务员，被告人姜某某为工作室提供作案用手机卡共计54张。

上述被告人拨打诈骗电话共计90900人次。冉某某等23名被害人接到上述被告人电话，添加网络聊天好友、加入网络聊天群等后，被上游人员诈骗共计人民币（以下币种相同）1844679.27元。其中工作室参与涉案诈骗金额共计1414678.98元；黄某1组织某工作室人员从事投资类“吸粉引流”行动，并对工作室提供资金结算服务，两个工作室参与投资类诈骗金额为900323元。

【案件焦点】

“吸粉引流”案件中被告人的定性问题。

【法院裁判要旨】

山东省威海市文登区人民法院经审理认为：王某、黄某1分别成立工作室，雇用刘某某、赵某艳等人，以非法占有为目的，按上线人员提供的被害人电话单，预先设计好话术，引诱被害人加入上线指定的网络聊天群或者公众号，帮助上线诈骗人员骗取被害人财物，共计拨打电话达90900人次，导致23名被害人被诈骗1844179.67元，数额特别巨大，其行为均构成诈骗罪。依照《中华人民共和国刑法》第二百六十六条、第二十三条、第二十七条、第六十七条第三款、第五十二条、第五十三条、第六十四条之规定，判决：

一、被告人王某犯诈骗罪，判处有期徒刑七年，并处罚金人民币15万元（其他各被告人判处缓刑至有期徒刑六年不等的刑罚）；

二、扣押在案的被告人违法所得、被告人退缴的违法所得及被害人损失，按比例发还相应被害人；继续追缴违法所得被告人王某112728元、黄某166828.57元、黄某某11770元、丛某70104元、姜某某10210元，按比例发还相应被害人；

三、责令被告人王某、黄某1、丛某、黄某某、姜某某、刘某某、邹某某与同案人共同退赔违法所得1601771.27元，按比例发还相应被害人；

四、扣押未随案移送的涉案物品，由市公安局某分局依法处理。

宣判后，原审被告人王某不服，提起上诉。山东省威海市中级人民法院经审理认为：一审事实清楚、适用法律正确，量刑适当，审判程序合法，裁定：

驳回上诉，维持原判。

【法官后语】

本案中，"吸粉引流"团伙虽然没有直接对被害人实施诈骗行为，但其根据上游诈骗团伙成员提供的被害人电话单和"话术"，虚构事实，伪造身份，并根据上家的指示，组织人员引诱被害人加入网络聊天群，由其他人实施下一步的诈骗行为，在"吸粉引流"行为"业绩不佳"时，根据上游犯罪团伙的指示，及时更换策略，表明其与上家之间联系紧密固定，"吸粉引流"行为属于诈骗行为不可缺少的一环，应当以诈骗罪共犯定罪处罚。

"吸粉引流"是电信网络诈骗团伙"拉人头"的一种手段，电信网络诈骗犯罪分子往往广泛撒网，通过网络平台，完成实施诈骗的引流任务，再由电信网络诈骗集团对被害人通过各种方式实施诈骗。司法实践中，"吸粉引流"团伙多以帮助网络信息犯罪活动罪定罪处罚，少数以诈骗罪定罪处罚。例如，"吸粉引流"团伙与上游诈骗分子没有事前、事中的通谋行为，没有共同犯意及固定联系，应当认定系明知他人利用信息网络实施犯罪，为其提供广告推广的行为，可以帮助信息网络犯罪活动罪定罪处罚。帮助网络信息犯罪活动罪为轻罪名，被告人均在三年有期徒刑以下判处刑罚，以帮助网络信息犯罪活动罪定罪被告人一般情况下自愿认罪认罚，因此对于"吸粉引流"团伙构成帮助网络信息犯罪活动罪取证较为容易。但随着电信网络诈骗犯罪团伙化、专业化的发展，犯罪分子反侦查能力的提高，电信网络诈骗主犯往往将犯罪流程和分工细化，由某一团伙固定负责电信网络诈骗的具体环节，"吸粉引流"团伙与上游诈骗分子联系密切，"引流名单"和"话术"均由上家提供，下游犯罪分子对上游犯罪分子犯罪的参与度和明知程度均较高，对于这种情况，应当以诈骗罪共犯定罪处罚。

具体案件在审理过程中，“吸粉引流”行为应从以下两方面着重审查，准确区分帮助网络信息犯罪活动罪和诈骗罪的界限。（1）“吸粉引流”被告人对上游团伙实施诈骗行为的明知程度。主要根据“吸粉引流”被告人与上游诈骗团伙、“吸粉引流”团伙之间的聊天记录、被告人的供述、其他证人证言等进行考察，同时可以结合“吸粉引流”团伙的“话术”“电话单”等是否由上游诈骗团伙提供等客观证据，综合考虑被告人的主观明知情况。（2）“吸粉引流”被告人与上游犯罪联系的紧密度和稳定度。例如，“吸粉引流”被告人系参与诈骗团伙或与诈骗团伙之间形成较为稳定的配合关系，长期为上游诈骗团伙“吸粉引流”，可以诈骗罪论处，但需要注意的是，与诈骗团伙之间形成较为稳定和配合关系，并不意味着“吸粉引流”团伙与上游诈骗团伙之间系一一对应关系，实践中，存在一个“吸粉引流”团伙与两个或多个上游诈骗团伙存在长期稳定的配合关系，并分别受上游诈骗团伙指挥的情况，该种情况也应当认为其构成诈骗罪的共犯。综上，对于该类犯罪，应当坚持主客观相一致的原则，综合考虑被告人行为的社会危害程度，准确审查证据情况，正确定罪量刑。

编写人：山东省威海市中级人民法院　宋京红

50

骗取虚拟货币行为的罪名判定及犯罪数额认定

——冯某某诈骗案

【案件基本信息】

1. 裁判书字号

江苏省常州市中级人民法院（2022）苏04刑终210号刑事判决书

2. 案由：诈骗罪

【基本案情】

2022年1月至2月，被告人冯某某伙同代某某、刘某、王某等（均另案处理），租住在某小区×幢×单元×室内，通过向他人发送“木马”程序从而获取他人电脑内信息，随后采用各种手段骗取他人钱财。2022年2月中旬，代某某发现居住在某镇的被害人周某某电脑内，有被害人周某某通过网络社交账号与他人进行虚拟货币交易的聊天记录，遂伙同被告人冯某某等，冒充周某某网络社交好友并组建网络社交群聊，由被告人冯某某远程操控被害人周某某的网络社交账号进入该群聊。在2022年2月19日至2月21日，代某某采用冒充周某某网络社交好友的手段，在上述网络社交群聊中以要和周某某交易虚拟货币为幌子，骗得被害人周某某从他人处以人民币2763047元购买的虚拟货币438206.00784个。

【案件焦点】

1. 非法获取计算机信息系统数据罪的“其他技术手段”如何认定；2. 骗取的虚拟货币以何种方式确定价格。

【法院裁判要旨】

江苏省常州市武进区人民法院经审理认为：被告人冯某某，伙同他人，以非法占有为目的，通过电信网络技术手段，采用虚构事实、隐瞒真相的方法，骗取公民财物，其行为已构成诈骗罪，系共同犯罪，且数额特别巨大。被告人冯某某有前科，应酌情从重处罚。被告人冯某某归案后能如实供述自己的罪行，依法可从轻处罚。关于辩护人所提辩护意见，经查，（1）虚拟货币虽不具有法定货币地位，但它同样能够给当事人带来现实的经济利益，应当认定其法律属性为财产。（2）认定代某某先后收到周某某转账的438206.00784个虚拟货币的证据，除代某某供述及被害人周某某陈述外，还有公安机关依法向某公司调取的相关书证予以佐证。（3）被害人周某某针对其向他人购买虚拟货币而支付的钱款，除其本人陈述外，还有公安机关依法提取的相关转账记录证明，足以认定被害人周某某支付了2763047元人民币购得438206.00784个虚拟货币，指控以被害人实际损失来认定被骗金额正确。综上，被告人冯某某等冒充周某某好友从而骗取其钱财的行为符合诈骗罪的构成要件，且证据确实充分，故本院对该辩护意见不予采纳。关于被告人冯某某及其辩护人提出被告人冯某某有自首情节，且系从犯的辩解及辩护意见，经查，被告人冯某某虽然系自动投案，但归案后对自己在共同犯罪中的作用未能如实供述，而是避重就轻，不符合自首的构成要件，且在共同犯罪中起的作用虽小于代某某，但仍起主要作用，依法不属从犯。据此，依照《中华人民共和国刑法》第二百六十六条、第二十五条第一款、第六十七条第三款、第五十二条、第五十三条第一款、第六十四条之规定，以被告人冯某某犯诈骗罪，判处有期徒刑十一年，并处罚金人民币20万元。责令被告人冯某某与代某某共同退还被害人周某某人民币2763047元。

案件宣判后，冯某某提出上诉，江苏省常州市中级人民法院依照《中华人民共和国刑事诉讼法》第二百三十六条第一款第一项之规定，裁定：

驳回上诉，维持原判。

【法官后语】

一、被告人获取数据的手段不具备技术性，本案应定性为诈骗罪

（一）非法获取计算机信息系统数据罪中的“其他技术手段”是指与侵入、控制等功能相似的其他具有一定技术含量的手段

盗窃虚拟货币通常需要侵入计算机信息系统，实践中一般按照非法获取计算机信息系统数据罪处罚，但对于骗取虚拟货币行为则存在定性争议。非法获取计算机信息系统数据罪的客观方面表现为两种行为模式，即“侵入系统”+“获取数据”或者“采用其他技术手段”+“获取数据”。非法获取计算机信息系统数据罪中“侵入系统”和“采用其他技术手段”两个要件之间用“或者”相连，具有明显的并列选择性。因此，不能将“其他技术手段”泛化为任何网络技术手段。虽然“采用其他技术手段”不需要必须侵入、控制他人的计算机信息系统，但应当是与侵入、控制功能相似的其他具有一定技术含量的网络技术手段。

本案中，被告人采用欺骗手段骗取被害人虚拟货币。被害人购买虚拟货币后直接转入被告人提供的虚拟货币账户，被告人获取数据的手段不具备技术性，因而不构成非法获取计算机信息系统数据罪。

（二）个人持有的虚拟货币可作为诈骗罪的犯罪对象，与金融监管政策也并不冲突

相关政策并未禁止个人持有虚拟货币，也未否定虚拟货币的财产属性。2021年9月24日，中国人民银行、最高人民法院、最高人民检察院等联合发布《关于进一步防范和处置虚拟货币交易炒作风险的通知》，明确将开展法定货币与虚拟币兑换等相关业务，认定为非法金融活动。任何法人、非法人组织和自然人投资虚拟货币及相关衍生品，违背公序良俗的，相关民事法律行为无效，由此引发的损失由其自行承担。但这仅影响其作为虚拟货币的交换价值的实现，并未否认比特币作为虚拟财产享有占有、使用、处分或收益的其他权能。

本案中，被告人取得被害人的虚拟货币，主要是采用虚构事实、隐瞒真相的方法，让被害人产生错误认识并最终错误处分财产，被告人的行为符合诈骗罪的构成要件。

二、着眼犯罪模式差异，审慎认定虚拟货币价值

（一）虚拟货币价值认定的四种方法

在参照传统侵财类案件价值认定模式的同时，需要从虚拟货币的获得、丧失、销赃、市场价格等多方面综合予以认定。第一，被害人若是通过购买的方式取得虚拟货币，以购买价为根据计算；被害人若是"挖矿"取得的虚拟货币，以成本价计算。例如，最高人民法院刑事审判第三庭在《网络犯罪司法实务研究及相关司法解释理解与适用》[①] 中认为，被盗的虚拟货币如果有有效价格证明，如被害人的充值记录或购买时的交易记录，应以记录显示的获得价格认定。同时，《最高人民法院、最高人民检察院、公安部关于办理网络赌博犯罪案件适用法律若干问题的意见》规定，对于将资金直接或间接兑换为虚拟货

---

① 戴长林主编、最高人民法院刑事审判第三庭编著：《网络犯罪司法实务研究及相关司法解释理解与适用》，人民法院出版社2014年版。

币的，并用其作为筹码投注的，赌资数额按照购买该虚拟物品所需资金数额或者实际支付资金数额认定。第二，被害人购买记录无法调取或者“挖矿”成本无法计算的情况下，被告人将虚拟货币进行了最终兑换，且有销赃记录予以佐证，此种情况下以嫌疑人的销赃数额认定较为客观。第三，被告人和被害人约定虚拟货币的价格，可按约定价格作为认定基础。第四，在通过前三种手段无法确定虚拟货币价格，或者被害人虚拟货币获取时的价格、被告人销赃数额远与案发时交易平台的交易价格差距较大时，是否能以案发当天交易平台的市场交易中间价格进行计算还需进一步研究。

（二）本案中应以被害人购买虚拟货币的价格认定虚拟货币的价值

本案中，被告人虽然在网络社交群聊中以要和被害人交易虚拟货币为幌子，但双方并未约定虚拟货币的交易价格，难以约定的交易价格认定。所骗取的虚拟货币是被害人从他人处购买后再由他人当天直接汇入被告人的虚拟币钱包。被害人向他人购买虚拟货币而支付的钱款，除其本人陈述外，还有公安机关依法提取的相关转账记录证明，足以认定被害人支付了 2763047 元购得 438206.00784 个虚拟货币。同时，公安出具的虚拟货币价格情况说明，证实被害人购买虚拟货币的价格与案发当天第三方交易平台的市场平均价格大致相当，且略低于第三方交易平台的市场平均价。因此，本案中应以被害人购买虚拟货币的价格认定虚拟货币的价值是适当的。

编写人：江苏省常州市中级人民法院　王宏　于军辉

51

帮助上游犯罪分子转移赃款时“黑吃黑”行为性质的认定

——曾某诈骗、掩饰、隐瞒犯罪所得案

【案件基本信息】

1. 裁判书字号

福建省泉州市中级人民法院（2022）闽05刑终1615号刑事判决书

2. 案由：诈骗罪、掩饰、隐瞒犯罪所得罪

【基本案情】

2022年2月14日、15日，被告人曾某明知他人为网络犯罪转移资金，仍伙同李某某（另案处理）使用其本人名下的某1银行卡、某2银行卡、一款“飞机”应用程序（APP）软件和手机接收上线转来的资金，并根据上线的指令将接收的资金转到指定的银行账户。经查，上述某1银行卡汇入非法资金共计278673元，其中查实10375元系被害人刘某某、董某等被网络诈骗款项；上述某2银行卡汇入非法资金共计255426元，其中查实24700元系被害人谢某某、刘某等人被网络诈骗款项。

2022年2月15日，被告人曾某在明知汇入其名下的某2银行卡资金255426元系犯罪所得的情况下，仍伙同李某某予以截留，占为己有，其中30000元转入曾某的APP账户；30397.39元转入曾某妻子姚某名下的某1卡；20000元转入曾某名下的某3银行卡后由其通过自动取款机（ATM）机取出使用；其中8750元用于购买手机1部；174999元经直接转账或多级转账转入李某某所提供的其名下的某农村信用合作联社银行卡、其父亲李某、其朋友黄某某、陈某名下的银行卡及其妻子左某某、其朋友谢某的支付宝账户。

2022年2月17日，被告人曾某在某小区区×栋×室被公安机关抓获归案，后于同年2月20日被取保候审。2022年3月1日，被告人曾某经公安局民警电话通知后自行到该局接受调查。

【案件焦点】

1. 行为人提供本人名下银行卡帮助上游犯罪分子转移赃款时截留卡内部分资金的行为如何定性；2. 帮助上游犯罪分子转移赃款和截留卡内部分资金的行为是否应数罪并罚。

【法院裁判要旨】

福建省惠安县人民法院经审理认为：被告人曾某明知是犯罪所得款项，仍伙同他人予以接收、转移，金额达278673元，其行为已构成掩饰、隐瞒犯罪所得罪，系共同犯罪，属情节严重；又以非法占有为目的，伙同他人盗窃他人钱款255426元，其行为已构成盗窃罪，系共同犯罪，属数额巨大。据此，判决：

被告人曾某犯掩饰、隐瞒犯罪所得罪，判处有期徒刑三年，并处罚金人民币1万元；犯盗窃罪，判处有期徒刑六年八个月，并处罚金人民币5万元，决定执行有期徒刑八年六个月，并处罚金人民币6万元。

一审宣判后，原审被告人曾某不服判决，提出上诉。福建省泉州市中级人民法院经审理认为：上诉人曾某与同案犯李某某于2022年2月14日开始实施犯罪行为之前就已经产生非法占有汇入涉案银行卡内资金的犯罪故意。2月14日，曾某与李某某按照上线的指示，将汇入建设银行卡内的款项转到指定的银行账户，上诉人曾某明知汇入建行卡内的款项系犯罪所得款项，仍伙同他人予以接收、转移，该部分行为已构成掩饰、隐瞒犯罪所得罪；2月15日，曾某伙同李某某将汇入工商银行卡内的资金予以截留并占为己有，其主观上在上线交付钱款前即具有非法占有的故意，客观上采取虚构事实、隐瞒真相的方式，使上线陷入错误认识将款项汇入涉案银行卡，从而骗取他人款项，该部分行为符合诈骗罪的构成要件。对上诉人曾某应以诈骗罪、掩饰、隐瞒犯罪所得罪实行数罪并罚。判决：

上诉人曾某犯掩饰、隐瞒犯罪所得罪，判处有期徒刑三年，并处罚金人民币1万元；犯诈骗罪，判处有期徒刑六年，并处罚金人民币5万元，决定执行有期徒刑八年，并处罚金人民币6万元。

【法官后语】

本案“黑吃黑”的具体表现为行为人提供本人名下银行卡帮助上游犯罪分子转移赃款时截留卡内部分资金。针对该行为的认定有不同的观点，第一种观点认为，应按盗窃罪与掩饰、隐瞒犯罪所得罪数罪并罚；第二种观点认为，应按诈骗罪与掩饰、隐瞒犯罪所得罪数罪并罚；第三种观点认为，只定诈骗罪或掩饰、隐瞒犯罪所得罪一罪。笔者赞成第二种观点，具体理由如下：

一、行为人用于接收、转移赃款的涉案银行卡一直处于行为人实际控制之下

在涉“两卡”犯罪案件中，“黑吃黑”性质的行为时有发生。目前较为常见的行为方式系行为人明知他人实施犯罪，为牟取非法利益，仍出售、出租本人银行卡给他人使用，后又通过挂失补卡、注销账户等方式，在银行卡实际使用人不知情的情况下截留卡内资金。针对此类行为的认定，目前理论界和实务界已基本达成共识，认为行为人出售、出租本人银行卡后实际上已将银行卡的占有、使用权让渡给实际使用人，实际使用人成为卡内资金的占有人，行为人通过挂失补卡、注销账户等方式在银行卡实际使用人不知情的情况下截留卡内资金的行为，系将银行卡实际使用人对卡内资金的占有非法转为自己占有，符合盗窃罪的犯罪构成，卡内资金的性质不影响盗窃罪认定。

盗窃罪属于取得型财产犯罪，有两个较为明显的特征：一是发生占有转移，二是采取秘密窃取的方式。具体到本案，涉案银行卡一直处于行为人的实际控制之下，卡内资金的占有人系行为人，行为人将已汇入涉案银行卡内资金截留时未发生占有转移。本案有发生占有转移的时间点系上游犯罪分子将赃款汇入行为人名下银行卡这一节点，但该占有转移并非行为人采取秘密窃取的方式进行，而系基于上游犯罪分子的主动交付行为。故本案行为人截留涉案银行卡资金的行为明显不构成盗窃罪，一审法院混淆了两种相似犯罪手法背后复杂的法

律原理。

二、行为人在实施本案犯罪前已产生非法占有汇入涉案银行卡内资金的犯罪故意

在上游犯罪分子的主动交付下，行为人将卡内资金截留还可能构成诈骗罪或侵占罪。区分两罪的关键在于，行为人犯意产生的时间。本案行为人开始实施犯罪前就已经产生非法占有汇入涉案银行卡内资金的犯罪故意，与他人事先通谋，以提供银行卡帮忙接收、转移赃款为由，隐瞒其欲“私吞”的真实意图，使上游犯罪分子陷入错误认识将赃款汇入其名下银行卡，从而骗取他人财物，其行为符合诈骗罪的构成要件，卡内资金的性质不影响诈骗罪认定。

三、本案行为人帮助接收、转移赃款的行为与截留涉案银行卡内资金的行为系两个行为，应数罪并罚

本案行为人提供本人银行卡接收上线犯罪所得款项，并伙同他人将部分款项按照上线指示予以转移，部分予以截留、占为己有，属于两个行为。数行为是否应数罪并罚，首先需明确行为是否符合两个以上犯罪构成，其次要排除刑法分则和司法解释中规定的处断为一罪的情形。

有观点认为，本案帮助接收、转移赃款是手段行为，截留涉案银行卡内资金系目的行为，两者具有牵连关系，择一重罪应定诈骗罪一罪。行为人虽事先即有截留卡内款项的犯罪故意，但并没有排除其具有转移上游犯罪所得的主观故意，其主观上对结果至少是放任的，客观上也积极实施了接收、转移赃款的行为，即使认为其帮忙接收、转移赃款只是手段行为，目的是取得上游犯罪分子信任，进而成功截获卡内资金，两个行为之间也不构成刑法意义上的牵连关系。一般认为，只有具有类型化的手段与目的、原因与结果的关系时，才存在牵连关系，所谓类型化是指常见的、多发的、具有经验意义上的高概率性。本案行为人帮助接收、转移赃款行为与截留涉案银行卡内资金行为虽伴随发生，但不能认为具有经验意义上的高概率性，故不能从一重处断。另有观点认为，本案赃款汇入涉案银行卡之后，掩饰、隐瞒犯罪所得即已既遂，行为人事后截留款项的行为属于不可罚的事后行为，应定掩饰、隐瞒犯罪所得罪一罪。不可

罚的事后行为要求没有侵犯新的法益，本案行为人的两个行为分别侵犯了两个法益，仅定掩饰、隐瞒犯罪所得罪一罪无法全面评价行为人的犯罪行为。

综上，本案行为人帮助接收、转移赃款的行为符合掩饰、隐瞒犯罪所得罪构成要件，截留涉案银行卡内资金的行为符合诈骗罪构成要件，两者之间不属于连续犯、牵连犯或吸收犯等情形，也不符合事后不可罚的情形，对行为人应以掩饰、隐瞒犯罪所得罪和诈骗罪数罪并罚。

编写人：福建省泉州市中级人民法院　孙玉纯　柯志同

52

电信网络诈骗无被害人陈述时可结合在案相关证据“全链条”综合认定证明犯罪事实

——王某1等诈骗案

【案件基本信息】

1. 裁判书字号

江西省抚州市中级人民法院（2022）赣10刑终162号刑事裁定书

2. 案由：诈骗罪

【基本案情】

被告人王某1、冯某、王某2等均系朋友关系，2021年3月，王某1在网上认识一男子，该男子手上有一种叫“PPP”的虚假数字货币投资平台应用程序（APP），可以通过后台控制数字货币的涨跌及提现，王某1与该男子商议合伙利用该APP对境外英国的华人、新加坡华人、新西兰华人和澳大利亚华人或其他外国人实施诈骗牟利。同年9月，王某1在设计公司2楼成立诈骗窝点，并陆续招募冯某、王某2等业务员。其中，冯某于2021年9月加入窝点；王某

2于2021年9月加入窝点，同年11月底离开窝点，2022年4月10日又再次加入窝点。

在此期间，冯某、王某2等人使用王某1提供的手机号码注册W软件账号，网络上虚构自己是“高富帅”的男性身份叫叶某，女性身份叫叶某某，身份包装成在我国香港特别行政区做服装外贸的成功人士，利用W软件与他人聊天，在获取对方信任后，冯某、王某2将客户转给王某1，由王某1继续聊天，后以虚假的虚拟货币投资盈利诱骗对方下载“PPP”外汇投资APP，并在APP内充值。王某1通过上线提供的后台账号控制涨跌数据，并通过后台将对方购买的虚拟货币设置为下跌，造成对方亏损，占有被害人的钱财，随后删除对方的联系方式。

经查，2021年9月至11月，王某1团伙共骗取他人人民币251330余元。2021年12月至2022年4月，王某1、冯某共骗取他人71780纽币、37020美元、20000新加坡元、1500澳元。经鉴定，王某1等人骗取的外币共计折合人民币6416670元。现查明，王某1账户现金入账非法所得139500元，冯某非法获利60000余元，王某2非法获利70000余元。

【案件焦点】

王某1等实施诈骗对象为外籍华人或外国人，没有任何被害人的陈述及其佐证材料，犯罪数额即电信网络诈骗犯罪量应如何认定证明。

【法院裁判要旨】

江西省抚州市临川区人民法院经审理认为：被告人王某1、冯某、王某2等以非法占有为目的，虚构身份，利用网络骗取他人财物，系共同犯罪，对多人共同实施电信网络诈骗的，对主犯，应当按照其参与或组织的全部犯罪处罚，各被告人应对其参与期间该诈骗团伙实施的全部诈骗行为承担责任，王某1按照其组织期间的诈骗金额892997余元，被告人冯某按照其参与犯罪期间该团伙内诈骗金额892997余元，被告人王某2按照其参与该团伙内诈骗金额251330余元。王某1在共同作用中起主要作用，并且指挥、安排其他人员实施犯罪，系主犯；冯某、王某 2 在被告人王某 1 的安排下实施犯罪，并收取提成，在共同犯罪中起次要作用，系从犯，对从犯应当从轻或减轻处罚。王某 1 当庭对指控的大部分金额不予认可；冯某、王某 2 对指控的金额作出一定辩解，结合其在犯罪中的地位，其对自己参与的犯罪金额基本如实供述，可以认定坦白；另外被告人王某 2 自愿认罪认罚，对其可从轻处罚。据此，判决如下：

一、被告人王某 1 犯诈骗罪，判处有期徒刑十四年，并处罚金人民币 20 万元；

二、被告人冯某犯诈骗罪，判处有期徒刑八年一个月，并处罚金人民币 10 万元；

三、被告人王某 2 犯诈骗罪，判处有期徒刑二年十一个月，并处罚金人民币 3 万元；

四、公安机关扣押的手提电脑 5 台、手机 495 部等由扣押机关依法处理；继续追缴赃款 852997 元发还给各被害人。

王某 1、冯某不服一审判决提出上诉，江西省抚州市中级人民经审理认为：该案的受害人均为外籍华人或外国人，确实没有被害人的陈述，但结合书证、物证、电子证据及其上诉人和原审被告人的供述，能相互印证，可以认定犯罪事实，原判认定事实清楚，证据确实、充分，适用法律正确，定罪准确，量刑适当，审判程序合法，故裁定：

驳回上诉，维持原判。

【法官后语】

电信网络诈骗及其关联犯罪具有非接触性、作案地域跨境性、被害人不特定性、海量待证事实等特点，侦查难度大，取证难度更大。相较于传统诈骗犯罪，跨境电信诈骗在无法找到被害人的情况下，给基于传统犯罪形态建立的证据规则和司法审判工作带来了挑战，在网络犯罪案件审判中无被害人陈述时，如何准确适用“综合认定法”规则，是本案中值得研究探讨的重点问题。

一、被害人陈述并非认定诈骗犯罪事实的必要在案证据

电信网络诈骗作为“不接触”的新型犯罪，区别于传统侵财类案件的诈骗

犯罪，被害人的陈述通常是认定犯罪数额的必要证据之一。电信网络犯罪行为的实施并不存在现实空间的犯罪现场，而是在网络以电子数据的形式留下痕迹。若沿用传统的证明模式去证明案件事实面临着很大的难度，也常常出现无法找到被害人的情形，要对涉案被害人进行逐一调查取证面临着现实的困难。

对于无被害人、犯罪数额与被害人难以对应的情况下，《最高人民法院、最高人民检察院、公安部关于办理电信网络诈骗等刑事案件适用法律若干问题的意见》第六条第一款规定，办理电信网络诈骗案件，确因被害人人数众多等客观条件的限制，无法逐一收集被害人陈述的，可以结合已收集的被害人陈述，银行账户交易记录、第三方支付结算账户交易记录、通话记录、电子数据等证据，综合认定犯罪事实。

二、坚持证据裁判原则，规范电信网络诈骗综合认定规则

在无被害人陈述的电信网络诈骗案件中，对犯罪事实结合案件不同情况进行综合认定。第一种情形：不同分工的多个被告人供述的作案时间、被害人特征、诈骗金额、方法等相互印证，查证属实的第三方支付结算账户交易记录等书证据与被告人供述能相互印证，但由通话记录、银行监控等视频电子证据灭失，对案件事实认定有疑义的。对此，侦查机关调取的客观证据能与被告人的供述相互印证，已形成完整证据链条，可以排除合理怀疑，证明犯罪事实。第二种情形：不同分工的多个被告人供述的作案时间、被害人特征、诈骗金额、诈骗方法等细节相互印证，但缺少第三方支付结算账户交易记录，不能证明款项来源，在确实被害人陈述的情形下，这些证据对所认定的犯罪事实不能排除合理怀疑，不宜认定犯罪事实。

在本案审理过程中，依据王某1诈骗结算记录、工资发放记录、诈骗资料认定诈骗事实和金额，王某1、冯某银行账户资金流水印证诈骗获利存入银行卡的情况，王某1、冯某、王某2的供述及辨认予以确认，证据之间相互印证，形成了证据锁链，在缺少被害人陈述的情形下，可以认定诈骗事实。

综上，对于无被害人陈述的认定，“综合认定法”并非对印证证明的颠覆，全面结合除被害人陈述之外的其他书证、电子证据等客观证据综合判断，再结

合证据确实充分标准、有利于被告人原则、疑罪从无等司法规则，在上述证据相互印证，不存在无法排除的矛盾，最终以“排除合理怀疑”的高标准来保证事实认定的准确性和正当性，认定诈骗事实。

编写人：江西省抚州市中级人民法院　周战武　华苑

53

电信网络诈骗中层级较低且仅参与部分行为的被告人，可不对全部赃款承担退赔责任

——曾某、魏某等诈骗、非法经营案

【案件基本信息】

1. 裁判书字号

湖北省高级人民法院（2022）鄂刑终10号刑事判决书

2. 案由：诈骗罪、非法经营罪

【基本案情】

2010年11月，被告单位科技公司由被告人曾某、魏某共同成立。在经营期间，公司的法定代表人由曾某变更为魏某，由曾某实际控制。之后曾某、魏某与被告人辛某合作，并先后雇佣了被告人江某某、吴某某、程某、陶某、肖某、熊某等为公司员工。2016年5月，被告人曾某、魏某、辛某为非法牟利，经商议后决定通过制作虚假的色情视频网站的方式骗取他人钱财。由曾某、魏某组织被告人辛某、江某某、吴某某等设计、开发某1、某影音等虚假色情视频网站及手机应用程序（APP）、设置付费程序等，虚构充值付费即可观看成人视频的事实，并在网络上推广传播，诱导网民付费，致使众多网民被骗。

（非法经营罪及涉案财产部分事实略。）

【案件焦点】

江某某和吴某某作为仅参与部分诈骗犯罪行为的从犯，对于诈骗案中被害人所受损失，该如何退赔，是否应当与主犯曾某等人连带退赔。

【法院裁判要旨】

湖北省武汉市中级人民法院经审理认为：被告人曾某、魏某、辛某、江某某、吴某某共同制作虚假的色情视频网站、软件并上网传播，虚构付费即可观看色情视频的事实，诱导他人充值付费，诈骗他人钱财共计人民币14588613.25 元，数额特别巨大，其行为均构成诈骗罪。（非法经营罪部分略）曾某、魏某在共同诈骗犯罪活动中起主要作用，系主犯；辛某、江某某、吴某某在共同诈骗犯罪中受人指使，起次要作用，均系从犯，但辛某所起作用大于江某某和吴某某。因此判决：

（一到四项为被告单位及主犯曾某等的定罪量刑，略。）

五、被告人江某某犯诈骗罪，判处有期徒刑四年六个月，并处罚金人民币5 万元；

六、被告人吴某某犯诈骗罪，判处有期徒刑四年六个月，并处罚金人民币5 万元。

（七到十二项为非法经营罪被告人的判决情况和涉案财产判项，略。）

十三、剩余诈骗赃款责令被告人曾某、魏某、辛某、江某某、吴某某予以退赔。

（十四项为非法经营罪被告人违法所得追缴判项，略。）

一审宣判后，被告人曾某、魏某、辛某、江某某不服，提出上诉。其中江某某、吴某某及二人辩护人对定罪量刑无异议，但对判决其与曾某、魏某等人共同退赔剩余诈骗赃款有异议。

湖北省高级人民法院二审查明的事实与武汉市中级人民法院一审判决定的事实一致。另查明，吴某某于 2016 年 3 月、4 月到科技公司上班，主要负责安卓版手机的 APP 开发；江某某于 2017 年 2 月到科技公司上班，主要负责虚假色情视频网站前端开发。湖北省高级人民法院经审理认为：一审判决定罪准确，量刑适当，依法应予维持，但对于从犯江某某、吴某某的退赔处理不当。二人在诈骗犯罪中仅分别负责视频网站和手机安卓版APP的相关技术工作，未参与全部诈骗行为，判决二人与主犯共同退赔剩余的全部诈骗赃款缺乏事实基础，且与二人在共同犯罪中的地位、作用不相适应，明显过重。应综合考虑二人在共同犯罪中的地位作用及认罪态度等情节，酌情确定二人的退赔范围。据此，判决如下：

一、驳回上诉人曾某、魏某、辛某的上诉，维持武汉市中级人民法院（2020）鄂01刑初96号刑事判决中的第一项至第十项；

二、撤销该判决中的第十一、十二、十三、十四项；

三、诈骗赃款依法予以追缴（其中已追缴到案的有公安机关扣押的人民币344074和武汉市中级人民法院续冻的涉案赃款人民币698980336.06元及孳息66929.62澳元。未追缴到案的，继续追缴），发还被害人，不足部分，责令上诉人曾某、魏某、辛某、江某某、原审被告人吴某某共同退赔（其中，江某某在人民币10万元范围内与曾某、魏某、辛某共同退赔，吴某某在人民币20万元范围内与曾某、魏某、辛某共同退赔）。

（第四项、第五项为纠正涉案财产处置的表述问题，略。）

【法官后语】

本案的焦点问题在于，被告人江某某和吴某某仅参与部分诈骗犯罪行为，对于诈骗案中被害人所受损失，该如何退赔？一审判决其与主犯曾某等人连带退赔是否适当？笔者认为，应当综合考虑二被告人在共同犯罪中的地位、作用、非法获利数以及认罪态度等因素确定退赔范围及数额。

随着近年来互联网、即时通讯、智能手机、网上银行等技术的进步，电信诈骗案件呈现涉案数额巨大、跨不同区域、被告人数众多、团伙层级复杂等特征。除最高层级的被告人参与了全部犯罪行为并全部承担责任外，低层级被告人之间有的缺乏意思联络，有的仅参与部分行为，作用和地位区别较大。对于电信诈骗的赃款中未能追缴到案的部分，根据《中华人民共和国刑法》第六十四条的规定，应当责令被告人退赔。但各被告人是共同退赔还是分别退赔，如果是分别退赔则如何确定各自退赔数额，尤其是层级低的从犯如何退赔，刑法及相关司法解释均未明确规定。司法实践中做法不一，有的案件判决所有被告人不分份额连带退赔，也有的判决按照获利数退赔。在过去相当一段时间内，由于对责令退赔的执行情况不规范，退赔方式问题并未引起重视。但随着近年来刑事判决涉裁判部分的执行情况日益规范，责令退赔的执行情况已经与罪犯的减刑、假释以及刑满释放后的正常生活，甚至其子女就业、升学等重大事项挂钩，因而引起了更多重视。尤其是轻刑犯，对退赔问题的关注度可能更甚于对量刑，因为量刑可能就是那么一两年，而退赔则关系到刑满释放后的长期工作、生活。

判决所有被告人共同对全部赃款承担退赔责任的方式，理论依据是传统共同犯罪的“部分行为，全部责任”的理论。这种处理方式对于最高层级的被告人尚有一定道理，但对于低层级和仅参与部分行为的被告人则存在明显问题。因为他们并未参加全部犯罪行为，判决他们与主犯一起共同退赔全部数额，既缺乏事实基础，又不利于罪犯刑满后重新开始新生活，对于保护被害人权益也意义不大（因为这些层级低的被告人往往是受雇于主犯，自身经济状况差）。判决各被告人按照各自获利数退赔的处理方式亦存在问题，且不说获利数受限于证据状况难以准确认定，即便能认定，各被告人获利数总和未必等于需要退赔数额，以获利数为基础退赔，可能导致犯罪成本部分无处追缴，从而不利于保护被害人利益。

本案中，曾某、魏某、辛某作为犯意的提起者，也是犯罪的最大受益者，三人对犯罪收益约定了分成比例，属于第一层级的共犯，其三人应对团伙的全部诈骗行为承担罪责，因此，三人应共同退赔全部未追缴到案的诈骗赃款。对于两名从犯江某某和吴某某，二者层级较低，只是受曾某等雇请参与犯罪，且分别负责相互独立的业务，前者负责制作虚假色情视频网站，后者负责开发虚假色情视频安卓版手机APP，也就是说，江某某参与的是通过网站骗取的部分诈骗数额，而吴某某参与的通过安卓版手机APP的部分诈骗数额，二人各自与上游的曾某、魏某、辛某成立共同犯罪，但二人之间不存在意思联络，不宜认定为共同犯罪。一审判决二人与主犯曾某等对全部诈骗赃款共同承担退赔，既缺乏事实基础，不符合传统共同犯罪理论，又对保护被害人权益没有实际意义，还将导致两名从犯在对主刑没有异议情况下对退赔极为不满，甚至提出看不到希望，悲观厌世，社会效果不好。因此，二审进行了纠正。本案原本以江某某、吴某某各自参与的诈骗数额为限，分别与曾某等主犯共同退赔更为合理。但由于涉案账目案发前被销毁，不能对江某某、吴某某实际参与的诈骗数额作出准确认定，只能综合考虑二人在共同犯罪中的地位、作用、非法获利数以及认罪态度，以确定退赔数额。江某某参与犯罪时间约3个月，供述获得好处约5万元，吴某某参与时间为约一年，供述获得好处15万元，二人均认罪认罚。综合考虑，将二人的退赔限额分别确定为10万元、20万元，在维持原判定罪量刑的同时，对原判判令江某某、吴某某二人与曾某、魏某、辛某共同退赔剩余的诈骗赃款的部分予以了改判，判令曾某、魏某、辛某、江某某、原审被告人吴某某共同退赔，其中江某某在人民币十万元范围内与曾某、魏某、辛某共同退赔，吴某某在人民币二十万元范围内与曾某、魏某、辛某共同退赔。同时，还对一审判决关于涉案财产处理的其他不当之处一并纠正。

综上，在处理电信网络诈骗共同犯罪退赔问题时，为兼顾打击犯罪、保护被害人的目的，应当综合考虑共犯在电信网络诈骗共同犯罪中的地位、作用以及认罪态度来认定退赔数额。其一，参与犯意提起、决定犯罪收益分配、实际参与全部犯罪的被告人，由于其行为与全部诈骗数额之间都有因果关系，理应对全部未追缴到案的赃款承担退赔责任。其二，负责特定地区或者特定门类诈骗行为，且具有相对独立性的低层级的小团伙，其成员仅参与部分犯罪行为，仅就该部分行为与第一层级的人员成立共同犯罪，并对该部分诈骗赃款共同承担退赔责任。其三，如因客观原因导致对小团伙的犯罪数额不能准确认定的，可结合小团伙成员在共同犯罪中的地位、作用、非法获利数以及认罪认罚情况来确定各自退赔数额。

编写人：湖北省高级人民法院　金吕钢

54

个人虚构医保定点服务机构诊疗记录骗取国家医保基金的构成诈骗罪，且系个人犯罪

——孙某等诈骗案

【案件基本信息】

1. 裁判书字号

江苏省无锡市中级人民法院（2022）苏02刑终32号刑事裁定书

2. 案由：诈骗罪

【基本案情】

2016年9月21日，被告人孙某、李某及邓某某（另案处理）成立某公司，该公司邓某某持股70%，被告人孙某持股15%，被告人李某持股15%（其中，被告人李某自己持股10%，代被告人孙某持股2%，代姚某某持股3%）。2016年10月18日，某公司举办成立某康复医院，系民办非企业单位，被告人孙某、李某及邓某某为理事会成员。邓某某负责医院后勤统筹；被告人孙某担任院长，负责医院财务、对外业务及各科室的协调；被告人李某担任副院长，负责医院行政管理、人事、外五科的工作。2017年4月，某康复医院与医疗保险基金管理中心签订服务协议，成为医保定点机构。

在医院经营过程中，被告人孙某、李某及邓某某为获取非法利益，经合谋后决定，由外五科主任被告人康某某通过被告人浦某等收集他人医保卡，在该院外五科办理虚假住院手续，以虚假治疗单病种疾病的方式骗取社会医疗保险基金（以下简称医保基金）。

2019年6月至2019年12月，某康复医院在外五科办理虚假住院治疗305

人次，骗取医保基金共计人民币（下同）2697280元。

被告人浦某明知是要实施上述犯罪行为，仍积极帮助收集他人医保卡用于实施诈骗，共帮助收集医保卡183张，用于办理虚假住院、虚假治疗200人次，导致医保基金被骗1740720元。

破案后，涉案医院及相关人员共退出赃款1813280元，其中，被告人孙某退出25万元，被告人李某退出15万元，被告人康立友退出12万元，被告人浦某退出3万元。

【案件焦点】

个人虚构医保定点服务机构诊疗记录骗取国家医保基金的，构成合同诈骗罪还是诈骗罪，是自然人犯罪还是单位犯罪。

【法院裁判要旨】

江苏省无锡市惠山区人民法院经审理认为：被告人孙某、李某、康某某、浦某伙同他人以非法占有为目的，结伙虚构事实、骗取国家医保基金，数额特别巨大，其行为均已构成诈骗罪，属共同犯罪。在共同犯罪中，被告人孙某、李某、康某某、浦某起次要、辅助作用，系从犯；被告人孙某、李某、康某某、浦某均能认罪认罚。综合上述情节，决定对四被告人均予以减轻处罚。据此，江苏省无锡市惠山区人民法院判决如下：

一、被告人孙某犯诈骗罪，判处有期徒刑八年，并处罚金人民币10万元；

二、被告人李某犯诈骗罪，判处有期徒刑六年六个月，并处罚金人民币8万元；

三、被告人康某某犯诈骗罪，判处有期徒刑五年六个月，并处罚金人民币7万元；

四、被告人浦某犯诈骗罪，判处有期徒刑三年，并处罚金人民币2万元；

五、扣押在案的赃款依法发还被害单位；涉案赃款继续予以追缴，并发还被害单位。

宣判后，被告人孙某提出上诉，认为原审判决量刑过重，请求二审法院依法改判。江苏省无锡市中级人民法院经审理认为：（1）关于单位犯罪问题。所谓单位犯罪，是指公司、企业、事业单位、机关、团体为本单位谋取非法利益或者以单位名义为本单位全体成员或多数成员谋取利益，由单位的决策机构按照单位的决策程序决定，由直接责任人员具体实施，且刑法明文规定单位应受刑罚处罚的犯罪。本案中，孙某等作为某康复医院的股东，骗取医保基金是为了个别人的利益而非医院利益，也非全体成员或者多数成员的利益，且该骗保行为并未按照医院的决策程序依法依规进行决定，相关行为应当认定为个人犯罪而非单位犯罪。（2）关于本案的定性问题。合同诈骗罪中的合同主要是指受法律保护的各类经济合同。本案中的无锡市基本医疗保险定点医疗机构服务协议并不是市场经济领域中平等经济主体之间的合同，在签订、履行该服务协议过程中骗取他人财物的，不应认定为合同诈骗罪。孙某等为了提高医院营业收入进而获取个人高额利益，虚构事实骗取国家医保基金，数额特别巨大，其行为应认定为诈骗罪。（3）关于量刑问题。原审判决已综合考量孙某在本案中的犯罪金额、地位作用、认罪悔罪表现等情节，所处量刑并无不当。故裁定如下：

驳回上诉，维持原判。

【法官后语】

本案的争议焦点主要是两个：一是个人虚构医保定点服务机构诊疗记录骗取国家医保基金的构成诈骗罪还是合同诈骗罪；二是这种行为属于单位犯罪还是自然人犯罪。

一、个人虚构医保定点服务机构诊疗记录骗取国家医保基金的构成诈骗罪

合同诈骗罪的入罪标准和法定刑升格标准均高于诈骗罪，因此，司法实践中将诈骗相同金额的行为认定为合同诈骗罪还是诈骗罪，直接影响到被告人的刑期，意义重大。合同诈骗罪与诈骗罪属于特殊罪名与一般罪名的关系，根据刑法的通说观点，如果行为既构成合同诈骗罪又构成诈骗罪的，应当以合同诈骗罪定罪处罚。根据《中华人民共和国刑法》第二百二十四条的规定，合同诈骗罪是以非法占有为目的，在签订、履行合同过程中，实施了下列行为之一：（1）以虚构的单位或者冒用他人名义签订合同；（2）以伪造、变造、作废的票

据或者其他虚假的产权证明作担保；(3) 没有实际履行能力，以先履行小额合同或者部分履行合同的方法，诱骗对方当事人继续签订和履行合同；(4) 收受对方当事人给付的货物、货款、预付款或者担保财产后逃匿的；(5) 以其他方法骗取对方当事人财物的。从侵犯的客体而言，诈骗罪只侵犯财产所有权，是单一客体，而合同诈骗罪既侵犯他人的财产权利，同时又侵犯合同行为管理制度。刑法规定合同诈骗罪的立法目的主要在于维护正常的市场合同秩序，而以维护正常市场秩序为宗旨的现行合同法仅包括民商事合同。

案涉某康复医院与医疗保险基金管理中心签订的服务协议为行政协议，不符合合同诈骗罪构成要件。因为协议签订主体一方为行政主体，协议内容体现的是行政机关对医保资金的管理职能，协议体现双方关系是资金审批关系，违约责任上体现了行政机关的行政优益权，争议解决方式受行政法调整。因此，四被告人利用该协议骗取医保资金的行为不符合合同诈骗罪的犯罪构成，因而不能认定四被告人构成合同诈骗罪。2014 年，《全国人民代表大会常务委员会关于〈中华人民共和国刑法〉第二百六十六条的解释》明确，以欺诈、伪造证明材料或者其他手段骗取养老、医疗、工伤、失业、生育等社会保险金或者其他社会保障待遇的，属于刑法第二百六十六条规定的诈骗公私财物的行为。因此，孙某等人的行为应当认定为诈骗罪。

二、个人虚构医保定点服务机构诊疗记录骗取国家医保基金的属于自然人犯罪

所谓单位犯罪，是指公司、企业、事业单位、机关、团体所实施的危害社会，依法应当承担刑事责任的行为。单位犯罪必须是为了单位利益，由单位集体决策决定以单位名义实施犯罪行为，犯罪所得归属于单位。实践中，区分单位犯罪和自然人犯罪主要从以下三个方面进行：(1) 是否为了单位的利益，是否由单位的决策机构决定。单位犯罪具有特定的程序性，即符合单位决策程序，是它与自然人盗用单位名义或擅自以单位名义进行的犯罪相区别的重要特征。因而，单位内部成员未经单位决策机构批准、同意或认可而实施的犯罪行为，一般只能认定为自然人犯罪；同时按照决策机构的决定实施的行为必须为了单

位的利益。单位犯罪中，犯罪后的违法所得通常归单位所有，而自然人犯罪中，犯罪后的违法所得多为自然人个人所有。(2) 是否是以单位的名义。行为以单位的名义实施是认定单位犯罪的重要因素之一，但并非所有以单位名义实施的犯罪都是单位犯罪。(3) 行为是否在单位成员的职务活动范围内，或者与单位的业务活动相关。单位只对其在业务范围内或与业务相关的活动范围内的行为负责，但如果与单位的业务活动并无实质的关联，则一般不应视为单位行为。

本案中，孙某等为某康复医院的股东，骗取医保基金是为了个别人的利益而非医院利益，也非全体成员或者多数成员的利益，且该骗保行为并未按照医院的决策程序依法依规进行决定，相关行为应当认定为个人犯罪而非单位犯罪。

编写人：江苏省无锡市中级人民法院　王星光

江苏省无锡市滨湖区人民法院　郑捷

55

以虚拟货币上市交易高利回报为幌子骗取巨额财物行为的认定

——解某某诈骗案

【案件基本信息】

1. 裁判书字号

广东省深圳市中级人民法院（2021）粤03刑终235号刑事裁定书

2. 案由：诈骗罪

【基本案情】

2018年5月，被告人解某某在某大厦成立科技公司，任公司法定代表人、总经理，并通过互联网把其女友李某某包装成高端时尚且涉足区块链的创业青年，公开推广数字虚拟货币A，宣称A是基于征信的信用价值生态体系，A币未来前景广阔，且有较大升值空间。2018年4月，解某某向被害人孙某某谎称科技公司发行的A币有强大的团队及项目背景，承诺将在“某网站”首发上市交易，同时向被害人谎称已对接一团队，至少有500万元的业绩。被害人孙某某于2018年4月12日至15日分五笔向解某某名下的银行账户共计转款人民币99万元用于购买A币160余万枚，随后解某某通过电子钱包地址分3次向被害人孙某某的电子钱包转入A币共计525088枚，其余A币转入孙某某指定的其他电子钱包。被告人解某某收到上述款项后，即通过提现及网上银行转账的途径转移，而被害人孙某某所购买的A币则一直被锁定在钱包内无法上市交易，现该A币已退市，价值为零。2019年6月至9月，被害人多次联系解某某要求解决A币锁仓无法交易的问题或退款，均未果，之后被告人解某某将被害人孙某某的联系方式删除，拒绝沟通。2019年11月11日，被告人解某某在某酒店被抓获归案。

【案件焦点】

1. 被告人供述和辩解的真实性问题；2. 本案的定性问题。

【法院裁判要旨】

广东省深圳市福田区人民法院经审理认为：被告人解某某违反国家法律，以非法占有为目的，虚构事实、隐瞒真相，诈骗他人财物，数额特别巨大，其行为已构成诈骗罪，应依法予以惩罚。被告人解某某虽当庭表示认罪，但其在侦查阶段多次虚假供述，在庭审中供述亦避重就轻，其相关辩解多与查明的事实不符，在量刑时酌情予以考虑。公诉机关的量刑建议适当，依法予以采纳。广东省深圳市福田区人民法院依照《中华人民共和国刑法》第二百六十六条、第五十二条、第五十三条和第六十四条之规定，判决如下：

一、被告人解某某犯诈骗罪，判处有期徒刑十一年，并处罚金人民币5万元；

二、冻结在案的涉案款项依法发还被害人孙某某，不足部分责令被告人解某某继续退赔（以本案认定的人民币99万元为限）。

解某某持原审辩解提起上诉。广东省深圳市中级人民法院依照《中华人民共和国刑事诉讼法》第二百三十六条第一款第一项之规定，作出如下裁定：

驳回上诉，维持原判。

【法官后语】

数字货币是电子货币形式的替代货币。国际清算银行（BIS）将数字货币定义为以数字形式表示的资产。按照国际货币基金组织和欧洲银行的定义，可以将数字货币分为“电子货币”“虚拟货币”“加密货币”。随着虚拟货币在市场上的热炒，金融监管部门曾发布提示称，一些不法分子打着“金融创新”“区块链”旗号，通过发行所谓“虚拟货币”“虚拟资产”“数字资产”等方式吸收资金，侵害公众合法权益。此类活动并非真正基于区块链技术，而是炒作区块链概念行非法集资、传销、诈骗之实。司法实务中，对于行为人利用虚拟货币实施违法行为的构罪、此罪与彼罪等问题存在较大争议。

1. 犯罪手段

本案中，被告人解某某成立科技公司，并通过互联网把其女友李某某包装成高端时尚且涉足区块链的创业青年，公开推广数字虚拟货币A，宣称A是基于征信的信用价值生态体系，A币未来前景广阔，且有较大升值空间。与上述打着“金融创新”“区块链”旗号，骗取购买者财物的手段如出一辙。此外，被告人解某某向被害人孙某某谎称其公司发行的A币有强大的团队及项目背景，其公司的投资人和顾问代币总量为10亿枚，向被害人承诺已确定在“某网站”首发上市，且已对接一团队，至少有500万元的业绩；又谎称“上线时间推迟了，所以（解锁）时间也就往后推了”以及“8月20开始每月释放”等。实际上，涉案的A币为“空气币”，并未在其承诺的某网站等上市发行，被害人收到的虚拟货币空有一叠数字，一直处于锁仓状态，根本无法实现正常上市交易。被告人虚构事实、隐瞒真相的事实明确。

2. 犯罪特征

一是利用虚拟货币炒作“投资周期短、收益高、风险低”等概念宣传，具有较强蛊惑性。本案中，被告人解某某向被害人宣传承诺“购买A在科技公司未来的合作方中都可以变现，2018年5月20日，A币会在某网站上线首发，上线发行收益至少10倍以上”等，让本身作为金融从业人员的被害人也信以为真。二是通过幕后操纵所谓虚拟货币的价格走势、设置获利和提现门槛等手段非法牟取暴利，具有很强的欺骗性和隐秘性。本案中，证人叶某（涉案公司员工）的证言提到其“登录后看到这个币，当时价格每个币2~3元，上市交易1元每个，最高峰达到每个5元。交易量很小，都是交易所挂的机器人自己操作的，没有真正的客户交易”，从侧面佐证了幕后操作虚拟货币交易之情形特征。

3. 犯罪目的

诈骗类犯罪中对于非法占有目的的认定亦是构罪认定的关键和难点。对于交易型诈骗的行为人，如何认定其非法占有的目的，可以犯罪行为为中心，通过可视化思维导图对案件事实进行时空拆分与组合性的综合考量。

（1）行为人是否具有其承诺的相关产品或服务的能力和意愿。行为人自始至终没有提供对价的能力，导致被害人遭受财产损失成为必然，可直接认定行为人非法占有目的。

（2）行为人虽未提供对价，但辩称具有可预期的履约前景的情形。需考量行为人有无履约条件、是否进行履约准备等，倘若行为人不具备经营场所、设备、人员等条件，骗取钱款之前未进行履约准备，骗取钱款后亦未用于履约，则可以认定非法占有目的。

（3）行为人形式上向被害人提供了商品（服务），并辩解未能实现承诺仅属于民事纠纷。涉及刑民交叉问题，通常是刑事审判难点，对此，需立足双方约定的内容，审查行为人所提供的商品（服务）与其所获得的被害人钱款之间是否具有相当性，若其提供的商品（服务）对被害人无使用价值或者无任何价值，或者仅具有微弱价值或使用价值，与行为人所获得钱款存在明显不对等，被害人的交易目的基本落空，则可认定被告人具有非法占有的目的。

综上，结合本案被告人收取被害人钱款99万元后本应用于A币的上市运营，以确保被害人所购买的A币能够正常交易变现，但其将涉案钱款提现或部分用于交房租、发工资等其他开支。被告人一直无法实现其虚拟货币能够正常上市交易的承诺，被害人向其购买的虚拟货币（A币）一直处于锁仓状态，无法进行交易提现，被害人在此种情况下要求其退款时，被告人既未解决A币交易变现的问题，也未退还被害人钱款，而是删除被害人联系方式，拒绝沟通并离开公司所在地，其非法占有涉案钱款的目的明显，依法应当予以认定。

4. 犯罪定性

以非法占有为目的，利用虚拟货币实施骗取他人财物的行为，应定性为诈骗罪还是集资诈骗罪的关键区别在于两个方面：一是其行为是否针对不特定对象；二是其行为是否既侵犯了公私财产所有权，又侵犯了国家正常金融秩序，即其行为是否侵犯了以上双重法益。结合本案，在案证据能够证实被告人解某某确有向社会公众宣传“A”，但未显示其向社会公众宣传推广A币或让社会公众向其购买A币。本案被告人只向被害人一人出售过99万元的165万枚A币（每枚单价0.6元），被害人虽有将其中部分A币赚取差价后分售给其朋友同事，但在案证据并未证实这部分人是基于被告人对“A”的宣传而通过被害人购买A币的事实，并不能据此认定被告人的行为是向社会不特定对象出售A币吸收资金的行为。另外，本案中被告人的行为尚未达到扰乱国家金融秩序的程度，从侵犯法益角度而言，被告人的行为仅侵犯了被害人财物所有权这个单一性法益，不应认定为集资诈骗。

编写人：广东省深圳市福田区人民法院　胡许晴　陈健

56

利用网络群聊“抢红包”方式帮助“套路嫖”诈骗犯转移违法所得的构成诈骗罪

——赵某某等诈骗案

【案件基本信息】

1. 裁判书字号

山东省临清市人民法院（2021）鲁1581刑初425号刑事判决书

2. 案由：诈骗罪

【基本案情】

被告人赵某某经网友介绍于2009年6月、7月，以在网络聊天群中抢红包后向上家转账的方式赚取提成收入。后于2019年9月开始联系人员，建立网络聊天群，组织人员以抢网络聊天红包的方式收取“嫖资”等违法所得后，随即进行汇总，并立即转账到其上线账号使用者提供的账户，从中获取提成等收益。2019年11月至2020年4月案发，被告人丁某某为被告人赵某某提供账户负责收账、转账，后参与前述网络聊天抢红包等行为，从中获取提成等收益。

被告人赵某某通过其银行账号于2019年9月至10月共计收取违法所得1020878.67元；被告人赵某某、丁某某二人通过丁某某银行账户于2019年11月至2020年4月共计收取违法所得2856376.96元。其中，被告人赵某某非法获利至少40000元；被告人丁某某非法获利至少20000元。

被告人张某某经人介绍，通过上述网络聊天群抢红包收款，随后立即转账给上线，以此取提成收益。2020年3月18日至19日，被告人张某某利用其网络账号，在“自动匿名收费群”网络聊天群中，以抢红包形式收取被害人覃某某所发“嫖资”3888元中的910.25元，随即提现到银行账户，并立即转账到被告人丁某某银行账户，由丁某某转账到其上线银行账户。经查，被告人张某某于2019年12月至2020年4月通过网络账号共计收取违法所得80063.99元，非法获利1136.38元。

案发后，被告人张某某于2020年4月2日经公安机关传唤后，主动投案并如实供述犯罪事实，退缴违法所得2000元。被告人赵某某于2020年4月24日经家人劝说后自动投案，如实供述犯罪事实，并协助公安机关抓获被告人丁某某。被告人赵某某退缴违法所得40000元，被告人丁某某退缴违法所得20000元，二人又协助公安机关扣押违法所得40000元。上述违法所得均存入于市公安局涉案资金账户。

【案件焦点】

被告人赵某某等明知上线实施网络招嫖诈骗，而组织人员使用网络账号或使用自己的网络账号，在涉嫌“套路嫖”的网络聊天群中领取被害人所发红包后，立即转账到上线提供的银行账户的行为如何定性。

【法院裁判要旨】

山东省临清市人民法院经审理认为：被告人赵某某、丁某某、张某某以谋利为目的，明知他人实施网络诈骗，而使用自己的网络账号或组织他人使用网络账号加入诈骗团伙组成的网络聊天群，领取被害人所发红包，并立即转账到诈骗团伙提供的账户中，长期帮助诈骗团伙收取违法所得并转账，其行为均已构成诈骗罪。其中，被告人赵某某、丁某某诈骗数额特别巨大，被告人张某某诈骗数额巨大。三被告人在共同犯罪中起次要、辅助作用，系从犯，依法均予减轻处罚。被告人赵某某、张某某主动投案，如实供述自己的罪行，系自首，依法予以从轻处罚。被告人赵某某协助公安机关抓获同案犯，应当认定为有立功表现，依法予以从轻处罚。根据本案事实和三被告人的具体犯罪情节，以诈骗罪分别判处被告人赵某某有期徒刑四年六个月，并处罚金3万元；被告人丁某某有期徒刑四年六个月，并处罚金2万元；被告人张某某有期徒刑一年，缓刑二年，并处罚金 5000 元；涉案未移交的扣押于公安机关的违法所得 40000 元、被告人赵某某退缴的违法所得 40000 元、被告人丁某某退缴的违法所得 20000 元、被告人张某某退缴的违法所得 1136.38 元，均由公安机关依法处置。

一审判决后，被告未提起上诉，检察机关未提起抗诉，该判决已发生法律效力。

【法官后语】

本案的争议焦点在于被告人赵某某等三人明知他人实施“套路嫖”诈骗，而利用网络群聊“抢红包”方式帮助转移违法所得的行为如何定性。

审理过程中，共形成三种处理意见。

第一种意见认为，三被告人收取红包、转移赃款等行为均是诈骗犯罪不可缺少的重要组成部分，在整个犯罪中赵某某等只是与其他同案犯存在具体的分工不同而已，且其知道也应当知道上线长期实施“套路嫖”行为的严重社会危害性已经达到犯罪程度。应当以诈骗共犯论处。

第二种意见认为，根据存疑有利于被告人的原则，现有证据无法证明被告人赵某某等三人具有以非法占有为目的，骗取他人财物的行为，且三人事后只是赚取提成，并未参与分赃，其抢红包并转账的行为在符合其他构成要件的情况下应认定为帮助信息网络犯罪活动罪。

第三种意见认为，被告人赵某某等三人对涉案赃款进行收取、转账，并转入上线指定的银行账户，其行为与上线的犯罪行为之间是一种帮助与被帮助的关系，无证据证明三被告人与其上线事前存在通谋，应当以掩饰、隐瞒犯罪所得罪对三被告人定罪处罚。

笔者同意第一种意见。三被告人通过网络聊天群抢红包的形式收取“嫖资”等违法所得，其知道也应当知道上线同案犯实施“套路嫖”诈骗行为，虽然事先未就实施诈骗行为进行共谋，但是三被告人与诈骗团伙之间形成较为稳定的配合关系，并积极配合上线提取赃款，将“嫖资”等违法所得从被害人处转移至上游人员处。另外，诈骗罪的既遂不仅要求行为人实施欺骗行为，使被害人基于错误认识处分其财产，而且要求行为人或者第三人取得财产，被害人由此失去对财产的控制。本案中，三被告人如若未收取“嫖资”等网络聊天红包，系统将会在24小时之后主动将红包退回到原账户，诈骗数额尚未进入上游人员的控制范围内，诈骗行为未结束，那么财产也必然未脱离被害人的控制状态，就不能构成诈骗罪既遂。且电信网络诈骗通常采用团伙作案的方式，参与人数众多且分工细致，但三被告人收取网络聊天红包、提取赃款的行为是诈骗犯罪既遂必不可少的重要组成部分，在整个犯罪过程中三被告人只是与其他同案犯处于犯罪的不同环节，具体分工不同而已。上游实施诈骗的行为人已经被认定为诈骗犯罪，虽有部分同案犯未到案，但不影响三被告人行为性质的认定，属于诈骗行为的帮助犯，应以诈骗罪共犯论处。

帮助信息网络犯罪虽然也以行为人主观明知为前提，但是与诈骗罪共犯和掩饰、隐瞒犯罪所得罪对主观明知的要求程度不同。诈骗罪共犯要求行为人对诈骗犯罪是具体的明知，掩饰隐瞒犯罪所得罪要求行为人对上游犯罪既可以是具体的明知也可以是概括的明知，但是帮助信息网络犯罪活动罪要求行为人对上游犯罪只能是概括的明知，即主观上明知上游行为人极可能具有某种犯罪的可能性，但并不清楚具体实施何种犯罪行为及如何实施犯罪行为。而在本案中三被告人长期、稳定地为诈骗团伙以网络聊天群抢红包的形式转移诈骗“嫖资”等违法所得，其知道也应当知道上游行为人的诈骗行为，不能单纯的以帮助信息网络犯罪活动罪定罪处罚，而应当以更为严重的掩饰、隐瞒犯罪所得罪或者诈骗罪共犯定罪处罚。

根据《最高人民法院、最高人民检察院、公安部关于办理电信网络诈骗等刑事案件适用法律若干问题的意见（二）》第十一条第一款第一项规定：“明知是电信网络诈骗犯罪所得及其产生的收益，以下列方式之一予以转账、套现、取现，符合刑法第三百一十二条第一款规定的，以掩饰、隐瞒犯罪所得、犯罪所得收益罪追究刑事责任。但有证据证明确实不知道的除外。（一）多次使用或者使用多个非本人身份证明开设的收款码、网络支付接口等，帮助他人转账、套现、取现的……”但是掩饰、隐瞒犯罪所得罪的行为人所实施的行为的时间节点系在上游诈骗犯罪既遂之后。根据上述分析，本案中如果没有三被告人转移赃款的行为便不能完成诈骗既遂，那么三被告人收取红包、提取赃款等帮助转移诈骗所得的行为必然发生在诈骗犯罪既遂之前，即使三被告人虽未与上游人员事前同谋，且主观明知“嫖资”等网络聊天红包系赃款，其行为均不符合掩饰、隐瞒犯罪所得罪的构成要件，也不宜以掩饰、隐瞒犯罪所得罪论处，本案三被告人应以诈骗罪共犯定罪处罚更为适宜。

综上，在办理涉“两卡”犯罪案件的司法实践中，应当具体案情具体分析，结合主客观证据，重视行为人的辩解理由，准确认定行为人主观明知的犯罪故意内容和实施的具体行为，审慎界定案件性质、认定罪名，做到不枉不纵，罚当其罪。

编写人：山东省临清市人民法院　李洪涛

57

骗取不法原因给付物的行为定性与赃款处理

——乐某诈骗案

【案件基本信息】

1. 裁判书字号

福建省泉州市中级人民法院（2023）闽05刑终326号刑事裁定书

2. 案由：诈骗罪

【基本案情】

2016年6月，被告人乐某通过许某介绍认识被害人洪某，在福建省石狮市谎称可以有偿提供某1纺织公司及某2纺织公司两家公司的增值税专用发票。2016年11月，被告人乐某带许某和被害人洪某到上述两家公司参观以获取信任，后伙同黄某（另案处理）经预谋，与被害人洪某谈妥增值税专用发票交易事宜后，被告人乐某将虚假的增值税专用发票拍照发给被害人洪某，让被害人洪某向其指定的银行账户转账，并通过邮寄虚假发票，骗取被害人洪某人民币 61.8 万元。2021 年 12 月 24 日，被告人乐某在某建材市场被公安人员抓获。案发后，赃款均未追回。

【案件焦点】

1. 用于非法购买增值税专用发票目的的钱款属于不法原因给付物，行为人利用被害人的不法目的实施诈骗行为，侵犯了占有的稳定状态，其行为是否应认定为诈骗罪；2. 在民法上被害人对不法原因给付物并无返还请求权，刑法上该款项具有不法性，故在判决时应予以发还还是应予以没收。

【法院裁判要旨】

福建省石狮市人民法院经审理认为：被告人乐某伙同他人共同以非法占有为目的，虚构事实骗取他人人民币 618000 元，属数额特别巨大，其行为已构成诈骗罪。本案被害人系为了虚开增值税发票而被诈骗，被骗款项系用于违法目的，依法应予没收。经查，（1）被告人乐某谎称可以提供增值税专用发票并带被害人到两家纺织公司参观，之后假发票落款也是该两家公司；（2）证人许某证实被告人乐某将黄总介绍给其，说如果需要资金周转就由黄总提供，证实乐某从未说过他系居间介绍；（3）被骗的款项流入被告人乐某控制或其指定的银行账户，其中转入乐某账户 17.2 万元，转入黄某账户 42.6 万元，另有 2 万元许某证实系乐某让其扣除的费用；（4）洪某、许某证实增值税专用发票照片系被告人乐某发过来，邮寄发票的快递留的是乐某的联系方式；（5）黄某供述其伙同被告人乐某开具虚假增值税专用发票骗取被害人钱款，发票系由乐某提供。（6）乐某上述账户还于涉案期间收到王某银行账户多笔转入合计 199634 元、陈某银行账户转入 196700 元，许某还于 2016 年 11 月 24 日转给黄某 20 万元，该些转账无法合理解释，不排除尚有其他被害人被诈骗未报案的可能。综上，足以认定被告人乐某伙同黄某共同实施了本案诈骗行为。依照《中华人民共和国刑法》第二百六十六条、第二十五条第一款和第六十四条的规定，判决：

一、被告人乐某犯诈骗罪，判处有期徒刑十年六个月，并处罚金人民币10万元；

二、追缴被告人乐某违法所得人民币618000元，予以没收，上缴国库。

判决后，被告人乐某提起上诉。福建省泉州市中级人民法院裁定：

驳回上诉，维持原判。

【法官后语】

本案中，被害人洪某交付的款项系用于从事虚开增值税专用发票违法犯罪的钱款，属于不法原因给付。根据刑法理论，成立财产犯罪的前提是行为人侵犯了“他人的”财产，那么不法原因给付物是否属于财产犯罪中的财产？受领人骗取此种不受民事法律保护的不法原因给付物，是否成立诈骗罪？如构成犯罪，对不法原因给付物应如何处置？均是值得研究的问题。

一、不法原因给付物可否成为财产犯罪中的财产

对于财产犯罪中的财产，理论上存在不同的观点。一是法律的财产说及基于法律财产说产生的折中说。在不法原因给付上，该观点认为，财产犯罪的目的是保护民事法上的权利，因为交付行为原因上的违法导致财物本身不值得法律保护，给付人在民法上并无返还请求权，因此不存在财产损失，进而不应认定成立诈骗罪。

二是经济的财产说。该观点认为，作为整体的具有经济价值的利益就是财产，事实上的所有物、占有物或者财产性利益都属于刑法上的财产，因而只要能认定存在经济性价值，对于不法原因给付物，也可以成立财产犯罪。

三是法律经济财产说。该观点认为，具有经济价值的利益只有在法秩序保护的范围内，至少在不抵触法秩序的范围内，才可以被视为《中华人民共和国刑法》要保护的财产。刑法上对财产犯罪的认定，原则上应该以民法上的权益为出发点，对于不法原因给付物，原则上不能成立财产犯罪。只有在不法原因主要在于受领人一方时，才应当对不法原因给付制度的适用加以目的性限缩。

笔者同意法律经济财产说的观点，基于民法对欺骗行为的否定性评价和刑法对财产占有秩序的保护，骗取不法原因给付物可以成为财产犯罪中的财产。

二、骗取不法原因给付物是否构成诈骗罪

司法实践中，骗取不法原因给付物在诈骗罪中主要涉及三种情形：一是骗取不法财物型，如骗取购毒款；二是骗取不法劳务型，如骗取卖淫女提供性服务；三是骗免不法债务型，如嫖娼后骗免支付嫖资。本案中，被害人被骗取的款项系欲虚开增值税专用发票的钱款，属于骗取不法财物型。

笔者认为，骗取不法财物型案件应认定为诈骗罪，理由如下：第一，被害人合法占有财物。被害人在交付之前合法地占有着财物，该财物在因受骗而交付之前并不具有违法性。民法上虽然不承认对财产不法占有的合法性，但刑法同样不允许财产所有人以外的第三人随意侵犯这种占有状态。

第二，行为人实施了欺诈行为。在骗取不法财物下，先有行为人的欺诈行为，再有被害人的不法原因给付，诈骗行为在先，不法原因给付在后，没有行为人的欺骗行为，被害人就不会处分财产。

第三，被害人陷入了错误认识并处分财物。无论被害人的行为目的是否合法，行为人是利用了这种目的，让被害人产生急切处分财物的动机，使被害人产生处分财产的认识错误，且被害人基于错误认识处分了财物。

第四，被害人的财产遭受损失。行为人通过欺骗行为导致被害人处分财产，侵犯了被害人的合法财产状态，造成其财产损失。

第五，行为人的预防必要性更高。在不法原因给付中，为防止实施了不法程度更高行为的行为人反而从中获益，民法例外地允许被害人请求行为人返还所给付之利益。在不法原因给付的诈骗中，双方都存在不法意图，但可以通过比较双方的不法程度，来判断不法原因是否主要在于受领人一方，如果受领人不法程度更高，则可以对民法上不法原因给付不得返还予以限缩适用。

三、不法原因给付诈骗罪中被骗款项应如何处置

对于被害人出于非法购买增值税专用发票的目的而被骗的钱款能否予以发还，对此存在两种观点。一种观点认为，被害人主观目的虽具有不法性，但其交付之前合法地占有着财物，该财物并不具有违法性，而且被害人确实遭受财产损失，被骗款项应发还被害人以弥补损失。另一种观点认为，被害人基于不

法原因处分财产，其目的是实施法律禁止的行为，刑法规制骗取不法原因给付物的行为，但不保护不法原因给付物的追索权，故不应予以发还。笔者同意后一种观点。

首先，不法原因给付物在民法上不具有返还请求权，基于法秩序统一原理，刑法上同样不应予以发还。在不法原因给付中，被害人根据民法对被骗款项并无返还请求权，如刑法将被骗款项发还被害人，则会导致民法上不负有返还义务的被告人，在刑法上却需要返还，从而造成民法规范被虚置，破坏法秩序统一的结果。

其次，刑法规制骗取不法原因给付物的行为，但不保护该给付物的追索权。根据《中华人民共和国刑法》第六十四条的规定，返还的被害人财产应当具有合法性，这里财产的合法性指财产的属性不违反强制性法律法规，不属于法秩序所禁止的财物、利益。对于出于不法原因而被骗的款项，不应认定其为合法的财产。

最后，认定骗取不法原因给付物的行为构成诈骗与不予发还被害人并不矛盾。诈骗罪是对骗取不法原因给付物行为的认定，对于被骗款项的处置则是对被骗款项权属关系的认定，是犯罪既遂后的涉案钱款处置问题。被骗款项既是被告人的犯罪所得，同时又具有不法性，在判决时不应予以发还，而应当予以没收。

编写人：福建省石狮市人民法院　陈书雄　曾佳乐

58

冒充退休人员进行招摇撞骗应认定为诈骗罪

——张某某诈骗案

【案件基本信息】

1. 裁判书字号

北京市朝阳区人民法院（2022）京0105刑初318号刑事判决书

2. 案由：诈骗罪

【基本案情】

2021 年 11 月，被告人张某某在某村一旅馆内，自称系退休的国家特二级刑警，以能够帮助被害人王某某取消行政处罚为由，骗取王某某人民币 5300 元。2021 年 12 月 5 日，被告人张某某被查获归案，从其处起获棉服一件（黑色，带有“警察冬执勤服”字样）、短袖上衣一件（蓝色，带有“特/二”字样）、皮带一条（黑色，包装盒标记“警用皮带”），以及小米直板手机一部，现移送在案。

案发后，张某某家属退还被害人王某某人民币 5300 元，获得谅解。张某某签署《认罪认罚具结书》。

【案件焦点】

张某某冒充退休的国家特二级刑警，借此招摇撞骗，骗取被害人王某某人民币 5300 元的行为如何定性。

【法院裁判要旨】

北京市朝阳区人民法院经审理认为：被告人张某某冒充退休的人民警察，虚构能力，以为他人取消行政处罚为由骗取他人财物，数额较大，其行为已经触犯了刑法，构成诈骗罪，依法应予处罚。北京市朝阳区人民检察院指控张某某犯诈骗罪的事实清楚、证据确实、充分，罪名成立。对于被告人张某某前科情况，在量刑时予以考虑。鉴于被告人张某某案发后退赔被害人全部经济损失，获得谅解，可予以从宽处罚，辩护人所提相关情节和量刑意见，予以采纳。综上，结合被告人张某某的犯罪事实、性质和情节，对张某某予以量刑。在案之款物，依法予以处理。据此，判决如下：

一、张某某犯诈骗罪，判处有期徒刑八个月，并处罚金人民币 1 万元（刑期从判决执行之日起计算，判决执行以前先行羁押的，羁押一日折抵刑期一日，即自 2021 年 12 月 5 日起至 2022 年 8 月 4 日止，罚金于本判决发生法律效力后三个月内缴纳)；

二、在案之棉服一件（黑色，带有“警察冬执勤服”字样)、短袖上衣一件（蓝色，带有“特/二”字样)、皮带一条（黑色，包装盒标记“警用皮带”)，依法予以没收；手机一部，发还被告人张某某。

一审判决后，被告未提起上诉，检察机关未提起抗诉，该判决已发生法律效力。

【法官后语】

一、冒充退休的国家机关工作人员不属于冒充国家机关工作人员

公诉机关起初指控罪名为招摇撞骗罪，在第一次开庭后变更指控罪名为诈骗。指控招摇撞骗罪，主要是认为退休的人民警察，属于国家机关工作人员，冒充退休的人民警察招摇撞骗，损害了国家机关的形象、威信和正常活动，扰乱了社会公共秩序，构成《中华人民共和国刑法》第二百七十九条规定的招摇撞骗罪。退休的人民警察属于国家机关工作人员，成为公诉机关整个指控思路和逻辑论证的起点和基础。

关于《中华人民共和国刑法》中国家机关工作人员的认定，2003 年 11 月 13 日《全国法院审理经济犯罪案件工作座谈会纪要》(以下简称《纪要》）作出规定，是指在国家机关中从事公务的人员，包括在各级国家权力机关、行政机关、司法机关和军事机关中从事公务的人员。同时法律拟制了两种情形，可视为国家机关工作人员，一是在依照法律、法规规定行使国家行政管理职权的组织中从事公务的人员，或者在受国家机关委托代表国家行使职权的组织中从事公务的人员，或者虽未列入国家机关人员编制但在国家机关中从事公务的人员，视为国家机关工作人员；二是在乡（镇）以上中国共产党机关、人民政协机关中从事公务的人员，司法实践中也应当视为国家机关工作人员。

但司法实践在职务犯罪案件办理中围绕国家机关工作人员的认定，仍然会发生争议。产生认识分歧，或是因为相关主体所处的机构有无行政管理职权存在争议，或是就主体所从事的行为性质是否属于公务理解不一，涉及的均主要是法律拟制问题。学理上通常以身份论、公务论或者二者兼应有之作为特殊情

形下人员能否视为国家机关工作人员的认定标准。争议情形之间有一共同点，就是情形当中人员均是在职、在岗，或者说是以在职、在岗身份实施有关行为。本案则完全不同，被告人所冒充的是退休人员。

退休是指根据国家有关规定，劳动者因年老或者丧失劳动能力而退出工作岗位。诸多行业都有退休制度安排。《中华人民共和国公务员法》第九十二条规定，公务员达到国家规定的退休年龄或者完全丧失工作能力的，应当退休。第九十四条规定，公务员退休后，享受国家规定的养老金和其他待遇，国家为其生活和健康提供必要的服务和帮助，鼓励发挥个人专长，参与社会发展。退休人员与原工作单位之间不再具有工作上关联，只是在养老等方面存在联系。也就是说退休人员，不再是原单位工作人员。退休的国家机关工作人员，不是国家机关工作人员。人民警察退休后离开警察工作岗位，不再是人民警察。

从法律规定来看，退休的人民警察不属于国家机关人员，那么能否视为国家机关工作人员。公诉机关起初指控时也主要是从法律拟制的角度认为退休的人民警察，属于国家机关工作人员。法律往往具有一定的滞后性，现行法律条文往往无法涵盖不断变化的社会行为，当两种行为侵害了相同或者相似的法益，出于朴素的实质正义价值观要求，两种行为在法律上应处相同的处罚。这是法律拟制的由来和正当基础。法律拟制，就是将原本不符合某种规定的行为，也按照该规定处理。冒充退休的人民警察招摇撞骗，有无侵害《中华人民共和国刑法》第二百七十九条规定的招摇撞骗罪保护的法益，持肯定观点的认为，行为人冒充退休的人民警察，主观上是想让对方相信其仍具有警察身份，客观上被害人也会误认为行为人是使用警察身份为其实现特定的利益或者目的，该行为损害了国家机关的形象、威信和正常活动，扰乱了社会公共秩序，应以招摇撞骗罪定罪处罚。持否定观点的认为，退休的人民警察已无警察职权，其只能是利用原先的地位或者关系形成的便利条件托人办事，与受托人之间不存在权力交易，实际与普通的请托无异，行为谈不上损害了原工作单位的形象，扰乱了原工作单位的正常活动。显然，否定说更符合行为实际构造，退休的人民警察，不能视为警察，冒充退休的人民警察，不能视为冒充国家机关工作人员。

二、从刑法罪名体系来看也不应认定冒充退休的人民警察属于冒充国家机关工作人员

产生法律拟制的认识，与一直以来关于伪造不存在的国家机关的公文、证件、印章案件的法律适用有密切关联，特别是招摇撞骗罪与伪造国家机关公文、证件、印章罪对应的刑法条文紧邻，法益类型相同，在相关问题上采取相同的逻辑思维和认定思路实属正常。司法实践中，对于买卖伪造的国家机关证件的行为，依法应当追究责任的，可适用《中华人民共和国刑法》第二百八十条第一款的规定，以买卖国家机关证件罪追究刑事责任。伪造、变造、买卖各级人民政府设立的行使行政管理权的临时性机构的公文、证件、印章行为，构成犯罪的，应当依照《中华人民共和国刑法》第二百八十条第一款的规定，以伪造、编造、买卖国家机关公文、证件、印章罪追究刑事责任。

对于伪造已经撤销的国家机关公文、证件、印章，或者伪造虚构的国家机关公文、证件、印章，特别是后者只要足以达到使一般社会公众误认为是真实存在的国家机关公文、证件、印章的程度，基本也均是入罪处理。随着社会经济的发展变化，国家机关的组成和职能也经常会发生调整，一般社会公众达不到完全知晓国家机关因职能变更、扩大、缩小而发生撤销、归并、分离的情况。如果行为人伪造了虚构的国家机关的公文、证件、印章，达到足以使一般社会公众认为是真实存在的国家机关的公文、证件、印章程度，那么该行为就已侵犯了社会公众对国家机关权威的合理信赖，影响了国家机关正常的公务活动，行为的危害性等同于伪造真实的国家机关的公文、证件、印章。

在冒充退休的国家机关工作人员场合，能否采取上述认定思路，笔者认为，还应注意情形之间的实质区别。伪造不真实的国家机关的公文、证件、印章，行为所指向的是国家机关公权力行使，侵害的是国家机关在社会公众心中的权威形象，而冒充退休的国家机关工作人员则不然，在一般社会公众的认识中，退休的国家机关工作人员已不再是国家机关工作人员，其已不能视为国家机关外在形象的代表。在普遍性问题的判断标准上，应该从一般人的角度出发理解。

另外，从《中华人民共和国刑法》受贿罪名体系的设置来看，根据行为人

主体身份，其中主要是否具备国家机关工作人员身份的不同，分为受贿罪、利用影响力受贿罪等。对于不具有国家工作人员身份，通过国家工作人员职务上的行为，或者利用国家工作人员职权或者地位形成的便利条件，通过其他国家工作人员职务上的行为，为请托人谋取不正当利益，索取请托人财物或者收受请托人财物，数额较大或者有其他情节的，构成利用影响力受贿罪。《中华人民共和国刑法》第三百八十八条之一第二款更是明确规定，离职的国家工作人员或者其近亲属以及其他与其关系密切的人，利用该离职的国家工作人员原职权或者地位形成的便利条件实施受贿行为的，以利用影响力受贿罪定罪处罚。关于退休人员，根据2000年6月30日《最高人民法院关于国家工作人员利用职务上的便利为他人谋取利益离退休后收受财物行为如何处理问题的批复》的规定，国家工作人员离休后不再具有利用职务便利实施受贿犯罪的自身可能。可见，《中华人民共和国刑法》受贿罪名体系关于国家机关离休人员的身份属性界定很明确，退休人员已不能再理解为具有国家机关工作人员身份。

综上，笔者认为，无论是从法律拟制的角度还是刑法罪名体系来看，冒充退休的人民警察不属于冒充国家机关工作人员，行为人借此招摇撞骗，骗取数额较大以上钱款的，应以诈骗罪追究刑事责任。

编写人：北京市高级人民法院　万兵

59

不具有处分权限的国家工作人员帮助他人骗取拆迁补偿款构成诈骗罪

——李某某、张某诈骗、滥用职权、受贿案

【案件基本信息】

1. 裁判书字号

北京市高级人民法院（2021）京刑终173号刑事判决书

2. 案由：诈骗罪、滥用职权罪、受贿罪

【基本案情】

1. 诈骗的事实

被告人李某某、张某于2016年至2017年，分别利用各自担任某乡人民政府副乡长、某征收中心征收补偿一科副科长职务上的便利，为使市场公司法定代表人肖某某（另案处理）多获拆迁补偿款，违规出具确权证明，并由乡村两级组织盖章确权，将某市场违规扩建面积认定为被拆迁面积，从而骗取国家拆迁补偿款共计1519.09808万元。其中，李某某分得50万元，张某分得7万元。

2. 李某某滥用职权的事实

2015年11月至2016年4月，李某某在担任某乡人民政府副乡长分管某项目征收补偿工作期间，在该项目住宅房屋征收补偿过程中，明知朴某某（另案处理）在拆迁范围内的房屋权属存在争议，仍擅自同意为朴某某出具确权证明，把朴某某认定为被征收人，将没有权属证明的房屋认定为宅基地房屋，使朴某某多获拆迁补偿款600余万元。

3. 张某受贿的事实

张某于 2016 年至 2017 年，利用担任某征收中心征收补偿一科副科长职务上的便利，为拆迁公司工作人员周某某在被征收人分户、认定大病补助证明、要求评估公司增加重置成新价等事项上提供帮助，先后两次收受周某某给予的感谢费共计 5 万元。

2020 年 8 月 19 日，李某某接办案机关电话后主动投案。2020 年 10 月，区监察委员会扣押了李某某钱款 262.5346 万元，并将其中 50 万元作为犯罪所得移送检察机关。张某于 2020 年 8 月 19 日主动投案，如实供述了诈骗犯罪事实，并主动交代了办案机关尚未掌握的受贿犯罪事实。张某家属代为退缴违法所得 12 万元。

【案件焦点】

1. 通过国家工作人员的职务行为骗取补偿款的案件中，国家工作人员行为性质的认定；2. 在认定为诈骗犯罪的情况下，国家工作人员主从犯的认定；3. 在帮助他人骗取拆迁款中，国家工作人员得款行为性质的认定；4. 二审增加罪数、降低主刑的情况下，罚金刑提高是否违反上诉不加刑原则。

【法院裁判要旨】

北京市第三中级人民法院经审理认为：被告人李某某、张某伙同肖某某以非法占有为目的，虚构事实，隐瞒真相，共同骗取征收补偿款，二被告人之行为已构成诈骗罪，且犯罪数额特别巨大；被告人李某某作为国家机关工作人员滥用职权，致使公共财产遭受重大损失，其行为已构成滥用职权罪，且情节特别严重；被告人张某身为国家工作人员，利用职务便利，非法收受他人财物，数额较大，为他人谋取利益，其行为已构成受贿罪；被告人李某某所犯诈骗罪、滥用职权罪，被告人张某所犯诈骗罪、受贿罪均应依法惩处，并予以并罚。鉴于被告人李某某自动到案，庭审中如实供述主要犯罪事实，退缴违法所得，滥用职权犯罪所造成的损失部分挽回；被告人张某自动投案，到案后如实供述犯罪事实，构成自首，退缴违法所得；诈骗犯罪损失已全部挽回，故依法对被告人李某某从轻处罚，对被告人张某所犯诈骗罪予以减轻处罚，对其所犯受贿罪从轻处罚。据此，以诈骗罪，判处：

李某某有期徒刑十二年，并处罚金人民币 12 万元；以滥用职权罪，判处有期徒刑三年；决定执行有期徒刑十三年，并处罚金人民币 12 万元。以诈骗罪，判处张某有期徒刑五年，并处罚金人民币 5 万元；犯受贿罪，判处有期徒刑一年，并处罚金人民币 10 万元；决定执行有期徒刑五年零六个月，并处罚金人民币 15 万元。

李某某、张某提出上诉。北京市高级人民法院经审理认为：李某某、张某主观上具有意图使肖某某骗取拆迁补偿款的犯罪故意，客观上实施了帮助肖某某通过欺骗手段多获取拆迁补偿款的行为，二人的行为符合诈骗罪的犯罪构成。李某某、张某不具有主管、管理涉案拆迁补偿款的职务便利，二人实施的帮助肖某某骗取拆迁补偿款的行为系利用各自在涉案项目中分管具体工作的便利，故一审法院认定李某某、张某与肖某某构成诈骗共同犯罪正确；在某市场拆迁过程中，肖某某为多获取拆迁利益，给予李某某 50 万元、张某 7 万元，从给付的时间、方式、次数及金额等来看，该 57 万元并非李某某、张某对于帮助肖某某骗取的拆迁补偿款的分赃，而是李某某、张某利用职务为肖某某谋取利益，收受贿赂所得，李某某对于涉案 50 万元、张某对于涉案 7 万元构成受贿罪，应与所犯诈骗罪数罪并罚，该 57 万元作为受贿所得，应予没收；虽然李某某、张某的行为是肖某某得以通过欺骗手段多获取拆迁补偿款的重要环节，但从加建抢建行为实施、几人协商通谋程度、赃款去向等方面看，李某某、张某在诈骗共同犯罪中起到的系次要或辅助作用，构成从犯。故二审改判为：

一、撤销北京市第三中级人民法院（2021）京 03 刑初 61 号刑事判决；

二、上诉人李某某犯诈骗罪，判处有期徒刑五年，并处罚金人民币 5 万元；犯受贿罪，判处有期徒刑三年，并处罚金人民币 20 万元；犯滥用职权罪，判处有期徒刑三年；决定执行有期徒刑九年，并处罚金人民币 25 万元；

三、上诉人张某犯诈骗罪，判处有期徒刑三年，并处罚金人民币 3 万元；犯受贿罪，判处有期徒刑一年，并处罚金人民币 10 万元；决定执行有期徒刑三年零六个月，并处罚金人民币13万元；

四、在案之人民币62万元，予以没收。

【法官后语】

本案争议焦点有四个：一是通过国家工作人员的职务行为骗取补偿款的案件中，国家工作人员行为性质的认定；二是认定为诈骗犯罪的情况下，国家工作人员主从犯的认定；三是在帮助他人骗取拆迁款中，国家工作人员得款行为性质的认定；四是二审增加罪数、降低主刑的情况下，罚金刑提高是否违反上诉不加刑原则。

对于焦点一，本案一审、二审公诉机关均指控李某某、张某构成贪污罪，一审、二审法院均认定李某某、张某构成诈骗罪。本案认定是贪污罪还是诈骗罪的关键在于对于“利用职务便利”的理解，在于李某某、张某作为国家机关工作人员，是否利用了经手、主管被骗取的拆迁补偿款的职务权限。只有当国家机关工作人员基于职务占有了公共财物，或者对基于职务占有公共财物的人处于领导、指示地位，进而利用了这种职务上的便利的，才能认定为贪污罪。本案的拆迁补偿款的发放单位为某公司，李某某作为某乡副乡长，对于相关拆迁材料证明等盖章确认等行为属于拆迁中的一个环节，李某某并不掌握、控制拆迁款的发放，不具有拆迁补偿款的处分权限；张某作为征收中心的工作人员，组织评估、审核材料、协商拆迁补偿等行为也是拆迁中的一个环节，最终由某公司审核材料后决定按照多少数额与被拆迁人签订拆迁补偿协议并发放拆迁补偿款，故张某亦没有拆迁补偿款的处分权限。所以，李某某和张某都不具有补偿款的控制和处分权限，不具有贪污罪的“职务便利”。他们虽然滥用了职权，但利用的是负责拆迁工作某个环节的“工作便利”而非经手、主管拆迁补偿款的“职务便利”，不符合贪污罪的“利用职务上的便利”这一要件，因此不构成贪污罪。鉴于李某某和张某均明知肖某某申报拆迁补偿材料中含有违规加建面积的事实，两人与肖某某构成诈骗罪共犯。李某某在明知有加盖面积，协调征收中心予以认可并协调村、乡盖章证明，张某亦在明知的情况下出具含有加盖面积的说明，两人对于肖某某骗取拆迁补偿款的行为均明知且提供了帮助。

故一审、二审法院将罪名从公诉机关指控的贪污罪改变为诈骗罪。

对于焦点二，二审法院认定李某某、张某构成诈骗罪从犯，理由为：李某某、张某在拆迁款的骗取中，主要是帮助作用，李某某是从中协调和让村乡盖章，张某是出具说明并审核确认，最终拆迁款的发放决定权在于某公司，且加盖房屋和出具虚假拆迁材料主要是肖某某，骗取的1500余万元拆迁款主要是肖某某获得，李某某和张某所起作用相对较小且未得赃款，应该认定为帮助犯的从犯。一审法院虽然将罪名确定为诈骗罪，但未认定李某某、张某为从犯，肖某某违规加盖房屋、出具虚假证明材料并骗得全部拆迁款，因具有自首、退赔全部违法所得及缴纳罚金情节，被减轻处罚判处七年有期徒刑。而李某某被判处十二年刑罚，张某具有自首情节被判处五年刑罚，李某某、张某因为诈骗罪所判处刑罚明显与肖某某所判处刑罚不适当。李某某、张某应认定为诈骗罪的从犯予以减轻处罚，以使得罪刑相适应及同案犯之间达到平衡。

对于焦点三，关于李某某和张某在某市场拆迁中得款行为性质，一审法院认定李某某分得50万元，张某分得7万元，系作为诈骗罪的分赃予以认定。二审法院认定：李某某与张某所得款项并非诈骗分赃，而是单独的受贿所得。理由为：对于李某某分得的50万元，肖某某和李某某均供述称是2017年国庆节前，在京瑞饭店吃饭，肖某某将50万元现金的一个纸箱子放在李某某车后备箱，而张某所得7万元更是每次1万元、2万元多次获得，无证据证实上述款项系两人与肖某某商量分配诈骗所得款，且两人得款比例与肖某某诈骗1500万元所得相差巨大。故从两人获得钱款的形式和数额来看，应系受贿所得，应认定构成单独的受贿罪。

对于焦点四，二审法院将上述57万元认定为受贿所得，李某某将增加受贿罪罪名并提高所判处的罚金，但由于对于李某某、张某诈骗罪认定为从犯，两人主刑将有所降低，二审法院作出上述改判是否违反上诉不加刑原则？根据《最高人民法院关于适用〈中华人民共和国刑事诉讼法〉的解释》第四百零一条第三项的规定，原判认定的罪数不当的，可以改变罪数，并调整刑罚，但不得加重决定执行的刑罚或者对刑罚执行产生不利影响。本案中，第一起李某某和张某所得的 50 万元和 7 万元检察院均指控了该事实，一审法院也认定了收取款项的事实，只是性质认定为诈骗分赃，二审法院认定该 57 万元为单独受贿罪，李某某增加受贿罪罪名，增加了罪数，张某并入第三起受贿罪。由于二审法院认定李某某、张某诈骗罪构成从犯，予以减轻处罚，故单个罪的刑期和决定执行刑期均不超过一审判决，不违反上诉不加刑原则。另外，本案由于李某某增加认定了受贿 50 万元单独增加了受贿罪罪名，受贿 50 万元为有期徒刑三年至十年量刑档次，罚金刑为 20 万元以上，超过了一审法院对于李某某原有的 12 万元罚金刑的判处，附加刑比原判有所提高，这样是否违反上诉不加刑原则？对于改变罪数后，附加刑必须改变的处理问题，二审法院认为应坚持实质性判断原则。如果在主刑方面给予较大幅度的减轻，则适当增加附加刑，应当是允许的。本案中，李某某由于被认定为诈骗罪从犯，主刑将大幅减轻，其因为增加受贿罪罪数而导致罚金刑提高，不违反上诉不加刑原则。

编写人：北京市高级人民法院　王宁

60

网络交友中欺诈性借款和借款诈骗的区分

——陈某某诈骗案

【案件基本信息】

1. 裁判书字号

北京市第三中级人民法院（2022）京 03 刑终 448 号刑事裁定书

2. 案由：诈骗罪

【基本案情】

1. 2021 年 5 月，被告人陈某某通过社交网络结识张某，陈某某编造虚假的工作情况等个人信息，与被害人张某发展为男女朋友关系。自 2021 年 5 月至 7 月交往期间，陈某某虚构损坏邻居物品需要赔偿、来北京租房、亲人去世、自己生病住院等理由，骗取张某人民币 18 万余元，赃款用于日常开销。现陈某某家属已退赔张某的经济损失并获得谅解。

2. 2021 年 7 月，被告人陈某某与被害人陈某认识并发展成为男女朋友关系。在交往期间，陈某某虚构经营电子烟店需要周转的理由，骗取陈某人民币 3.3 万元，赃款用于归还个人欠款和日常开销。现陈某某家属已退赔陈某的经济损失并获得谅解。

【案件焦点】

1. 网络交友中民事欺诈性借款和刑事借款诈骗的区分；2. 网络交友类借款诈骗中非法占有目的如何推定。

【法院裁判要旨】

北京市顺义区人民法院经审理认为：被告人陈某某以非法占有为目的，虚构事实、隐瞒真相，骗取他人财物，数额巨大，其行为侵犯了公民的财产权利，已构成诈骗罪，依法应予惩处。鉴于被告人陈某某退赔二被害人的经济损失并获得谅解，酌情对其从轻处罚。据此，判决被告人陈某某犯诈骗罪，判处有期徒刑三年六个月，并处罚金人民币 3 万元。

宣判后，陈某某不服，提起上诉。

北京市第三中级人民法院经审理认为：第一，上诉人陈某某在与被害人张某借款过程中实施了虚构事实、隐瞒真相的欺骗行为从而使张某陷于错误认识处分财产。在案被害人张某的陈述、被告人陈某某的供述与网络聊天记录等客观证据相互印证，证明陈某某通过网络结识的张某，捏造名校毕业、家境优越、事业成功等虚假事实骗取张某信任，后迅速确定恋爱关系。陈某某在短短两个多月的交往期间，多次捏造来北京租房、亲人去世、自己生病住院等虚假理由，使被害人陷入错误认识后“借款”20 余万元。陈某某虽然出具借条，但其在张某多次催要钱款后并未向家人求助归还，反而谎称将车租赁出去获得租金、自已卖车、家里卖房筹款等借口拖延还款，后又于2021年7月30日通过P图方式制作虚假的还款凭证，在被张某发现后仍未归还钱款。

第二，上诉人陈某某在与被害人陈某借款过程中实施了虚构事实、隐瞒真相的欺骗行为从而使陈某陷于错误认识处分财产。在案被害人陈某的陈述、被告人陈某某的供述以及手机鉴定意见、聊天记录等证据，证明陈某某于2021年7月中旬与陈某仅交往几天后，以开办电子烟店为由向陈某“借款”3万余元，后并未将钱款用于约定事项。陈某某不仅不能就电子烟店的开设情况提供任何事实依据，反而将“借款”用于偿还债务和个人挥霍，并以虚假高额退伍费为借口陆续借款和拖延还款。

第三，上诉人陈某某对被害人的钱款具有非法占有的目的。根据在案陈某某手机鉴定意见所鉴定的聊天记录，陈某某通过互联网或朋友介绍等形式认识多名女性，通过虚构职业和财产情况等形式迅速确定交往关系，后以各种虚假理由向多人“借款”并拖延归还。根据在案聊天记录，陈某某多次联络昵称为“修图改字，质优价廉”的网络群聊好友制作向多人转账的虚假转账记录。另外，陈某某在借款后多用于个人挥霍或偿还债务，在被多次催要欠款后既未向其家庭筹措资金，亦未能归还欠款，反而以虚假理由或P图等形式不断拖延直至案发，故陈某某对被害人钱款具有非法占有的目的。

综上，上诉人陈某某以非法占有为目的，在婚恋交友过程中虚构事实、隐瞒真相，骗取被害人钱款，其行为已构成诈骗罪，且诈骗数额巨大，依法应予惩处。原审法院根据上诉人陈某某犯罪的事实、性质、情节和对于社会的危害程度所作出的判决，定罪和适用法律正确，量刑适当，审判程序合法，应予维持。据此，裁定：

驳回上诉，维持原判。

【法官后语】

通过网络交友形式进行情感诈骗，后以借款为名骗取财物的行为是否需要以诈骗罪进行刑事规制？对此，本案存在不同观点：一种观点认为，被告人陈某某虽然编造了借款事由，但其在借款后出具借条，不具有非法占有目的，定性为民事欺诈性借款即可；另一种观点认为，陈某某通过网络交友形式进行情感诈骗，编造借款事由，使被害人陷入认识错误后处分财物，应定性为借款诈骗，以诈骗罪定罪处罚。笔者同意第二种观点。理由如下：

民法上的欺诈，是指使人陷于错误而为意思表示的行为。① 欺诈性借款，是指以隐瞒真相等欺骗方式向他人借款，使对方陷入认识错误以达到借款目的的民事不法行为。刑法上的诈骗罪，是指以非法占有为目的，采用虚构事实或者隐瞒真相的方法，骗取公私财物，数额较大的行为。② 借款诈骗，一般表现为以非法占有为目的，假借借款之名，诈骗他人财物的刑事犯罪行为。该类诈骗常见于熟人间，后因社会信息化发展，网络交友类借款诈骗也成为频发类型。实践中，借款诈骗多因被害人无法追回借款向公安机关报案后案发，行为人到案后多以“出具借条”“恋爱关系”“民事欺诈”等作为抗辩理由。因此，司法实践中如何区分欺诈性借款和借款诈骗较为困难。

比较上述概念可见，欺诈性借款和借款诈骗存在诸多共同点：其一，行为人主观上均具有欺骗的故意；其二，行为人在借款中均实施了虚构事实、隐瞒真相的行为；其三，被害人均因行为人的欺骗行为陷入认识错误，并提供了借款；其四，行为人均取得借款，并未清偿被害人所借款项。基于此，一些学者认为二者不是对立关系，而是一般与特殊关系，关键在于如何从民事欺诈中区分出刑事诈骗。司法实务界普遍认为，区别的关键在于行为人是否具有非法占有目的。

笔者认为，虽然欺诈性借款和借款诈骗存在诸多共性，但从共性中寻找区别，立足客观个案事实，结合一般经验法则和逻辑规则，进行“非法占有目的”的刑事推定，是区分二者的关键。

在网络交友类借款诈骗中，非法占有目的的推定，可以从以下几个方面着手：

---

① 王泽鉴：《民法总则》，北京大学出版社2009年版，第308页。

② 高铭暄、马克昌主编：《刑法学》，北京大学出版社、高等教育出版社2016年版，第503页。

首先，欺骗故意的产生时间。网络交友类借款诈骗中，行为人的欺骗故意通常产生于交友之初。主要表现在：其一，隐瞒个人真实信息。行为人通常会对年龄、职业、学历等确认个人身份的基本信息进行隐瞒或捏造。其二，交友目的即为借款。网络交友类借款诈骗中行为人真实目的并非交友，而是借交友之名，在短期内编造各种理由频繁借款。本案中，陈某某通过网络结识被害人，通过捏造名校毕业、家境优越、事业成功等虚假事实骗取信任，迅速确定恋爱关系，后短期频繁向被害人借款，其欺骗故意产生于网络交友之初。

其次，虚构或隐瞒的内容。网络交友类借款诈骗中，行为人所虚构的事实或隐瞒的真相，是关系借款关系能否产生的整体事实或关键真相。主要表现在：其一，对借款事由进行欺骗。实践中，行为人在与被害人感情升温后，通常通过捏造完全虚假的公司经营、周转还款、亲人生病等多种理由骗取借款。其二，对还款能力进行欺骗。行为人一般会编造学历职业、收入情况，虚构社会地位、家庭背景、资产情况等影响还款能力的关键要素。本案中，陈某某在与被害人交往期间，多次捏造来京租房、亲人去世、生病住院、经营烟店等虚假理由借款，并虚构车房资产、就职情况、家庭背景作为还款能力的背书，其所虚构的内容是关系到借款关系产生及存续的关键事实。

再次，被害人认识错误的程度。网络交友类借款诈骗中，行为人的欺骗行为达到了使被害人陷入错误认识，进而处分财物的程度。一方面，行为人通常会将网络交友与现实生活勾连，与被害人建立恋爱等亲密关系；另一方面，行为人会在交往中透露虚构的公司经营、工程项目、家庭情况等细节内容，包括照片视频等，或在多次借款中以归还小额借款或利息、出具借条等方式，逐步获取被害人信任，使被害人相信借款的真实性及还款的可能性。本案中，陈某某与被害人线下见面后迅速确定恋爱关系，在交往期间透露虚假工作、个人资产及家庭情况，又通过伪造租房照片、患病就诊情况、与朋友沟通细节等，逐步骗取被害人信任，使被害人陷入完全的认识错误，借出二十余万元。

最后，取得借款的后续行为。主要需要考察：其一，钱款去向。网络交友类借款诈骗中，行为人往往将借款肆意挥霍，用于个人消费、偿还债务等无法产生经济利益的消费性行为，甚至进行赌博等违法犯罪活动。其二，未还款原因。不同于因为意外事件、个人过失等原因造成履行不能，行为人根本没有还款意愿。其三，有无补救行为。行为人在被害人追讨借款时，通常并未筹措资金还款，反而采用拒绝沟通、隐匿财产、继续欺骗等方式逃避还款。本案中，陈某某将借款用于个人挥霍或偿还债务，在被害人多次催要后，虽然出具了借条，但无筹措资金归还借款等补救行为，反而以租车、卖车、卖房筹款等虚假理由不断拖延还款，后甚至以修图形式谎称归还，直至案发。

另外，网络交友类借款诈骗中，行为人多会通过网络不断进行交友诈骗，对行为人网络交往行为的全面审查，更有利于充分固定客观证据，以完备推定行为人是否具有非法占有目的的逻辑闭环。本案中，根据被害人持有手机的鉴定意见，陈某某长期、频繁通过互联网结识女性，虚构职业和资产情况迅速确定交往关系，后以名目繁多的虚假理由不断借款并拖延归还，甚至多次联络昵称为“修图改字，质优价廉”的网络聊天好友伪造向不同人员的转账交易记录。上述情况亦是推定陈某某主观上具有非法占有目的的间接证据支撑。

综上，被告人陈某某以非法占有为目的，在网络交友过程中虚构事实、隐瞒真相，使被害人陷入认识错误后骗取钱款，其行为已构成诈骗罪。

编写人：北京市第三中级人民法院　孙蓉　李烨

61

在案证据不足以认定被骗钱款用于犯罪活动的，应依法退赔被害人

——胡某某诈骗案

【案件基本信息】

1. 裁判书字号

北京市第二中级人民法院（2022）京02刑终21号刑事判决书

2. 案由：诈骗罪

【基本案情】

2017年6月6日，被告人胡某某在某小区×号楼×室，虚构可以帮助被害人蔡某某办理招标公司与某集团建立业务联系，成为某集团的采购与招标代理公司，骗取被害人蔡某某向其支付办事费用人民币250万元。被告人胡某某于2018年11月15日被市公安局某分局某派出所民警查获。案发后，被告人胡某某家属退赔被害人蔡某某人民币10万元，剩余赃款未起获。

【案件焦点】

以帮助被害人办理建立业务联系为名骗取的被害人办事费应否判决予以没收。

【法院裁判要旨】

北京市丰台区人民法院经审理认为：被告人胡某某以非法占有为目的，采取虚构事实、隐瞒真相的方式骗取公民财物，数额特别巨大，其行为已构成诈骗罪，依法应予处罚。鉴于被害人蔡某某给予被告人胡某某钱款是用于“请托

办事”等非法目的，对该部分钱款依法追缴没收。故判决：

一、被告人胡某某犯诈骗罪，判处有期徒刑十一年，剥夺政治权利二年，并处罚金人民币 11 万元；

二、继续追缴被告人胡某某违法所得人民币 240 万元，予以没收；

三、随案移送石质物品，均依法变价并入本判决第二项执行；

四、在案扣押被告人胡某某华为手机一部，依法予以没收存档。

宣判后，胡某某提出上诉。北京市第二中级人民法院经审理认为：现有证据不足以认定被害人蔡某某给予胡某某钱款实际用于行贿或者其他违法犯罪或双方具有此目的，不足以认定该笔钱款不属于被害人蔡某某的合法财产，该笔钱款依法应当退赔被害人蔡某某。原判认定胡某某犯诈骗罪事实正确，定罪准确，量刑适当，审判程序合法，但认定蔡某某给予胡某某钱款是用于“请托办事”等非法目的，进而对该笔钱款依法追缴没收，认定事实和适用法律有误，依法应当改判。依照《中华人民共和国刑法》第二百六十六条、第五十二条、第五十三条、第五十五条第一款、第五十六条第一款、第六十一条、第六十四条，《中华人民共和国刑事诉讼法》第二百三十六条第一款第二项、第三项，《最高人民法院、最高人民检察院关于办理诈骗刑事案件具体应用法律若干问题的解释》第一条，《最高人民法院关于适用财产刑若干问题的规定》第二条第一款、第五条之规定，判决如下：

一、维持北京市丰台区人民法院（2021）京 0106 刑初 391 号刑事判决主文第一项、第四项，即被告人胡某某犯诈骗罪，判处有期徒刑十一年，剥夺政治权利二年，并处罚金人民币 11 万元；在案扣押被告人胡某某华为手机一部，依法予以没收存档；

二、撤销北京市丰台区人民法院（2021）京 0106 刑初 391 号刑事判决主文第二项、第三项，即继续追缴被告人胡某某违法所得人民币 240 万元，予以没收；随案移送石质物品，均依法变价并入本判决第二项执行；

三、责令上诉人（原审被告人）胡某某退赔被害人蔡某某人民币 240 万元；

四、随案移送石质物品，均依法变价并入本判决第三项执行。

【法官后语】

如何处理被害人被骗财产是本案一审判决和二审判决分歧的焦点，也是目前审判实践中争议较大的问题。

笔者认为，对于如何处理诈骗案件中被害人被骗财产的问题，应当遵循两条原则。一是对诈骗案件中被害人被骗财产应当慎重作出没收处理，原则上应当判决予以追缴发还被害人或者责令退赔被害人，不判决没收，只对能认定为“用于犯罪活动”的被害人被骗财产判决没收。当然，这里被骗财产限定为不包括违禁品。如属于违禁品，依法没收在立法上和实践中均不存在争议。二是认定为“用于犯罪活动”必须有充分证据证明，该项犯罪已在本案或另案中被检察机关指控为犯罪，否则不能认定为“用于犯罪活动”。这种严格限制，实际上否定了用于请托公检法纪人员捞人的诈骗案件判决没收的做法，虽然这是目前审判实践中较普遍的做法，也否定了以违法办理北京户口、违法办理找工作、入学、升职等名义诈骗案件中予以没收的做法。

提出第一条原则的主要理由是，其一，《中华人民共和国刑法》第六十四条规定，犯罪分子违法所得的一切财物，应当予以追缴或者责令退赔；对被害人的合法财产，应当及时返还；违禁品和供犯罪所用的本人财物，应当予以没收。诈骗案件中被害人被骗财产属于犯罪分子违法所得的财物，应当依照上述规定予以处理，即应当追缴发还被害人或者责令退赔被害人，除非被害人被骗的财产属于违禁品或供犯罪所用的本人财物，应当予以没收。“用于犯罪活动”相当于《中华人民共和国刑法》第六十四条中的“供犯罪所用的本人财物”。我国现行刑事立法、司法解释及司法解释性文件均未规定不属于违禁品或者供犯罪所用的本人财物以外的犯罪分子违法所得，可以予没收。其二，自2021年1月1日《中华人民共和国民法典》实施以来，人民法院对诈骗案件中被害人被骗财产判决没收已没有法律依据。过去一些法院判决没收主要是依据《中华人民共和国民法通则》第六十一条第二款的规定，即双方恶意串通，实施民事行为损害国家的、集体的或者第三人的利益的，应当追缴双方取得的财产，收归国家、集体所有或者返还第三人。现行《中华人民共和国民法典》删除了这一规定，人民法院现在对于这类民事案件应当按无效民事行为处理，而不能再判决追缴双方取得的财产，收归国家、集体所有或者返还第三人。人民法院对于民事案件的处理已经出现这种不再判追缴收归国家、集体所有或返还第三人的变化，对于刑事案件的处理亦不能参照《中华人民共和国民法通则》的规定处理。其实，对于刑事案件中违法所得的处理，《中华人民共和国刑法》第六十四条已有明确规定，应当按该规定处理，不能按民事问题和适用民事规定处理。其三，事实上，在刑事案件中处理违法行为或未指控的犯罪行为，程序上存在违法的问题。对于行政违法行为，应当由行政机关依照行政处罚法等法律规定的法定程序作出行政行为，不能由法院迳行处理；对于未指控的犯罪行为，依照我国刑事诉讼法和相关司法解释，只能建议检察机关补充起诉或者追加起诉，不能迳行定罪处罚。其四，严格限制只对“用于犯罪活动”的被害人被骗财产判决没收，意味着即使被害人存在轻微的违法行为或者其他过错，仍然应当判决将其被骗财物发还或退赔。这种裁判思路既有利于保护被害人利益和维护社会稳定，也符合国际上通行的比例原则或称相当性原则，能较好地平衡各方利益。例如，集资诈骗案件中，部分被诈骗人员也是参与非法集资的人员，本身参与集资的行为属于违法行为，处理这类涉众型案件就必须从维护社会稳定需要出发，根据实际需要判决追缴被告人的违法所得发还投资人，或者责令被告人退赔投资人损失。

提出第二条原则的理由主要是，其一，根据《最高人民法院关于适用〈中华人民共和国刑事诉讼法〉的解释》第七十二条第二款的规定，认定被告人有罪和对被告人从重处罚，适用证据确实、充分的证明标准。“用于犯罪活动”属于对被告人不利的定罪事实，根据上述规定，必须有充分证据证明，以符合证据确实、充分的证明标准。其二，《中华人民共和国刑事诉讼法》第十二条规定，未经人民法院依法判决，对任何人都不得确定有罪。只有“用于犯罪活动”涉及的犯罪已在本案或另案中被检察机关指控为犯罪，才能经人民法院判定有罪，否则不能认定为“用于犯罪活动”。其三，适用该原则不仅不会破坏国家法律秩序，使一些违法犯罪行为得不到处罚，而且有利于最大限度地保护被害人利益。

本案中，现有证据不足以认定被害人蔡某某给予胡某某钱款实际用于行贿或者其他违法犯罪，不足以认定蔡某某具有此目的，不足以认定该笔钱款不属于被害人蔡某某的合法财产，故该笔钱款依法应当退赔被害人蔡某某。原判认定蔡某某给予胡某某钱款是用于“请托办事”等非法目的，进而对该笔钱款依法追缴没收，认定事实和适用法律有误。故二审法院依法改判是正确的。

编写人：北京市第二中级人民法院　杨子良

62

虚构买卖合同骗取钱款后逃匿并未实施交易的行为不构成合同诈骗罪

——陈某诈骗案

【案件基本信息】

1. 裁判书字号

福建省泉州市中级人民法院（2022）闽05刑终890号刑事裁定书

2. 案由：诈骗罪

【基本案情】

2020年4月29日，陈某向吴某某谎称其有口罩原料熔喷布可售，询问吴某某是否需要购买。吴某某同意订购一吨熔喷布，陈某谎称陈某某是其公司的财务人员，同日，吴某某按陈某的要求将货款57万元转账至陈某某的银行账户，双方约定次日发货。

2020年4月30日，陈某某应陈某的要求将收到的上述款项，先后转移至吴某、萧某某、何某某等名下的银行账户或支付宝账户内，后上述人员将款项取现交付给陈某。

2020年4月30日17时许，陈某对吴某某谎称货物被查，以其正在前往广东处理等理由进行拖延，并未交付货物，也未为履行交付货物做准备。后陈某又经吴某某多次联系仍未回复，并与吴某某及陈某某、吴某等断开联系，逃匿至广西。

该案提起公诉后，陈某在庭审时辩称其并非有预谋地实施诈骗，黄某某告知其有熔喷布货源，其收到吴某某的57万元后取现以现金形式交给黄某某，其无法交货是因为供应商出现问题，其认为自己的行为不构成诈骗罪，而是民事经济纠纷。

【案件焦点】

行为人无涉案货物货源，虚构事实，骗取被害人钱款后逃匿，与被害人没有实施履行交易的经济活动，无市场经营行为，构成诈骗罪还是合同诈骗罪。

【法院裁判要旨】

福建省南安市人民法院经审理认为：陈某以非法占有为目的，虚构事实、隐瞒真相，骗取被害人财物，数额特别巨大，其行为已构成诈骗罪。公诉机关的指控成立。关于陈某提出其并非有预谋地实施诈骗，其无法交货是因为供应商出现问题，其行为不构成诈骗罪，而是民事经济纠纷的辩解意见。经查，区分构成诈骗罪还是一般的合同纠纷的关键在于行为人主观上有无非法占有他人财物的目的，而判断是否“以非法占有为目的”可以从行为人的履行能力和履行行为等方面综合判断。在案证据证实陈某在没有货源的情况下，向吴某某谎称有熔喷布货源，收取被害人人民币57万元后携款逃匿。陈某未交付货物，而是在收到货款后携款逃匿，这与一般合同纠纷有本质区别，足见其以非法占有的主观目的。陈某虚构事实、隐瞒真相，骗取被害人财物，其行为已侵害他人对私有财产的所有权，符合诈骗罪的构成要件。合同诈骗罪相比于诈骗罪最根本的差异在于侵犯的法益不同。诈骗罪侵犯了公私财产所有权；合同诈骗罪除侵犯了公私财产所有权外，还侵犯了市场经济秩序。是否侵犯市场经济秩序，关键在于签订合同主体是否为从事经常性经营活动、商业活动的人。在案证据无法证实陈某从事经常性经营活动、商业活动，其不是侵犯市场经济秩序的主体，依法不构成合同诈骗罪。陈某侵犯了被害人的财产所有权，应以诈骗罪定罪陈某曾因故意犯罪被判处刑罚，对其酌情从重处罚。

福建省南安市人民法院依照《中华人民共和国刑法》第二百六十六条、第六十四条及《最高人民法院、最高人民检察院关于办理诈骗刑事案件具体应用法律若干问题的解释》第一条第一款的规定，作出如下判决：

一、陈某犯诈骗罪，判处有期徒刑十年，并处罚金人民币12万元；

二、责令陈某退出违法所得人民币57万元，返还吴某某。

宣判后，陈某上诉。福建省泉州市中级人民法院经审理认为：上诉人陈某以非法占有为目的，虚构事实、隐瞒真相，骗取被害人财物，其行为已构成诈骗罪。且属数额特别巨大。原判认定准确，量刑适当，审判程序合法。

福建省泉州市中级人民法院依照《中华人民共和国刑事诉讼法》第二百三十六条的规定，作出如下裁定：

驳回上诉，维持原判。

【法官后语】

犯罪行为人在没有履约能力的情况下，谎称有货源，与被害人达成买卖合意，在被害人付款后，犯罪行为人携款逃匿，该行为构成诈骗罪还是合同诈骗罪，实践中有不同的意见。

第一种意见认为，犯罪行为人与被害人达成了买卖合同，犯罪行为人在签订、履行合同过程中，采取虚构事实、隐瞒真相等欺骗手段，骗取合同对方当事人财物，因此应当认定为合同诈骗罪。

第二种意见认为，诈骗罪侵犯了公私财产所有权；合同诈骗罪除侵犯了公私财产所有权外，还侵犯了市场经济秩序。是否侵犯市场经济秩序，关键在于签订合同是否为从事经常性经营活动、商业活动行为。在案证据无法证实陈某从事经常性经营活动、商业活动，其不是侵犯市场经济秩序的主体，依法不构成合同诈骗罪。陈某侵犯了被害人的财产所有权，应以诈骗罪定罪。

笔者同意第二种意见。分析犯罪行为人的行为构成诈骗罪还是合同诈骗罪，应从两罪的构成要件及区别分析。

一、诈骗罪与合同诈骗罪的区别

1. 犯罪主体不同。诈骗罪与合同诈骗罪的犯罪主体均可以是自然人，但根据《中华人民共和国刑法》第二百三十一条的规定，合同诈骗罪的主体也可以是单位，因而诈骗罪的主体只能是自然人，合同诈骗罪的主体可以是自然人，也可以是单位。

本案中，犯罪行为人是自然人，符合诈骗罪、合同诈骗罪的主体要求。

2. 犯罪客体不同。诈骗罪侵犯了公私财产所有权，是单一客体，规定在《中华人民共和国刑法》分则第五章侵犯财产类犯罪之中；合同诈骗罪不仅侵犯了公私财产所有权，还侵犯了经济合同的管理秩序，是复杂客体，因而规定在《中华人民共和国刑法》分则第三章破坏社会主义经济秩序罪的第八节扰乱市场秩序罪之中。

司法实践中，认定犯罪行为人的行为是构成诈骗罪还是合同诈骗罪要判断是否侵犯了经济合同的管理秩序，而从事经营活动、商业活动是订立经济合同的基础，侵犯管理秩序往往可以先从犯罪行为人是否从事经营活动、商业活动作为条件去考量，因而才具有构成合同诈骗罪的条件。本案中，犯罪行为人虽做过口罩代工、买卖过热风棉，但没有证据证实其做过熔喷布的生意，也没有涉案熔喷布货源，虚构事实，隐瞒真相，骗取被害人钱款后逃匿，在与本案被害人的所谓交易中没有实施任何与履行交易相关的经济活动，无市场经营行为，不构成合同诈骗罪，而是诈骗罪。

3. 犯罪手段不同。诈骗罪与合同诈骗罪在客观上都是采用虚构事实、隐瞒真相的方法，使他人产生错误认识处置财产，但是二罪对诈骗手段的要求不同，合同诈骗罪要求必须是以签订、履行合同为手段，骗取他人财物；诈骗罪则对诈骗的手段、方式没有限定，只要行为人采取欺骗手段骗取他人财物的，均可构成。一般情况下，如果诈骗行为同时符合合同诈骗罪构成的，应以法条竞合理论处理，即以合同诈骗罪论处，不再定诈骗罪。

本案中，犯罪行为人虚构事实，隐瞒真相，骗取被害人钱款后逃匿，与本案被害人没有实施任何与履行交易相关的经济活动，未以订立合同的手段进行诈骗，因而不构成合同诈骗罪。

二、关于合同诈骗罪中的“合同”的认定

合同诈骗利用的“合同”只要是民法所承认和保护的合同即可，常见的形式是书面合同。随着经济生活的发展，口头合同的形式越发普遍，但口头合同是否可以成为合同诈骗罪的合同，成为近来比较有争议的话题。在笔者看来，《中华人民共和国刑法》规定合同诈骗罪的立法目的即保护的客体主要是维护正常的市场合同秩序，而《中华人民共和国民法典》关于维护市场正常秩序的部分涵盖了绝大部分民商事合同，其对于各种民商事合同的规定可作为刑法中认定合同成立、生效、履行等相关概念的参考，《中华人民共和国刑法》关于合同诈骗罪的规定并未排除利用口头合同进行诈骗的情形，利用口头合同进行诈骗与利用书面合同在所侵犯的客体方面也无本质区别。因此，利用口头合同进行诈骗，侵犯了市场经济秩序和他人财产权，也可以成为合同诈骗罪中的“合同”。只要是体现了一定的市场秩序的合同，无论是书面形式还是口头形式或是其他形式，均可构成合同诈骗罪的合同。当然，在刑事诉讼中，不同形式的合同在刑事诉讼中具有举证难易程度的差异。司法实践中，只要有证据证实一定形式的合同存在，就应满足合同诈骗罪所要求的合同要件。

本案中，犯罪行为人一方辩解其与被害人达成内容明确的口头合同，合同具有交易性，受市场调整，被害人是基于合同的约定交付货款，其未能按照合同的约定交付涉案熔喷布，但依然具有履行合同的意愿和行为，是其签订履行合同过程中收取被害人钱款后产生非法占有的故意，其行为侵犯了被害人的财产权，扰乱了市场经济秩序，构成合同诈骗罪。诚然，口头合同可以成为合同诈骗罪运用的方式之一，但结合本案案情，犯罪行为人未其做过相关生意，也没有涉案货物货源，在与本案被害人的所谓交易中也没有实施任何与履行交易相关的经济活动，无市场经营行为，未实际达成所谓的“口头合同”，因而，不能认定犯罪行为人构成合同诈骗罪。

综上所述，犯罪行为人在未做过相关生意，也没有涉案货物货源，即没有订立买卖合同的基础上，虚构事实，隐瞒真相，骗取被害人钱款后逃匿，在与本案被害人的所谓交易中没有实施任何与履行交易相关的经济活动，无市场经营行为，未破坏市场经济，依法不构成合同诈骗罪，构成诈骗罪。

编写人：福建省南安市人民法院　陈柳荣　苏伟松

（四）职务侵占罪

63

利用“企业改制”中职务便利侵占公司财物构成职务侵占罪

——李某职务侵占案

【案件基本信息】

1. 裁判书字号

黑龙江省齐齐哈尔市中级人民法院（2022）黑 02 刑终 274 号刑事裁定书

2. 案由：职务侵占罪

【基本案情】

2000 年我国开始推行国有企业产改，某商场参与产改，时任某商场经理的被告人李某全权负责产改相关事宜。2000 年 4 月 12 日，某商场向主管部门请示，将某商场整体出售给本企业全体职工。8 月 26 日，李某、胡某、张某某代表全体职工与市糖酒采购供应站签订《产权出售合同书》，约定市糖酒采购供应站将某商场整体零价出售给全体职工，包括三个营业网点，分别是某1街17号，某2街5号，某小区3号楼。《某商场产权出售实施方案》及市人民政府《关于支持企业产权制度改革的若干规定》中确定某商场土地出让金用于安置职工，对没入股的职工（包括不在岗）必须全部接收并合理安置好，可与在册职工解除或终止劳动合同，但需支付经济补偿金或生活补助费，经济补偿金（生活补助费）留在企业的，可折算成个人股。2001年1月6日，市企业产权制度改革领导小组办公室批复，"原则同意该企业零价出售给全体职工"。李某以1998年召开过全体职工大会名义，私自采用虚报注册资本的方式，于2001年3月13日成立经贸公司，承接了原某商场的全部资产和债务。2001年7月23日至24日，经贸公司将原某商场所有的三处房产过户至该公司名下并取得土地出让金，但该公司未按政策要求核算、支付全体职工经济补偿金（生活补助费），亦未将全体职工的经济补偿金（生活补助费）折算成个人股进入新公司，将企业原有职工排除在经贸公司之外。李某将公司的资产置于其实际控制之下，以柜台及房屋租金为主要收入来源。2009年5月，李某私自将经贸公司名下位于某2街5号房产以310万元的价格出售，此款到账后被其转入个人账户进行投资理财，又获得收益6.8万元。李某为对抗纪检部门的检查，私自决定将上述款项以工资、分红、借款、利息、津贴等名义分配给经贸公司登记注册的其他股东。经鉴定，被告人李某共侵占经贸公司资产3326761.51元。案发后，经贸公司12名股东将上述款项返还1632540元。

【案件焦点】

1. 关于被告人李某是否具有非法占有目的，是否构成职务侵占罪；2. 经贸公司股东大会是否有权对公司财产进行处分；3. 被告人李某的犯罪数额的认定。

【法院裁判要旨】

黑龙江省齐齐哈尔市龙沙区人民法院经审理认为：被告人李某作为经贸公

司法定代表人、董事长，利用职务上的便利，将本单位财物非法占为己有，数额巨大，其行为已构成职务侵占罪。关于被告人李某提出的没有非法占有，不构成职务侵占罪，经查，被告人李某在担任经贸公司法定代表人、董事长期间，除部分合理支出外，将收取的房屋、柜台租金以及公司名下房产出售款据为己有，后为掩饰其犯罪，将侵占的款项以董事长津贴、分红、工资、利息、车补通讯费等名义分配给自己和其他股东，其主观上具有非法占有的目的，客观上实施了侵占本单位集体财产的行为，李某将公司财产分配给其他股东只是其犯罪后赃款的去向，不影响犯罪的成立，其行为构成职务侵占罪。关于被告人认为股东大会有权对公司财产进行处分的意见，经查，有经贸公司 12 名股东证言及被告人李某供述，证实经贸公司的财产处分及分配并未经股东大会讨论决定，而是由被告人李某私自决定，后补股东会记录、董事会记录，并不能代表全体股东及董事会成员的真实意愿。关于李某的犯罪数额，李某自经贸公司成立之后，便实际控制公司财务，所有收入、支出均由其个人掌控，违反公司法的相关规定，无视财务会计法律法规，自行决定分配规则，在未实际召开股东大会的情况下，以股东会决议、董事会决议的名义非法占有公司财产，李某应当对私自侵占的 1664515.51 元及私自分配给股东的 1662246 元负责。

综上，被告人李某构成职务侵占罪，数额巨大，依法应处三年以上十年以下有期徒刑，并处罚金。被告人李某的行为不仅直接造成公司财产损失，更导致原某商场职工多人举报，造成了恶劣的社会影响，酌情从重处罚。一审判决被告人李某犯职务侵占罪，判处：

有期徒刑六年六个月，并处罚金人民币 20 万元；依法追缴被告人李某违法所得 1664515.51 元，返还被害单位经贸公司；查封李某名下的房产依法拍卖、变卖，所得价款折抵违法所得，查封的经贸公司名下的两处房产，由查封机关依法处理。

黑龙江省齐齐哈尔市中级人民法院同意一审法院的裁判意见，依照《中华人民共和国刑事诉讼法》第二百三十六条第一款第一项之规定，裁定如下：

驳回上诉，维持原判。

【法官后语】

本案的处理难点在于案件定性。承办法官在审理过程中，也曾考虑过被告人是否构成贪污罪，根据《中华人民共和国刑法》第三百八十二条的规定，贪污罪是指国家工作人员利用职务上的便利，侵吞、窃取、骗取或者以其他手段非法占有公共财物的行为，职务侵占罪与贪污罪在犯罪对象、客观方面、主观方面都极其相似，区分二者主要从主体和客体两个方面。

从主体上看，贪污罪与职务侵占罪的主体都是特殊主体，并且都具有主管、保管或者经手财物的职务。但是贪污罪的主体只能是国家工作人员和《中华人民共和国刑法》第三百八十二条第二款规定的受国家机关、国有公司、企业、事业单位、人民团体委托管理、经营国有财产的人员。根据《中华人民共和国刑法》第九十三条的规定，国家工作人员是指国家机关中从事公务的人员。国有公司、企业、事业单位、人民团体中从事公务的人员和国家机关、国有公司、企业、事业单位委派到非国有公司、企业、事业单位、社会团体从事公务的人员，以及其他依照法律从事公务的人员，以国家工作人员论。而职务侵占罪的主体则是公司、企业或者其他单位中不具备国家工作人员身份的人员。

从客体上看，贪污罪的客体是职务行为廉洁性和公共财产所有权；职务侵占罪的客体是职务行为廉洁性和本单位财产所有权。职务侵占罪与贪污罪都要求行为人利用职务上的便利从事犯罪活动，但是职务侵占罪中的职务与贪污罪中的职务的含义并不相同。贪污罪中的职务是指国家性质的公务。在职务侵占罪中，也可以说行为人利用公务上的便利实施犯罪行为，但是，在职务侵占罪中，行为人所从事的公务是指行为人所在单位的公共事务，并非指国家事务。

本案中，被告人李某在某商场改制前是该企业的负责人，在改制后是经贸公司的法定代表人，被告人的职务决定了其有权对本单位的财物进行管理，具有主管财物的权力、保管财物的权力和经手财物的权力。享有该项权力的被告人有权对本单位具体的财物进行临时性的控制，实施的侵占本单位财物的行为是利用其主管、保管或者经手本单位财物的便利条件实施的。经过“企业改制”担任经贸公司法定代表人后，已不具备国家工作人员身份，李某利用经贸公司经理的职务便利，非法处分公司法人财产，并将公司财产据为己有，构成职务侵占罪。

编写人：黑龙江省齐齐哈尔市龙沙区人民法院　刘晓峰

64

仓库补货员偷拿仓库商品的构成盗窃罪还是职务侵占罪

——黄某职务侵占案

【案件基本信息】

1. 裁判书字号

江苏省无锡市中级人民法院（2022）苏02刑终12号刑事裁定书

2. 案由：职务侵占罪

【基本案情】

2020年11月至2021年3月，被告人黄某在某公司位于无锡市锡山区安镇街道某仓库内做补货员，负责根据扫码枪的指令，在仓库内将缺货的物品补齐至货架上。因“双11”以及“年货节”活动期间仓库货物流转量大且无法及时盘库，黄某遂在补货过程中多次采用偷拿、贴身夹带通过仓库安检口的手法，将经手的48张礼品卡非法占为己有，卡面金额合计人民币（下同）232000元。之后，黄某将其中43张礼品卡（卡面金额共计210000元）绑定至网上“某商城”内的个人账户并消费使用，将其中1张卡面金额为2000元的礼品卡赠送给朋友黄某峰使用，另有4张礼品卡（卡面金额共计20000元）尚未绑定使用。

2021年3月3日，某公司核查发现大量礼品卡失窃，并根据礼品卡消费绑定的手机号码确定嫌疑人为黄某，当晚11号仓库负责人陈某报警。公安民警遂至黄某工作场所，经询问黄某承认偷拿礼品卡，后民警将其口头传唤至公安机关接受调查。归案后，黄某逐步供述了偷窃礼品卡的全部事实。

案发后，某公司作为礼品卡的平台仓储和销售方，对被窃礼品卡按照卡面金额的 8 折向礼家家公司进行协商赔付。

破案后，被告人黄某的亲属代为向某公司赔偿 210000 元。4 张尚未绑定使用的礼品卡由公安机关扣押后发还给某公司。

【案件焦点】

公司、企业或者其他单位的工作人员将本单位财物非法占为己有并数额较大的，构成职务侵占罪还是盗窃罪。

【法院裁判要旨】

江苏省无锡市锡山区人民法院经审理认为：被告人黄某利用公司人员职务上的便利，窃取本单位财物非法占为己有，数额较大，其行为已构成职务侵占罪。黄某归案后如实供述自己的犯罪事实，自愿认罪认罚，其亲属已代为向被害单位进行赔偿，依法予以从轻处罚。判决如下：

被告人黄某犯职务侵占罪，判处有期徒刑八个月，缓刑一年，并处罚金人民币 5000 元。

江苏省无锡市锡山区人民检察院提出抗诉认为：原审被告人黄某作为补货员，其在补货过程中接触到货物的时间非常短暂，不能认定黄某是在代表单位管理、经手财物，不应当评价为职务便利中的“经手”。由于被害单位在仓库内设置了监控措施，并设立安检口对出入员工进行检查，故黄某在仓库内拿到礼品卡后并不能完成对礼品卡的非法占有，只有将礼品卡带离仓库才能完成整个犯罪行为，黄某最终系采用与职权无关的秘密窃取方式完成对财物的非法占有，应认定为盗窃罪。

江苏省无锡市中级人民法院经审理认为：职务侵占罪是指公司、企业或者其他单位的工作人员在实施犯罪时，利用自身的职权或者自身因执行职务而获取的主管、管理、经手本单位财物的便利条件，将本单位财物非法占为己有，数额较大的行为。职务侵占罪中的“经手”是指行为人虽不具有主管、管理、处置单位财物的职责，但因工作需要一度经手单位财物。鉴于职务侵占罪是一种侵害单位财产的犯罪，只要是利用单位赋予的岗位身份，代表单位对涉案财物行使占有、使用、收益、处置职责的，均是利用职务之便，经手的时间长短并不影响职务之便的认定。本案中，原审被告人黄某作为被害单位的补货员，根据公司规定在补货过程中暂时占有涉案财物，承担损毁灭失的风险，应当认定黄某在此过程中对该财物具有经手之便，其行为符合职务侵占罪的犯罪构成，应当认定为职务侵占罪。

据此，江苏省无锡市中级人民法院依照《中华人民共和国刑事诉讼法》第二百三十六条第一款第一项之规定，裁定如下：

驳回抗诉，维持原判。

【法官后语】

公司、企业或者其他单位的工作人员将本单位财物非法占为己有并数额较大的，构成职务侵占罪还是盗窃罪，关键在于如何理解《中华人民共和国刑法》第二百七十一条规定的“利用职务上的便利”。正确理解和判定“利用职务上的便利”的前提必须对“职务”进行科学的界定。职务侵占罪中“职务”范围的界定，不能局限于管理性、劳务性、持续性的客观、外在表现形式，不加区别地将“非管理性普通业务”和“临时授权性业务”排除在“职务”范围之外，而应以是否具有侵犯职务侵占罪“诚实信用信托关系”客体的可能性作为指导原则：凡是不具有“侵犯可能性”的不作为职务侵占罪的评价对象，具有侵犯可能性的则应分析行为人从事的事务是否对侵占的本单位财物具有控制、支配地位，具有控制、支配地位的则属于职务侵占罪之职务；不具有控制、支配地位的则不属于职务侵占罪之职务。因此，职务侵占罪中“职务”的范围应在“本单位财物所有权”和“诚实信用信托关系”双重客体立场下，分析从事的事务是否对本单位财物具有控制、支配地位。

一、“利用职务之便”的实质判断标准——诚实信用信托关系的破坏

首先，“利用职务上的便利”意味着利用因承担事务而具有控制、支配本单位财物的地位，行为人具有控制、支配本单位财物的地位，便应当对单位负

有忠诚、奉公的义务，其利用该地位侵占本单位财产，必然侵犯了单位的财产权益和诚实信用的信托关系（单位基于信赖赋予其一定的职务），利用因承担事务而具有的控制、支配本单位财物的地位是“利用职务上的便利”的实质解读。因此，在判定“利用职务上的便利”时不仅要把该要件理解为行为要件，更应将其理解为对诚实信用信托关系客体的昭示，据此，侵害诚实信用信托关系的客观行为和方式就不能局限于主管、经手和管理等客观外在的形式特征。

其次，职务侵占罪与盗窃罪、侵占罪等普通侵财罪的本质区别，在于职务侵占罪属于利用职务上的便利，侵占本单位的财物所有权，换言之，职务侵占罪中的“非法占有本单位的财产”和“利用职务上的便利”具有因果联系，如果没有此种因果联系的解读，均不能提供普遍适用性的判定标准。该因果关系具体表现为，行为人因从事的事务具有控制、支配本单位财物的地位，相对应的，该行为人就应基于诚实信用的信托关系，负有不得侵占单位财产的忠诚义务以及保证单位财物免遭损害的奉公义务。如果行为人背离这种义务，利用控制、支配本单位财物的地位将本单位财物非法占为己有，不仅侵犯了本单位财物所有权，还侵犯了相互之间诚实信用的信托关系。

二、“利用职务之便”的形式判断标准——经手、保管职责

一般认为，职务侵占罪中的职务便利，是指对本单位财物主管、管理或者保管、经手的便利。主管或管理财物，往往意味着行为人在职务上具有对单位财物的购置、调配、使用等决定性权利，所以，利用主管或管理本单位事务的便利，显然是利用职务上的便利，对此一般不会有疑义，争议焦点主要是对经手、保管的理解。

所谓经手财物，一般是指因执行职务而领取、运送、使用、支配单位的财物等。所谓保管财物，一般是指因职务关系而持有、保存、代管单位财物等。考虑到职务行为的特殊性质及要求，这里的经手、保管显然不是暂时地握有单位财物，或者说财物仅仅从行为人手中过一下，而要求行为人对财物应有占有、处分的权限。这种占有、处分权限可能为行为人独立拥有，也可能系其与他人共同拥有，但行为人应具有对财物实质的控制、支配权利。如果仅仅是因为岗

位分工而在短时间内握有单位财物，或者单位财物仅仅从其手中过一下马上又要转递给他人，显然不能认为行为人是在代表单位保管、经手财物，否则也不符合人们对职务的通常理解。因此，判断行为人是否利用职务上的便利，关键看其对所非法占有的单位财物有无实质意义上的占有、控制与支配的职责与权利。如果行为人所从事劳务的岗位职责，同时包含了对劳务中所经手、保管的财物具有监管、控制、处分的权限，也即，行为人非法占有财物时不存在其他障碍，可以认为是利用了职务上的便利。如果行为人对于劳务中所经手、保管的财物并无控制、处分权，其非法占有财物还需要采取其他逃避监管的手段，则应属于利用工作上的便利。

本案中，被告人黄某作为补货员，根据公司规定在补货过程中暂时占有涉案财物，承担损毁灭失的风险，应当认定在补货过程中对财物具有经手之便，其行为符合职务侵占罪的犯罪构成，应当认定为职务侵占罪。

编写人：江苏省无锡市中级人民法院　王星光

江苏省无锡市滨湖区人民法院　郑捷

65

村基层组织人员涉土地征用补偿费用犯罪行为的定性辨析

——张某某职务侵占案

【案件基本信息】

1. 裁判书字号

浙江省温州市中级人民法院（2022）浙03刑终693号刑事裁定书

2. 案由：职务侵占罪

【基本案情】

2003年8月20日，某某市某1村与某2村达成协议，某1村以15万一亩的价格向某2村征用土地300亩，共计4500万元。后某1村村委与某2村村委口头约定，某1村以19万元一亩的单价征收贸易公司原先在某3村征收的16.49亩土地，由某2村负责协调。

2007年8月5日，贸易公司将其在某3村的16.49亩土地转让给被告人张某某妻子吴某某。2009年1月23日，被告人张某某（时为某2村村民委员会主任）从某2村账户领走某1村转入的征地款300万元。2013年6月，某某市征地事务所征收某2村292.8615亩土地，该292.8615亩土地与前期某1村向某2村征收的300亩土地部分重合，但未包含贸易公司抵押转让给被告人张某某妻子吴某某的16.49亩。某2村村委在该征地过程中，负责协助政府完成相关文件签订、土地测绘、土地补偿款发放等工作。后某某市征地事务所以及某某镇人民政府陆续将征地款打入某2村股份经济合作社账户。

2016年5月5日，被告人张某某作为某2村党支部书记，明知征地补偿款不包含贸易公司抵押转让给其妻子吴某某的16.49亩土地的情况下，仍通过自行审批签署领款凭证的方式从某2村账户领取征地补偿款43.2万元。案发后，张某某已退还43.2万元至某2村账户，某2村村民委员会对张某某表示谅解。

另外经查明，2019年至2020年，某某市人民政府征收103号地块，并于2020年12月29日汇入某某镇某2村股份经济合作社账户382536元征地款。被告人张某某作为某2村党支部书记，明知该征地款属于某2村集体所有，仍签署决定将征地款中的362536元转入温州某方文化传媒有限公司账户。2021年2月8日，某2村股份经济合作社账户转入温州某方文化传媒有限公司账户362536元，同日该笔362536元经高某账户，转至张某某账户。

【案件焦点】

张某某领取征地补助款43.2万元的行为应该如何定性。

【法院裁判要旨】

浙江省乐清市人民法院经审理认为：张某某在缺乏依据的情况下，2016年5月间从某2村账户领取款项以及2020年通过转账的方式占有382536元征地款，至本案案发时仍未归还，足见其对款项具有非法占有目的。在案证据足以证实在2016年从某2村账户领取款项期间，以及2020年款项转给温州某方传媒有限公司过程中，张某某利用了其作为村党支部书记的审批职权，利用了职务便利。根据在案证据，本案张某某领取的款项可以明确实际为2016年2月3日乐清市柳市镇人民政府支付给某2村集体的征地补助款，是超过人民政府委托发放范围的资金，属于村集体所有，同时村集体发放款项并非受政府委托。因此张某某领取某2村集体的征地补助款的行为应当定性为职务侵占而不是贪污。被告人张某某作为村基层组织人员，利用职务便利，将本单位资金非法占为己有，数额较大，其行为已构成职务侵占罪。据此，判决如下：

一、被告人张某某犯职务侵占罪，判处有期徒刑二年六个月，并处罚金人民币10万元；

二、追缴被告人张某某违法所得362536元，返还被害单位柳市镇某2村集体。

一审判决后，张某某提起上诉。

浙江省温州市中级人民法院经审理认为：（1）张某某具有非法占有目的。涉案地块上的权属纠纷无论最终以何种方式解决，其结果均不会影响该16.49亩地块未纳入2013年某某市人民政府征地范围这一事实。张某某基于某1村与某2村的购地协议，已于2009年领取300万元购地款。后因购地协议无效，某1村已向某2村明确主张要求返还购地款。张某某在未退还相关款项的情况下，以预领其中2亩土地征地款的名义领取43.2万元，系编造、虚构名目，重复套取、侵吞征地资金，明显具有非法占有目的。（2）张某某已利用职务便利。根据余某某等的证言，领取征地款，需要由报账员计算领款金额，由村民填写领款收据后交由村民委员会主任、村党支部书记审批签字，再到出纳员处领款。张某某作为村党支部书记，对领款事项具有审核职权，其明知涉案地块存在权属争议且未纳入征地范围的情况下，自行审批并冒领征地款，系滥用其村支部书记职权的行为。上诉人张某某作为村基层组织人员，利用职务便利，将本单位资金非法占为己有，数额较大，其行为已构成职务侵占罪。鉴于张某某家属代为退赔部分违法所得，可以酌情从轻处罚。

原判定罪和适用法律准确，量刑适当，审判程序合法。据此，依照《中华人民共和国刑法》第二百七十一条第一款、第十二条、第六十四条以及《中华人民共和国刑事诉讼法》第二百三十六条第一款第一项之规定，裁定如下：

驳回上诉，维持原判。

【法官后语】

村基层组织不是我国国家机关，村基层组织人员也不是国家机关工作人员。《全国人民代表大会常务委员会关于〈中华人民共和国刑法〉第九十三条第二款的解释》（以下简称《解释》）规定，村基层组织人员在从事救灾、抢险、防汛、优抚、扶贫、移民、救济款物的管理等事项时，是“其他依照法律从事公务的人员”。在涉土地征用补偿费用犯罪活动中村基层组织人员只有在协助政府从事公务行为时，才能成为贪污罪的犯罪主体。公务性成为区分贪污罪与职务侵占罪的关键因素所在。公务性归根结底要具体到行为上，由于村基层组织的特殊性以及基层事务的繁杂性，公务行为与村务行为交织在一起，如何认定行为是否具有公务性成为此类案件的关键点。

一、从行为的结束时间节点辨析是否属于公务行为

在涉土地征收过程中，协助公务行为何时开始、何时结束？一种观点认为，当土地征用补偿款项划拨到村集体组织，款项由村集体控制，协助公务行为即告结束。那么后续村集体发放款项给村民等行为均是村集体的自治行为，与公务无关。

另一种观点认为，协助土地征收等公务行为是一个延续的动态过程，既包括前期的土地面积测算、确认、补偿金额核定等行为，还包括政府补偿款项发放到村民整个过程。只有将所有应发的补偿费用全部发放至村民手中，公务行为才算完成。

上述两种观点，虽然在实务中较为容易操作辨别，但都具有一定的武断性，属于“一刀切”的辨别方式，极易引发分歧和争议。

二、从补偿费用的类别以及村集体实际情况来辨析是否属于公务行为

根据《中华人民共和国民法典》第二百四十三条第二款的规定，征收集体所有的土地，应当依法及时足额支付土地补偿费、安置补助费以及农村村民住宅、其他地上附着物和青苗等的补偿费用，并安排被征地农民的社会保障费用，保障被征地农民的生活，维护被征地农民的合法权益。可见，土地补偿费用中除包含土地所有权的本身价值外，还包括安置补助费、地上附着物和青苗补偿费用等，后者的补偿对象直接是土地的使用权人，也就是村民。那么，在具体案件中，应以征地补偿各类费用是否必须发放到村民个人、由村民个人支配来具体分析判断。

具体来说土地补偿费用发放至村集体账户后，如果该款项根据法律及相关文件规定属于必须发放到村民个人的，那么政府土地征用补偿行为是在款项发放到村民个人时才算完成。如果该款项属于补助村集体建设提留资金的，则该款项进入村集体账户由村集体控制时该公务行为即告完成。

三、本案村支书张某某的骗取补偿费用的行为定性问题

被告人张某某系村党支部书记，2016年5月利用职务上的便利，自行审批签署领款凭证，领取了2亩不在征地范围内的补偿款43.2万元。公诉机关指控被告人张某某构成贪污罪。本案争议的焦点在于土地征收补偿款项进入村集体账户后，被告人的行为是否属于协助公务行为，如果属于公务行为则构成贪污罪，否则构成职务侵占罪。

1. 从当地征地补偿文件的相关规定来辨析协助公务行为的具体时间节点。根据某某市关于征收农民集体所有土地的相关规定，征收农民集体所有土地的补偿总费用包括土地补偿费、安置补助费、青苗补偿费、地上附着物补偿费等。土地补偿费归农村集体经济组织或者村民委员会所有。安置补助费需要安置的人员由村集体经济组织或者村民委员会统一安置的，安置补助费支付给农村集体经济组织或者村民委员会；不进行统一安置的，安置补助费发放给被安置人

员。地上附着物的补偿费、青苗补偿费、林木补偿费发放给附着物和青苗、林木的所有者。从上述规定可以看出，土地补偿费，系土地等转让对价由村集体享有，该笔款项进入村集体账户，该公务行为即为完成；安置补助费，应由村集体提留用于村集体的建设，该笔费用发放至村集体账户，该公务行为即为完成；青苗补偿费、地上附着物补偿费，系补助村民个人，该笔款项发放至村民个人，该公务行为即为完成。

2. 从本案征地补偿相关费用汇入的时间以及村集体款项的发放时间及金额来辨析村集体组织协助公务时间。2014年5月7日，征地补偿款、安置补助费、地上附着物、青苗补偿款等费用共计3600余万元进入村集体账户，该款项随后陆续用于发放给村民征地补偿款、土地出让金等。2016年2月3日，最后一笔安置补助费700万元进入村集体账户。该村在征地补助款进入村集体之前，已经将征地补偿款发放给了村民，2016年2月3日前该村村集体账户余额仅为24万余元。

从上述分析来看，不论是某某市征收农民集体所有土地的相关规定还是政府对款项用途的审批，被告人张某某在2016年5月5日审批签署领取的43.2万元实际为政府支付给该村的征地补助款。

该笔款项系用于该村集体经济发展和建设之用，村集体须予以提留，该款项是补助到村集体的，并非到村民个人。在该笔款项进入村集体，政府公务行为即告完成。至于之后村基层组织如何提留、如何发放给村民，均为村务行为。那么，被告人张某某此时利用职务便利，不属于利用公务的行为，不符合贪污罪的构成要件。因此，被告人张某某构成职务侵占罪。

编写人：浙江省乐清市人民法院　张胜霞　陈晓娇

66

公司否认损失不影响职务侵占罪的成立

——张某某职务侵占案

【案件基本信息】

1. 裁判书字号

上海市第一中级人民法院（2022）沪01刑终233号之二刑事裁定书

2. 案由：职务侵占罪

【基本案情】

2007年9月，被告人张某某入职某资管，2008年2月调至某资管直接投资部工作，至2014年8月辞职期间一直与某资管签署劳动合同，其所在团队自2008年至2012年全年期间实际经营管理条线归属于某1信托公司，某资管作为名义法人对外开展业务、审批签署相关合同。2013年1月1日起，被告人张某某所属直接投资事业部团队实际经营管理条线从某1信托公司转移至某资管。

2012年年初，投资公司需融资人民币50亿元，某银行武汉分行江汉支行周某得知某资管的张某某有投资非标业务的资金来源，遂联系被告人张某某。嗣后，时任直接投资部经理的被告人张某某以某资管的名义开展该项融资项目，赴武汉接洽借款人、考察项目、向外部主体推介项目，协助融资人和资金方对接，进行斡旋。架构了“××号”信托计划，确定了信托计划参与各方信托利益的分配比例，并由某2信托公司与参与各方签订合同，从信托财产中支付相关费用。

被告人张某某为谋取私利，在明确上述项目其他参与方各自收益比例，即融资方投资公司按照每年11%支付贷款利息，出资方重庆农商行按照每年8%收取资金使用费，上下家之间由此产生每年3%的利息差额，分别由某2信托公司收取每年 0.8%的通道费、光大银行重庆分行收取每年 0.1%的过桥费、某银行武汉分行收取每年 0.1%的贷款管理费的情况下，向某资管隐瞒其应得财务顾问费收益比例每年可达 2%的事实。

被告人张某某为了获取上述项目中剩余的每年 1%收益，在 2012 年 10 月以丈夫胡迪的名义注册成立了由其实际控制的某公司。因某公司无资质参与上述“××号”信托计划，被告人张某某又联系了某 1 证券、某 2 证券先后参与该信托计划，虚设为券商财务顾问，收取每年 1%的信托利益，同时由某公司与某 1 证券、某 2 证券签订《咨询服务协议》，进而实现占有上述信托利益。

【案件焦点】

在被害单位否认损失的情况下，被告人侵占单位财物的行为能否成立职务侵占罪。

【法院裁判要旨】

上海市浦东新区人民法院经审理认为：确定的受益也属于本单位的财物，职务侵占罪侵犯的法益既包括单位的财物也包括单位员工忠诚勤勉义务。员工在履职过程中，应以本单位利益为本位，促进利益最大化。利用职务便利，通过虚增交易对象将单位确定的收益占为己有，即使涉事单位否认损失，行为人也构成职务侵占罪。

上海市浦东新区人民法院依照《中华人民共和国刑法》第二百七十一条第一款、第十二条第一款、第五十五条第一款、第五十六条第一款、第六十四条、第五十九条之规定，作出如下判决：

一、被告人张某某犯职务侵占罪，判处有期徒刑十年六个月，剥夺政治权利一年，没收财产人民币 11 万元；

二、责令被告人张某某退赔犯罪所得。

被告张某某提起上诉，上海市第一中级人民法院同意一审法院裁判意见。依照《中华人民共和国刑事诉讼法》第二百三十六条第一款第一项之规定，裁定如下：

驳回上诉，维持原判。

【法官后语】

一、职务侵占罪的客体包括财产性利益及员工的忠诚勤勉义务

1. 立法沿革。侵占罪是从贪污罪中分化出来的，1979 年《中华人民共和国刑法》只规定了贪污罪。但随着经济的发展，侵占公司财产的现象越来越多，也促使立法开始关注对企业财产的保护。1995 年《全国人民代表大会常务委员会关于惩治破坏金融秩序犯罪的决定》将侵犯单位公司财产的行为统一为公司、企业人员侵占罪。1997 年《中华人民共和国刑法》修改为职务侵占罪。可以看出，本罪是从贪污罪中分离出来，构成要件也保持高度一致性。因此，其法益也应包含公司、企业人员职务的廉洁性。

2. 法律相统一角度。《中华人民共和国公司法》第一百八十一条规定："董事、监事、高级管理人员不得有下列行为：（一）侵占公司财产、挪用公司资金；（二）将公司资金以其个人名义或者以其他个人名义开立账户存储；（三）利用职权贿赂或者收受其他非法收入；（四）接受他人与公司交易的佣金归为己有；（五）擅自披露公司秘密；（六）违反对公司忠实义务的其他行为。"本案被告人系某资管直接投资部总经理，属于《中华人民共和国公司法》中的高级管理人员，对公司具有忠诚勤勉义务。

二、员工履职过程以单位名义私自收取费用侵害了单位财物

从对象上看。单位的财物不仅包括单位现存的财物，也包括确定的预期收益。本案被告人在促进融资过程中隐瞒 2%顾问费比例的事实，侵犯了公司确定的收益。且根据行业惯例，中间方设立的目的在于促成投融资，利润恰恰来源于融资方承诺的利润率及投资方索要的回报率的差额。虽某资管公司一直主张顾问费比例就是 1%，但却未提供任何证据，顾问费作为其收入主要来源，却没有证据予以证明，明显不合常理。

从交易方式看，虚增交易对象是职务侵占罪常见的手段。本案中被告人为获取 1%的收益，先后通过自己设立某公司、虚设某 1 证券、某 2 证券参与项目，收取 1%信托利益，属于典型的私增交易对象型职务侵占。

从结果归属看，被告人占有该笔款项。在自设的某公司因缺乏资质无法参与时，被告人又联系了某1证券、某2证券参与，虚设为券商财务顾问，收取每年1%的信托利益，之后由自设的某公司与虚设的财务顾问签订《咨询服务协议》，进而占有上述财物，最后由被告人用于个人房产和消费。

员工代表本单位对外交往中，属于典型的履职行为，员工在履职过程中其人格整体上已被单位所吸收，以单位的名义收取的相关费用，即属于本单位的财物。私自截取其中的费用占为已有，符合职务侵占罪的构成。

三、行为是否具有法益侵害性属于客观评价

一审和二审中，被害单位都否认存在损失。能否因被害单位否认损失，本案就不能评价为犯罪？笔者认为，法益的评价是客观的，不以当事人的意志为转移，如事后承诺。同理，法益是行为时对某一利益的侵害，事后否认并不能否认法益被侵害的事实。本案中，虽然某资管一直否认有损失的发生，但根据行为人的行为，其在代表单位履职过程中，以单位名义收取费用，私自截留部分费用，侵害了单位的财产利益。

另外，本案是发生融投资领域的经济犯罪，特殊之处是案发既不是融资方、出资方报案，也不是作为促进融投资的中间方报案，而是金融监管单位在监督管理过程中发现的，即使案发后，涉案的被害单位也一直否认存在损失。资本背景下，有些公司因面临上市或上市公司出于稳定股价等原因，即使受有损失，但为了公司利益考虑也会选择隐瞒、否认。但公司否认损失，并不意味着行为不构成犯罪或没有危害性。法律在维护个体利益的同时，也要平衡该行为对整个行业的影响，即使被害单位不追究行为人对单位造成的损失，但被告人的行为违反了高管应有的忠诚勤勉义务，更是对整个资管行业正常秩序的破坏。单位也应肩负起一个企业应有的社会责任，不能仅考虑公司自身的利益，否则，真正受损失的将是公司员工或股东的利益。

编写人：上海市浦东新区人民法院　王海瑛　江帆　罗晓楠

67

挂靠建筑公司的“包工头”可成为职务侵占罪的主体

——张某某职务侵占案

【案件基本信息】

1. 裁判书字号

广东省茂名市中级人民法院（2021）粤09刑终580号刑事裁定书

2. 案由：职务侵占罪

【基本案情】

被告人张某某为承建房地产开发公司的某项目1-12栋及地下室工程，找到时任建工公司法人代表柯某某，表示其想挂靠在建工公司。柯某某同意后，2013年7月1日，建工公司与房地产开发公司签订了《广东省建设工程标准施工合同》。建工公司授权委托张某某作为该项目的委托代理人，权限是签订该工程施工合同等有关事宜；7月16日，建工公司与张某某签订《项目管理目标责任书》；7月21日，建工公司聘任张某某作为该项目的总负责人，全面负责该工程的施工管理；7月29日，张某某、李某某、梁某某、陆某四人签订合伙协议，共同出资入股承建该项目。2013年7月底，该工程开工建设。在该项目施工过程中，房地产开发公司向建工公司先后支付了总计15835667.43元人民币的工程款，建工公司在扣除《项目管理目标责任书》约定的项目管理费126365元人民币、报建人员证件费50000元人民币和手续费12320.76元人民币后，将剩余的15646981.67元人民币的工程进度款全部支付给张某某和张某某指定账户，按照《项目管理目标责任书》以及保证书的约定，由张某某负责支付工人工资及材料款。经审计结果显示，张某某承接该项目工程的工程款支出共8197421.67元人民币，其中建工公司直接支付2972721.67元人民币，张某某经手支付5224700元人民币；剩余的7449560元人民币张某某主要是用来偿还借款、支付给陆某及李某某的退伙费用、转账给其他人。2014年1月20日，张某某与陆某、李某某签订退股协议，约定张某某一人负责某小区工程，并由张某某分期退还陆某、李某某的入股资金。2014年1月26日，张某某未经建工公司同意，私自与投资公司法人代表阮某某签订《某小区工程退股协议书》，约定张某某将余下工程转包给投资公司，投资公司分期退还张某某的投资本金。2015年9月10日，张某某潜逃到境外A国。

【案件焦点】

被告人作为包工头（项目经理）是否可以成为职务侵占罪的适格主体，其行为是否构成职务侵占罪。

【法院裁判要旨】

广东省茂名市电白区人民法院经审理认为：张某某利用职务上的便利，将公司财物非法占为己有，数额巨大，其行为已构成职务侵占罪，应予刑罚。

1. 被告人张某某作为包工头（项目经理）是否可以成为职务侵占罪的适格主体

职务侵占罪的主体为特殊主体，包括公司、企业或者其他单位的不具有国家工作人员身份的人员，并非要求一定是公司、企业的工作人员或具有劳动关系的员工。

（1）张某某不属于国家工作人员。建工公司是国有企业，张某某仅是因管理需要而由建工公司聘任的项目负责人，并未经建工公司或上级主管单位中负有管理、监督国有资产职责的党组织批准或研究决定，也没有履行提名、推荐、任命、批准等组织程序，因此，张某某不属于国家工作人员。

（2）张某某作为建工公司某项目经理，可以成为职务侵占罪的适格主体。《建筑施工企业项目经理资质管理办法》第二条规定，本办法所称建筑施工企业项目经理，是指受企业法定代表人委托对工程项目施工过程全面负责的项目管理者，是建筑施工企业法定代表人在工程项目上的代表人。建工公司与张某某签订有《项目管理目标责任书》《聘任书》《授权委托书》等，上述文件赋予与建筑施工企业不存在劳动关系的张某某作为项目经理，代表公司全面负责该工程的施工管理工作，管理着项目的人、财、物的一切事务，属于履行公司职务的人员，可以成为职务侵占罪的适格主体。

2. 被告人张某某的行为是否构成职务侵占罪

从犯罪主观方面，被告人张某某在收到建工公司转账的15646981.67元工程款后，未按管理规定用于支付工程款，而是将其中7449560元占为己有，用于偿还借款、支付给合伙人的退伙费用及转账给其他人，其后潜逃国外，主观上有非法占有工程款的故意。

从犯罪客观方面，张某某作为项目经理挂靠在建工公司并承建某项目，其所得的应是在组织有效施工后项目结算的利润，而非建工公司收到的发包方支付的全部工程款。在项目施工过程中，建工公司作为承建方，对外需承担支付合同约定的工人工资、材料款及机械租赁等付款义务，由于张某某收到建工公司转账工程款后，没有按规定全部用于支付工人工资、材料款等，而是利用自己作为项目经理管理、支配工程款的职务便利，将其中7449560元占为己有并用于偿还借款、支付给合伙人的退伙费用及转账给其他人。当时项目尚未结算，其后由于张某某未能组织有效施工造成工程停工，项目不但没有产生可得利润，而且导致建工公司在法院主持下与发包方解除合同后，仍需承担清偿工人工资及材料款等对外合同义务，使建工公司遭受重大经济损失。

综上所述，被告人张某某作为包工头（项目经理）可以成为职务侵占罪的适格主体，其行为构成职务侵占罪。

广东省茂名市电白区人民法院依照《中华人民共和国刑法》第二百七十一条第一款、第五十二条、第五十三条第一款、第六十四条的规定，作出如下判决：

一、被告人张某某犯职务侵占罪，判处有期徒刑七年，并处罚金人民币5万元；

二、追缴被告人张某某违法所得人民币7449560元，发还建工公司。

宣判后，被告人张某某不服，提起上诉。广东省茂名市中级人民法院同意原审法院裁判意见，认为原审法院认定事实和适用法律正确，定罪准确，量刑适当，审判程序合法，应予维持。依照《中华人民共和国刑事诉讼法》第二百三十六条第一款第一项的规定，作出如下裁定：

驳回上诉，维持原判。

【法官后语】

本案处理重点主要在于挂靠建筑公司的包工头（项目经理）是否可以成为职务侵占罪的主体？工程未结算，包工头（项目经理）先从预付款中取回带资资金，致使工程停工造成被挂靠公司经济损失，包工头（项目经理）的行为是否构成职务侵占罪？

根据《中华人民共和国刑法》第二百七十一条第一款的规定，职务侵占罪是指公司、企业或者其他单位的人员，利用职务上的便利，将本单位财物非法占为已有，数额较大的情形。根据该条款，构成职务侵占罪必须符合三个条件：（1）犯罪主体为特殊主体，包括公司、企业或者其他单位的不具有国家工作人员身份的人员；（2）行为人的主观方面表现为过失；（3）客观方面表现为行为人利用自己在本单位中所担任的职务形成的便利条件，通过侵吞、窃取、骗取等各种手段将本单位财物化为私有。

具体到本案，在犯罪主体方面，挂靠国有建筑企业的包工头（项目经理）未经过国有建筑企业或上级主管单位中负有管理、监督国有资产职责的党组织批准或研究决定，也没有履行提名、推荐、任命、批准等组织程序。因此，挂靠国有建筑企业的包工头（项目经理）不属于国家工作人员。被挂靠公司与包工头（项目经理）签订的《项目管理目标责任书》、《聘任书》和《授权委托书》等文件，赋予了包工头（项目经理）代表被挂靠公司全面负责项目工程施工管理工作的职权，上述职权的授予，已经突破了劳务合同缺失的形式壁垒，让包工头（项目经理）实质上成为履行被挂靠公司职务的人员，也成为职务侵占罪的适格主体。在犯罪主观方面，被告人张某某在收到建工公司转账的工程款后，未按管理规定用于支付项目开支，而是将其中部分工程款占为己有，用于偿还借款、支付给合伙人的退伙费用及转账给其他人，其后潜逃国外，主观上有非法占有工程款的故意。在犯罪客观方面，包工头（项目经理）所得的回报应是在组织有效施工后项目结算的利润，而非发包方支付给被挂靠公司的全部工程款。在项目施工过程中，被挂靠公司作为承建方，对外需承担支付合同约定的工人工资、材料款及机械租赁等付款义务，包工头（项目经理）收到被挂靠公司的工程款后，应按规定使用工程款。而本案中，张某某利用自己作为项目经理管理、支配工程款的职务便利，将工程款占为已有挪作他用，且在项目尚未结算时因自己未组织有效施工造成项目停工，没有产生可得利润，导致了被挂靠公司的重大损失，符合该罪客观方面的相关规定。

上述问题在建筑行业经常发生，司法实践中存在争议。从犯罪主体、主客观方面对本案进行分析后，认定张某某的行为符合职务侵占罪的犯罪构成，最终判决张某某职务侵占罪罪名成立。该判决对规范建筑行业挂靠业务，推动行业治理起到积极作用。

编写人：广东省茂名市电白区人民法院　谢忠儒　何谌诚

（五）敲诈勒索罪

68

假借集体之名，私下以信访、缠访等方式向被害人施压，索取钱款的，应认定为具有非法占有他人财物的主观目的

——陈某某敲诈勒索案

【案件基本信息】

1. 裁判书字号

福建省泉州市中级人民法院（2022）闽05刑终281号刑事裁定书

2. 案由：敲诈勒索罪

【基本案情】

2015年年初，某村“某”角落群众筹资并由村干部组织协调修建“某”角落至“某点”角落村道，并支付某村5、6、7组“山皮费”0.8万元及被动用田地群众损失。2015年7月，因换届选举问题该路被破坏。2016年6月，某村“某”角落再次准备对该路实施修缮及硬化。

2016年6月，被告人陈某某回到某村，获知该村道占用林地植被，且未经林业局等相关部门审批后，即向林业主管部门举报、投诉，同时多次以此对时任该村党支书陈某与带头捐资修路负责人陈某1、陈某2等进行威胁、要挟给予补偿，否则将继续举报或以记者身份查账等手段，向陈某、陈某1等人索要6万元，迫使陈某、陈某1于2017年2月12日，筹款3万元汇到其所指定的叶

某某的建设银行账户。后被告人陈某某表示已经撤诉、未再举报、投诉。同年5月24日，被告人陈某某退回该款项，再次以举报、投诉相要挟，迫使陈某2、陈某3通过中间人白某某协商，以水土保持设计费用为名，于2018年4月12日将村民集资修路的3万元汇到其指定的叶某某的建设银行账户，用于个人消费。2020年4月，被告人陈某某继续举报、投诉，并以赔偿道歉就不再举报、投诉为由，迫使陈某、陈某1等人答应再支付2万元，后因该村路系村民自发筹资修建已没有能力支付，其被举报而未能得逞。

【案件焦点】

1. 被告人陈某某是否具有占有他人财物的非法目的；2. 敲诈勒索次数的认定。

【法院裁判要旨】

福建省安溪县人民法院经审理认为：被告人陈某某虽是某村第6组村民，但其长期在外地生活，纷争的村路修建时未破坏其个人财物，其虽自称代表群众利益，但证人陈某4、陈某5、陈某6、陈某7等的证言均证实自召开协调会赔偿、道歉后，群众对修路已经没有意见，相关部门对违法行为也作出了行政处罚，其亦供称赔偿、道歉后群众没有再出来阻路，其向被害人提出的要求未与群众商量，未曾向群众公开其收到款项的收支情况，其也曾向被害人声称“角落的年轻人不懂游戏的规则”，表示此事找其解决即可。被告人陈某某在缺乏合理的经济利益诉求的前提下，以其代表群众讨要补偿为由，掩盖为自己谋利的非法目的，主观上具有非法占有他人财产之故意。其在无正当理由和事实依据的情况下，以不断投诉、举报的方式与被害人讨价还价，给当地政府部门增加息诉压力，给被害人施压心理压力，使被害人迫于无奈而提出用钱来换取其停止信访和撤诉，其客观上多次以要举报、信访为要挟手段，实施了逼迫被害人交付钱财的行为，索取财物数额巨大，其行为已构成敲诈勒索罪。

被告人陈某某以非法占有为目的，多次要挟他人索取财物，其行为已构成敲诈勒索罪，且数额巨大。公诉机关的指控成立。被告人陈某某部分犯罪因其意志以外的原因未能得逞，是犯罪未遂，对该部分犯罪予以从轻处罚；其违法所得的部分款项已退还给被害人，酌情予以从轻处罚；其有犯罪前科，酌情予以从重处罚。公诉机关的量刑建议适当。据此，根据被告人陈某某的犯罪事实、情节及其社会危害性，依照《中华人民共和国刑法》第二百七十四条、第二十三条、第六十四条及《最高人民法院、最高人民检察院关于办理敲诈勒索刑事案件适用法律若干问题的解释》第一条第一款、第三条、第八条之规定，作出判决如下：

一、被告人陈某某犯敲诈勒索罪，判处有期徒刑四年二个月，并处罚金人民币2万元；

二、追缴被告人陈某某的违法所得人民币3万元，返还给村民集资款保管人陈某8；

三、没收被告人陈某某的作案工具手机二部。

一审宣判后，被告人陈某某不服，提出上诉。福建省泉州市中级人民法院经审理认为：原判定罪准确，量刑适当，审判程序合法。裁定如下：

驳回上诉，维持原判。

【法官后语】

敲诈勒索罪是指以非法占有为目的，对被害人实施威胁或者要挟的方法，强行索取公私财物，数额较大或者多次的行为。

1. 本案虽曾存在真实性纠纷，但被告人并不存在维权依据

通过合法手段维护自身权益应充分肯定，但是实践中，是否具有维权基础应当从维权依据、维权手段、维权数额等方面判断。

本案村落因修建村道、选举问题等存在矛盾、纠纷，但经政府工作人员协调，村民已达成和解，没有阻止修路和要求赔偿的意思表示。本案被告人以要投诉、举报为由向被害人索取钱款后，并未告知或分配给角落村民，而是用于个人花费，其虽称系代表村民商讨赔偿事宜，但村民并未委托其索要赔偿款，对于其赔偿主张亦不知情，相关调解协调会议亦无角落其他村民参与。被告人在缺乏合理的经济利益诉求的前提下却假借集体之名，私下以投诉、举报、信

访等方式向被害人施压，索取钱款，掩盖为自己谋利的非法目的，其非法占有他人财物的主观目的明显。

2. 举报、信访对他人精神上产生了强制，是威胁和要挟的行为

敲诈勒索罪的客观方面表现为行为人采用威胁、要挟等手段，迫使被害人交出财物的行为。威胁和要挟，是指通过对被害人及其关系密切的人精神上的强制，对其在心理上造成恐惧，产生压力。威胁或者要挟的方法多种多样，如将要实施暴力；揭发隐私、违法犯罪活动；毁坏名誉相威胁等。其形式可以是口头的，也可以是书面的，还可以通过第三者转达；可以是明示，也可以是暗示。在取得他人财物的时间上，既可以迫使对方当场交出，也可以限期交出。总之，是通过对公私财物的所有人、保管人实施精神上的强制，使其产生恐惧、畏惧心理，不得已而交出财物。

本案被告人以不断投诉、举报的方式与被害人讨价还价，给当地政府部门增加息诉压力，给被害人施压了心理压力，使被害人迫于无奈，不得已才提出用钱款来换取其停止信访和撤诉，举报、信访成为其威胁、要挟的手段，被害人因被威胁、胁迫造成心理恐惧，惧怕被告人不断投诉，为了能成功修路，迫不得已而支付给被告人相应费用，被告人辩称的设计费并不是被害人的真实需求，只是被告人勒索被害人的幌子。

3. 应当根据时空上是否紧密的因素来计算敲诈勒索的次数

多次敲诈勒索是法定刑升格条件，本案被告人多次以相同事由投诉、信访，迫使同一被害方向其交付钱款，应当认定为一次敲诈勒索还是多次敲诈勒索，存在争议。

首先，基于一个概括的犯意，连续在一定场所三次以上对不同被害人实施敲诈勒索的，或者在一次犯罪中对一栋居民楼中的几户居民连续实施敲诈勒索的，应认定为多次敲诈勒索。当然，基于一个确定的犯意，在同一时间、同一地点同时对多人进行敲诈勒索的，宜认定为一次敲诈勒索。其次，在计算敲诈勒索的次数时，有时还需考虑时空上是否紧密的因素。在同一时间、同一地点针对同一被害人所实施的敲诈勒索，是一次敲诈勒索。在不同时间、不同地点

对同一被害人进行三次以上敲诈勒索的，也构成多次敲诈勒索。再次，多次敲诈勒索的成立，不以行为人实施的每一次敲诈勒索行为均构成犯罪为前提。最后，多次敲诈勒索的成立，也不要求每一次敲诈勒索都是既遂，预备、未遂或中止均可计入敲诈勒索的次数。

本案人被告人多次敲诈勒索的行为在时空上没有紧密的因素，其索取钱款后撤诉的应视为实施了一次敲诈勒索行为，撤诉后再次以同样理由信访要挟被害人索取钱款的，视为再次实施了敲诈勒索行为。故本案被告人多次实施了敲诈勒索的行为，情节严重，应对其处以三年以上十年以下有期徒刑。

编写人：福建省安溪县人民法院　林懿娴

69

以举报公司违法违纪为由索要高额赔偿是否构成敲诈勒索

——潘某某敲诈勒索案

【案件基本信息】

1. 裁判书字号

北京市第二中级人民法院（2022）京02刑终217号刑事判决书

2. 案由：敲诈勒索罪

【基本案情】

上诉人潘某某于2016年通过网络招聘入职某公司，被派往河北办事处任副主任，7月被派往武汉办事处主持工作，于2017年5月回本部后赌气离开公司，公司因潘某某一直未来上班，发函让其办理离职手续，潘某某于12月28日来公司交接，并写了一份承诺，载明公司结清了其所有费用79000余元，保证之后不说不利公司的话，不办不利公司的事。2019年11月，潘某某又被委任为广西办事处主任。2020 年 3 月 17 日，某公司因广西办事处未谈成任何项目，将办事处裁撤、人员予以辞退，并要求潘某某于 3 月 23 日办理离职手续。潘某某收到辞退通知后，认为公司欠其报销、提成等一些费用，即通过公司同事冯某某等表达了对公司的不满，并表示如果不给其相关报酬就举报公司的意思。冯某某在劝阻未果的情况下，于 4 月 24 日将公司财务总监李某某的联系方式推给了潘某某。之后，李某某多次与潘某某沟通，潘某某提出 300 万元的补偿，前期李某某答应给一部分补偿或分期支付，潘某某必须保证不再发举报材料，但潘某某当时表示钱不要了，后来又发了收款卡号给李某某并按约保证，但李某某以各种理由推脱未打款，并于 2020 年 4 月 29 日向公安机关报案潘某某敲诈勒索。2020 年 5 月 1 日，潘某某在中纪委网站实名举报某公司违规行为，还在多个网站发布、刊登举报材料。潘某某于 2020 年 5 月 2 日主动投案。

【案件焦点】

1. 潘某某是否对索要的财物具有非法占有的目的；2. 以举报公司违法违纪为由索要高额赔偿是否属于威胁、胁迫方式实施敲诈勒索。

【法院裁判要旨】

北京市大兴区人民法院经审理认为：被告人潘某某敲诈勒索公私财物，数额特别巨大，其行为已构成敲诈勒索罪，应依法予以惩处。鉴于被告人潘某某未实际获得钱款，系犯罪未遂，比照既遂犯减轻处罚；另其虽主动投案，但未如实供述主要犯罪事实，不以自首论。本案根据相关证据可以证明，被告人潘某某在某公司履职并参与武汉及广西等工程项目，但工程项目最终未实际签约施工，更未产生任何利润，根据公司规定没有利润提成奖励；其所提报销款有某公司对其报销凭证证明亦已报销；另其所提 100 万元报酬因该公司已为其支付工作期间工资，综合全案其向某公司索要的 300 万元均无法律依据；并有其供述自己明知无证据通过法律诉讼方式解决，而仍以向某公司高层管理人员及相关人员表示向相关部门举报某公司涉嫌违法违纪的形式敲诈勒索钱款，并曾保证拿到钱款后不再举报某公司，证明上述事实的证据可以形成完整证据链证明被告人潘某某敲诈勒索的事实，故判决：

被告人潘某某犯敲诈勒索罪，判处有期徒刑四年六个月，并处罚金人民币5万元。

北京市第二中级人民法院经审理认为：潘某某的行为应以敲诈勒索罪定罪处罚，但潘某某经电话传唤到案，如实供述案件主要事实，其辩解索要的钱款系其应得报酬和提成、不构成敲诈勒索罪，属于对自己行为性质的辩解，根据《最高人民法院关于被告人对行为性质的辩解是否影响自首成立的问题的批复》，被告人对行为性质的辩解不影响自首的成立，可认定潘某某具有自首情节，依法可从轻处罚。故判决：

一、撤销北京市大兴区人民法院（2021）京0115刑初1555号刑事判决，即被告人潘某某犯敲诈勒索罪，判处有期四年六个月，并处罚金人民币5万元；

二、上诉人（原审被告人）潘某某犯敲诈勒索罪，判处有期三年，并处罚金人民币5万元。

【法官后语】

对涉案行为敲诈勒索罪与非罪的界定，主要还是聚焦行为人的主观目的和客观行为是否符合敲诈勒索罪的构成要件。

就本案而言，首先，要判断行为对涉案财物的取得是否具有非法占有的目的。其一，要判断行为人索要的债权是否是其正当权益。一方面，是以权利归属的角度判断行为人对索要财物是否具有应当性，若不是属于其应得的财物，则可以推知其对索要的财物具有非法占有的目的。另一方面，可能存在的民事权利是否能够成为违法阻却事由仍需要个案甄别。我们认为，即使是可能存在的民事权利，也应当采取合法手段予以维护，而不是以威胁、要挟等方式。具体到本案，潘某某所称其向公司索要的是奖励提成并没有证据支持，武汉项目双方签署的是意向书，项目并未实际签约施工，公司并未在该项目中获取任何利润，按照公司奖励方案，明确规定施工后按提成比例给付奖励金，故潘某某就此向公司索要118万元的奖励提成没有依据，且其在2017年下半年离开公司进行结算时，并未向公司索要该项目的提成奖励，事后再提亦不合情理。同理，其以广西项目有计划书索要80万元亦无法律依据。潘某某称其入职公司以来担任公司多项职务应得补偿100万元，在案证据证明公司已支付其入职期间的工资并按规定为其报销符合规定的相关支出，其所做工作系其履职应做的本职工作。综上，潘某某索要的近300万元并非正当债权或合法利益，其主观上具有非法占有的故意。其二，在网络平台发布的信息是否属实不影响敲诈勒索罪的成立。根据《最高人民法院、最高人民检察院关于办理利用信息网络实施诽谤等刑事案件适用法律若干问题的解释》的规定，若是编造或明知是编造的虚假信息在信息网络上散布，造成公共秩序严重混乱的，应以寻衅滋事罪定罪处罚，而以在信息网络上发布等方式处理网络信息为由，威胁、要挟他人，索取公私财物的则应以敲诈勒索罪定罪处罚。由此可见，行为人以在信息网络上发布为由实施敲诈勒索行为时，并不要求其所发布的信息必须为“虚假”或系“编造”，发布举报的信息是否属实，不影响对其敲诈勒索罪的认定。

其次，还需要考量以举报公司违法违纪为由索要高额赔偿是否属于威胁、要挟方式。笔者认为，既要考察行为人手段行为的胁迫方式，即是否使用了“威胁、要挟”等胁迫手段，这种手段行为并不一定是暴力的，还要结合考量行为的胁迫程度，即行为是否足以使被胁迫一方产生内心恐慌以致被迫支付钱款。

编写人：北京市第二中级人民法院　漆爱君　王钰楠

70

以非法占有为目的，利用某网络平台公众号等网络平台发布负面信息炒作后收取财物构成敲诈勒索罪

——谢某某等敲诈勒索案

【案件基本信息】

1. 裁判书字号

河北省张家口市中级人民法院（2022）冀07刑终84号刑事裁定书

2. 案由：敲诈勒索罪

【基本案情】

2017年至2020年5月，被告人谢某某先后在某网络平台注册了“二次开发每日焦点评论”“二次开发焦点评论”“二次开发关注焦点”“二次开发焦点关注”“二次开发新焦点评论”“二次开发新焦点关注”6个某网络平台公众号，组建了名称为“群英荟萃”等20个某网络平台聊天群。被告人谢某某搜集大量有关单位和个人的负面信息，配以图片、视频，歪曲、夸大事实编辑成文章，在“二次开发”系列公众号上发布，并要求多个“群英荟萃”群聊中的大量成员转发，以增加其文章点击量和关注度，给相关人员造成了严重的负面影响和舆论压力。谢某某分别于2017年11月、2018年5月在某网络平台公众号“二次开发焦点评论”发布两篇文章；2019年7月、2019年10月、2020年1月在某网络平台公众号“二次开发新焦点评论”发布三篇文章；2020年5月在某网络平台公众号“二次开发新焦点关注”发布两篇文章，以团队工作需要费用，删帖会造成经济损失为由，使被害人陈某某、刘某某、米某、史某某、边某、景某某、戈某某迫于舆论压力分别送给其2万元、1万元、1万元、3000

元、1 万元、5 万元、5000 元，其收钱后将相关文章删除。2019 年 11 月，谢某某以要发帖炒作其所注册的贴吧——“二次焦点吧”网友提供的视频，要挟某村环卫责任单位“某某公司桥东分公司”经理闫某某。为避免谢某某发帖炒作该事，闫某某被迫送给其 5000 元，后谢某某未再继续炒作该事。谢某某收取上述人员钱款共计 113000 元。

被告人谢某明知谢某某利用相关某网络平台公众号发布负面文章实施敲诈勒索，仍协助谢某某操作运营“二次开发新焦点关注”某网络平台公众号，发布谢某某编辑好的文章，并转发至多个“群英荟萃”群聊中进行扩散。因谢某所散布的文章收取他人钱款共计 63000 元。

公诉机关认为，谢某某以非法占有为目的，多次以在信息网络上发布负面文章的方式威胁、要挟他人，索取公私财物，数额巨大。谢某明知被告人谢某某利用信息网络实施敲诈勒索仍提供帮助，二被告人的行为已构成敲诈勒索罪。被告人谢某某及其辩护人辩称其主观上不具有以非法占有为目的的敲诈勒索的故意，是在行使网络监督权利；客观上没有威胁索要财物的行为，所收财物并非不法利益。

【案件焦点】

1. 利用某网络平台公众号等网络信息平台发布负面信息炒作后或以此要挟他人收取钱财的行为是否具有非法占有目的；2. 该行为如何定性。

【法院裁判要旨】

河北省张家口市怀来县人民法院经审理认为：被告人谢某某收取财物的行为不具有正当性。其行为符合敲诈勒索罪的主客观要件，符合先在网上发布负面信息，再以删帖、下沉、消除或减少信息影响相要挟的“删帖型”与将要发布负面信息相要挟，索要他人财物的“发帖型”敲诈勒索犯罪的特征。被告人谢某明知谢某某利用信息网络实施敲诈勒索仍提供帮助，参与数额巨大。据此，以敲诈勒索罪分别判处：

被告人谢某某有期徒刑四年六个月，并处罚金人民币 5 万元；被告人谢某有期徒刑一年六个月，缓刑二年，并处罚金人民币 1 万元。继续追缴被告人谢某某、谢某的违法所得，返还被害人。

谢某某提起上诉。河北省张家口市中级人民法院经审理认为：实施网络监督、举报或曝光违法违规行为及其他社会不良现象是法律赋予公民的正当权利，但应当依法依规进行，不能以此作为要挟他人、牟取个人私利的手段。谢某某利用其网络影响力，以发布被害人负面网络信息后再利用被害人害怕被曝光的心态索要或接受对方给予的钱财有偿删帖的方式，以网络监督之名行敲诈勒索之实，牟取个人私利，其行为已超越了普通公民基于维护社会公平正义的目的举报、曝光违法违规行为或其他社会不良现象的合理界限，而构成敲诈勒索罪。原判决认定原审被告人谢某某、谢某犯敲诈勒索罪的事实清楚，证据确实充分，适用法律正确，量刑适当，审判程序合法。裁定如下：

驳回上诉，维持原判。

【法官后语】

随着信息技术的发展，以在网络信息平台上发布、删除等方式处理负面信息为由，实施威胁和要挟，索取他人财物的现象日益突出。敲诈勒索罪的基本构成为：对他人实行威胁——使对方产生恐惧心理——对方基于恐惧心理处分财物——行为人或第三者取得财物。与传统手段实施的敲诈勒索犯罪相比，利用信息网络实施的敲诈勒索犯罪虽然在犯罪手段上有一定特殊性，但实质上是行为人以非法占有为目的，借助信息网络平台对他人实施威胁、要挟，被害人基于恐惧或者因为承受某种压力而被迫交付财物，符合敲诈勒索罪的构成要件。《最高人民法院、最高人民检察院关于办理利用信息网络实施诽谤等刑事案件适用法律若干问题的解释》第六条规定："以在信息网络上发布、删除等方式处理网络信息为由，威胁、要挟他人，索取公私财物，数额较大，或者多次实施上述行为的，依照刑法第二百七十四条的规定，以敲诈勒索罪定罪处罚。"实践中，利用信息网络实施的敲诈勒索犯罪主要有两种表现形式——"发帖删"敲诈勒索和"删帖型"敲诈勒索。二者区别主要在于行为人要挟当事人的时间与索取财物方式有所不同。前者行为人要挟对方时尚未发布负面信息，后者是行为人已发布负面信息。前者是行为人以将实现对被害人的不利后果为要挟、利用被害人恐惧、害怕的心理索取财物，索取必须是明示的；后者是行为人意图通过发布的负面信息，通常要借助一定的网络平台且已经产生了一定的影响，对被害人的不利后果已经发生，可通过明示或者暗示的方式索取财物。

前文所称的“负面信息”，是指对他人名誉、声誉或者权益产生不利影响的文稿、图片、音频、视频等信息。行为人威胁将要在信息网络上发布涉及他人的负面信息即使是真实的，但只要出于非法占有的目的，以发布、删除该负面信息为由勒索财物的，仍然符合敲诈勒索罪构成要件，构成敲诈勒索罪。

现实生活中，公众发现危害社会的现象从而收集相关视听信息在网络信息平台上予以曝光，事后经相关人员联系收取财物后删除信息的现象时有发生，与网络敲诈勒索的客观表现类似，通常称之为“利用网络维权”。正确区分利用信息网络实施敲诈勒索与利用网络维权的界限，既是准确认定犯罪，依法打击网络敲诈勒索犯罪的客观需要，也是保障当事人合法权利，避免将民事维权犯罪化的内在要求。笔者认为，区分二者的关键在于行为人是否具有“非法占有的目的”。被告人是否具有非法占有目的，应从是否有正当的权利，即索取财物行为是否具有法律依据、是否在正当权利范围内行使、行使权利的手段是否具有必要性和相当性三方面进行考虑。具体到本案，被告人谢某某通过某网络平台群等网络渠道收集有关部门或个人的负面信息，在相关问题已经解决或者相关当事人已向其进行解释的情况下，仍继续发帖炒作向对方施压。在对方向其交付钱款后，未作任何调查即停止发帖炒作。收款前后反差巨大，其实质上是利用其网络影响力，假借舆论监督之名，行敲诈勒索之实，非法占有他人财物的目的明显。被告人谢某某的行为不仅侵犯了公私财物的所有权，还严重危害信息网络生态，扰乱正常的社会秩序，应对其依法从严惩处。

编写人：河北省张家口市怀来县人民法院　魏鑫　徐小楠

ISBN 978-7-5216-4362-6

9 787521 643626 >

图书在版编目（CIP）数据

中国法院2024年度案例．刑事案例．三／国家法官学院，最高人民法院司法案例研究院编．—北京：中国法制出版社，2024.5

ISBN 978-7-5216-4362-6

Ⅰ．①中… Ⅱ．①国… ②最… Ⅲ．①刑事犯罪-案例-汇编-中国 Ⅳ．①D920.5

中国国家版本馆CIP数据核字（2024）第054850号

策划编辑：李小草　韩璐玮（hanluwei666@163.com）
责任编辑：白天园　　封面设计：李宁

中国法院2024年度案例．刑事案例．三

ZHONGGUO FAYUAN 2024 NIANDU ANLI. XINGSHI ANLI. SAN

编者/国家法官学院，最高人民法院司法案例研究院
经销/新华书店
印刷/三河市紫恒印装有限公司
开本/730毫米×1030毫米　16开　　印张/20　字数/241千
版次/2024年5月第1版　　2024年5月第1次印刷

中国法制出版社出版
书号ISBN 978-7-5216-4362-6　　定价：79.00元

北京市西城区西便门西里甲16号西便门办公区
邮政编码：100053　　传真：010-63141600
网址：http://www.zgfzs.com　　**编辑部电话：010-63141792**
市场营销部电话：010-63141612　　**印务部电话：010-63141606**

（如有印装质量问题，请与本社印务部联系。）